Mark Jenkins
Infernalische Reise

SERIE PIPER
Band 1778

Zu diesem Buch

»Infernalische Reise« ist ein sehr persönliches Logbuch. Es ist die Geschichte einer Reise mit dem Fahrrad durch das größte Land der Erde, 7000 Meilen quer durch Rußland, von Wladiwostok bis Leningrad. Auf Straßen und Wegen, die plötzlich im Nichts endeten oder in Sümpfen, geplagt von Moskitos und entkräftet von Gegenwinden wird die Gruppe nicht nur mit der brutalen Allmacht der (ehemaligen) Sowjetunion konfrontiert, sondern auch mit den Spannungen unter den sieben Abenteurern, vier Russen und drei Amerikanern, vier Männern und drei Frauen. Die Intensität seines Erzählstils und Rückblenden in seine Jugend machen aus diesem Tagebuch von Mark Jenkins einen packenden Reisebericht, der die Geheimnisse Rußlands offenlegt wie Hüllen einer riesigen Matrjoschka-Puppe.

Mark Jenkins, geboren 1954, ist begeisterter Bergsteiger und Montainbiker. Er lebt als Journalist in Wyoming. Die Reise durch Sibirien unternahm er im Herbst 1989.

Mark Jenkins

Infernalische Reise

Mit dem Fahrrad quer durch Sibirien

Aus dem Amerikanischen von
Ulrike von Puttkamer

Piper
München Zürich

SERIE PIPER
ABENTEUER
Herausgegeben von Harald Eggebrecht

Die in der Serie Piper Abenteuer bereits erschienenen
Titel finden Sie auf Seite 282

Die Originalausgabe erschien 1992 unter dem Titel
»Off the Map« bei William Morrow & Company, New York

Eine gebundene Ausgabe dieses Buches ist im
Schweizer Verlagshaus, Zürich, erschienen.

ISBN 3-492-11778-3
Juni 1995

Umschlag: Federico Luci
Foto: Fred Mayer, Zürich
Satz: Typobauer Filmsatz GmbH, Ostfildern
Druck und Bindung: Clausen & Bosse, Leck
Printed in Germany

Für Sue

Leiden ist der Ursprung des Bewußtseins.
Fjodor Dostojewski

Das Fahrrad ist die vortrefflichste Erfindung
der Menschheit.
William Saroyan

Man kann den Pfad nicht beschreiten,
ehe man nicht selbst zum Pfad geworden ist.
Gautama Buddha

ERSTER TEIL

1

In einem Morast. Schlamm zwischen den Lichtungen. Schlamm zwischen den gedrängten, weißen Birken, dünn und nackt wie Menschenwesen.

Dreck im Mund, aber ich fahre weiter. Stehe auf aus dem Sattel, tanze, stolpere, spucke, fahre, so schnell ich kann, denn sie erwischen dich, wenn du langsam fährst. Steigen auf aus dem Sumpf und landen auf deinem Gesicht und deinen Armen und werden dick, bis deine Haut schwarz von ihnen ist und brennt. So fahre ich meist mit geschlossenen Augen und zusammengebissenen Zähnen, die rinnende Nase nach unten, aber meine Ohren sind hin, kreischen nur noch innerlich.

Der Pfad trennt sich von den Bäumen. Ich bin so weit weg und fahre immer noch. Schnaufend und strampelnd, den üblen Weg hinunter das nasse Gras niederwälzend. Ich weiß, was kommt, aber ich mache weiter. Die Schenkel brennen, die Hitze legt sich dicht um meine Brust. Ich falle. Der Himmel wölbt sich weg, und ich schlucke Dreck, schlage um mich, bleibe stecken und falle wie ein Stück Wild, im Sumpf erlegt.

Dann sehe ich das kleine Mädchen von gestern. Kann nicht gestern gewesen sein, flattert nur so nah an die Oberfläche. Muß inzwischen Wochen her sein, Jahre.

Dieses kleine Mädchen lebt in einem russischen Moordorf, eine Schlammstraße führt hinein, aber keine wieder hinaus. Es gibt Holzhütten mit Blumen in den Fenstern.

Erstaunlich: Sie hat ein Fahrrad, so groß wie ein Pferd. Sie reicht nicht bis in den Sattel. Ihr Schritt reicht bis zur Stange und rutscht hin und her, so können ihre Steckerlfüße die Pedale treten. Ihre Hände recken sich nach den Griffen. Ihre Großmutter, die Babuschka, rund und schwer wie ein Stein, steht hinter einem Lattenzaun und schaut zu, wie ihr Kind das Fahrrad lenkt.

Das kleine Mädchen, hoch und meisterlich auf seinem Hochpferdrad, ist zum Spielen herausgekommen. Es kommt neben mich, und zusammen strampeln wir durch den spritzenden Dreck.

»Hello.« Sie atmet es aus. Sie spricht stockendes, exaktes russisches Englisch. Sie hat da eine Gabe, die man nicht vergeudet, wie sie weiß.

Klein und schön gleitet sie auf der Stange, ihr Fahrrad neben meinem. Der Wind hebt ihre Wimpern, ein gelbes Band flattert aus ihrem Zopf.

»Hello.«

Sie besteht aus Lachen. Sie hat sich aufgebläht, rauf und runter, sich ungeduldig nach einer Antwort umgeschaut. Ihr ganzes Leben war sie ein kleines Mädchen auf seinem Hochpferd-Rad.

»Hello!« trällert sie. Für sie ist es nur ein Wort in einer fremden Sprache und bringt sie zum Lachen. Sie fürchtet nichts. Sie weiß nicht, was anders sein könnte. Sie ist unsterblich.

»*Kuda ty jedesch?*« frage ich. Wo willst du hin?

Ich denke, daß sie sprechen will, aber nein. Sie fährt. Sie fährt mit mir, und das ist mehr als alle unsere Vorstellungen.

Wir fahren zusammen. Sie ist über dem Morast, und ich bin bei ihr, also bin ich das auch.

Dann sind wir schon am Rand des Dorfs, noch in Sicht der Großmutter. Die Babuschka ist durch das Tor gewatschelt und steht da in ihren Gummistiefeln, ihre Männerhände auf den Kuhhüften. Sie ruft.

Das kleine Mädchen schaut mich an. Ihr Zopf geht auf, das Band flattert, ihre Zehen berühren kaum die Pedale.

Die Babuschka ruft wieder.

Ich verstehe nicht. Ich schaue zurück. Da steht die Babuschka im Dreck neben ihrem blauen Lattenzaun. Sie sieht aus wie ein Bär. Ein Arm ist gerade ausgestreckt, er zeigt ans uns vorbei und über die Hütten hinaus.

Das kleine Mädchen hört auf zu treten und läßt seine Beine ausschwingen. Sie wirft ihren Kopf zurück. Sie rollt im Freilauf langsam weg, als wäre sie ein Papierdrachen. Sie lächelt mir über die Schulter zu, und wieder höre ich die Babuschka.

»*Balota.*«

2

MEIN ERSTES FAHRRAD bekam ich, als ich fünf war. Es war rot, und ich hatte es einen Sommer. Dann lag es mal im treibenden gelben Laub im Vorgarten und wurde gestohlen.

Ein Fremder hatte mich zum Invaliden gemacht. Für mich war das, als wäre ich plötzlich wie der alte Mr. Schicksal. Man hatte ihn in den Rücken geschossen. »Ein feiner, russischer Bub mit einer Mutter«, sagte er. Er sprach mit einem schweren Akzent und griff nach meiner Hand, wenn ich zu nahe kam. Sein Blick war entrückt. Er lebte gekrümmt in einem Holzrollstuhl, der ihn und seine Medaillen zusammenhielt, ganz still im Garten hinter seinem Haus, wo die Rosen so hoch wuchsen wie Bäume.

Meine Eltern hatten nicht das Geld für ein neues Rad. Ich mußte sechs Jahre warten. Bis ich eine Zeitungsroute hatte, fünf Monate lang die Strecke im Dunkeln marschiert war und mir mit meinem Dad die Kosten teilen konnte.

Ich war zu sechs Jahren verurteilt, und ich wußte es. Aber in dem Sommer, in dem ich fünf wurde, war ich frei.

Es war nicht mein Geburtstag, und es war nicht Weihnachten. Es hatte nachts geregnet, und ich sprang auf dem Gehweg herum und platschte durch die Ameisen. Ich sah nicht, wie mein Vater hinter mich trat. Ich war schon in der Luft, seine Hände über meinen Augen und der Geruch, mit dem er mich vor der Sonntagsschule betupfte, hüllte mich ein, und sein kratziges Kinn war an meinem Ohr, als er mich seitlich auf den Kopf küßte.

»Mark David, ich habe eine Überraschung für dich.« Meine Mutter strahlte. Mein Vater nannte mich nie Mark David, außer wenn ich in Schwierigkeiten war, das verwirrte mich. Ich weiß nicht mehr, wo Steve und Pam waren. Vielleicht haben sie drinnen gespielt. »Augen zu.« Meine Mom war damals jung und sehr schön, aber das wußte ich nicht, bis ich mit fünfzehn Schnappschüsse von ihr und mir ansah, mit hohem Hormonspiegel. Mein Dad gab Mathematik am Gymnasium. Er teilte leidenschaftlich Ohrfeigen und Umarmungen aus und trug dick gerahmte Gläser, von denen ich gar nicht gewußt hatte, wie idiotisch sie waren, bis ich sie in einem Schuhkarton fand und zu einer Party aufsetzte.

Ich schloß die Augen. Ich wollte schauen, aber ich wußte, das ging nicht, weil es gegen die Regeln war. Meine Augen spannten hinter den Lidern. Dann fühlte ich eine seiner ungeheuren Hände auf meiner Schulter und wie sich etwas Kaltes gegen meine Hüfte preßte. Ich griff danach und schrie, und meine Augen gingen von selbst auf.

Ich stand da und wurde ganz rot und rang nach Luft und umklammerte die rot-weiß gefaßten Griffe an der Lenkstange, aber ich verstand nichts. Ich wußte nicht, was es wirklich war. Es war elegant und perfekt wie ein Füllen, aber ich dachte, es sei ein Spielzeug, weil es schimmernde rote Reflektoren hatte und gerillte Reifen und einen flachen, weißen Sattel. Ich hatte andere Kinder auf Rädern gesehen, aber das waren andere Kinder, älter, mit einer anderen Sprache.

»Rauf mit dir.« Ich kletterte auf den Sitz. Mein Vater stellte meine durchweichten Schuhe auf die Gummipedale.

»Jetzt mußt du dich festhalten. Und im Gleichgewicht bleiben.« Seine Hände umschlossen meine auf den Griffen.

Dann bewegte ich mich durchs Gras. Ich raste dahin, die schwarzen Reifen drehten sich schwindlig, und Dad schob und hielt den Sitz fest. Wir rasten an Mom und ihrem Kleid vorbei, und sie winkte. Wir rasten und rasten, und dann lehnte ich mich zur Seite und drohte zu fallen. Dad rannte neben mir her und schrie: »Balance, Balance«, beugte sich über mich – ich konnte ihn riechen. Er versuchte, mich wieder in die Höhe zu ziehen, und lachte und schrie: »Balance, Mark – Balance!« Aber ich konnte nicht anders, ich konnte auch nicht lachen, weil ich Angst hatte, die Räder rutschten weg, und ich fiel so langsam, wie wenn du auf den Nachtisch wartest, aber keiner ist mit dem Essen fertig, und du mußt warten – wir kollerten ins tiefe Gras, und ich fühlte Dad über mir wie einen Hund, und wir kicherten.

Wir übten, Dad und ich. Vor und zurück unter den Pappeln von Wyoming.

»Oh, ich habe nicht dran gedacht. Es ist einfacher, wenn du trittst«, sagte Dad. Er pumpte eines meiner Beine rauf und runter, damit ich ein Gefühl dafür bekäme. Mom brachte Brote heraus und Pam und Steve zum Zuschaun, aber sie langweilten sich, und so nahm sie die Kinder und die vollen Teller wieder mit hinein.

»Wir wollten es üben«, sagte Dad, als wir erhitzt und schwitzend ins Gras fielen.

»Du lernst das schon«, sagte Dad, und ich glaubte ihm. Es war dunkel, als wir aufhörten. Dad sprang die Stufen zur Vorderterrasse hinauf und durch die Gittertür. Steve und Pam waren schon im Bett. Ich hatte ängstlich darauf gewartet, daß meine Mutter in die heiße Dunkelheit herauskommen und meinem Dad sagen würde, es sei längst Zeit für mich, ins Bett zu gehen, aber sie tat es nicht. In mir brannte das Gefühl des Erwachsenseins.

»Schau nur.« Dad zog Mom an der Hand heraus. Das Mondlicht hing in den riesigen Bäumen wie Flitter.

Ich klomm hinauf, eifrig und entschlossen und konzentriert. Ich stieß mich ab und begann, wütend die Pedale zu drehen, und klabasterte irgendwie übers Gras. Ich glaube, meine Mutter war überrascht, denn während ich fuhr, rannte sie zu mir hin, aber Dad brüllte durch das Dunkel: »Faß ihn nicht an! Er kann das schon.« Also trottete sie nur nebenher und sah sehr glücklich und besorgt drein.

Am nächsten Tag war ich immer noch nervös, aber Dad hatte zu lernen, und so schob mich Mom ums Haus herum.

Sie schob mich durchs Gras und hielt mich, wenn ich ein bißchen aus dem Gleichgewicht kam, bis mir einfiel, was Dad geschrien hatte, und ich ihr sagte, ich könne mir selber helfen.

Ein paar Wochen schwankte ich auf dem Grundstück herum, niemals weiter oder schneller als zu Fuß. Schließlich lernte ich, das Gleichgewicht zu halten. Ich lernte, was das innen in meinem Körper bedeutete.

Dann lernte ich, ohne Treten im Gleichgewicht zu bleiben. Das war wie Schwimmen, nur ohne Wasser.

Ich schwirrte um Steve und Pam herum, bis sie lachten oder weinten. Ich flitzte über die Gehsteigkante, hinter einem Eichhörnchen oder einem Vogel her. Ich raste auf bucklige Wurzeln los und blieb zwischen ihnen stecken und fiel um und schlug mich auf, und Mom sagte, es geschähe mir recht, wenn ich nicht besser aufpasse. Aber sie lächelte dabei.

Dann, eines Tages, verließ ich unser Grundstück. Vorbei an allem, was ich entlang des Bürgersteigs kannte, und hinaus über die Stelle, wo wir abbogen, um dem alten Mr. Schicksal etwas Auflauf zu bringen. Ich hatte das im Bett geplant oder vielleicht geträumt. Ich wußte, daß ich das nicht sollte, aber ich mußte es einfach probieren. Ich fuhr schnell wie durch einen Schleier, mein großes Häschenherz jubelte in meiner Kehle, leicht floß ich auf meinem roten Rad dahin, ich wußte gar nicht, wie ich so schnell vorwärtskommen konnte. Ich wußte nicht, wie weit ich so schnell kommen konnte. Ich sah riesige, fremde Häuser und riesige, fremde Zäune so nahe, daß ich sie hätte berühren können. Ich roch neue Dinge und hörte fremde Hunde bellen. Ich sah fremde Kinder und fremde Mütter, alle so nah, als könnten sie gewohnt haben, wo ich wohnte. Wenn ich mich danach umsah, konnte ich gerade noch die Bäume in unserem Vorgarten erkennen. Dann raste ich fast in ein Auto. Ich trat quietschend in den Rücktritt und rutschte.

Schnaufend, erschrocken drehte ich um und fuhr nach

Hause zurück, verrückt vor Stolz und Triumphgefühl. Damals hatte ich es begriffen.

Von da an war ich frei. Ich fuhr unsere dunkle Allee weit hinauf, drehte nur um beim Geräusch von Hunden und Hundezähnen und von einer Kette, die klang, als wäre sie nicht ganz festgemacht. Ich suchte den Dreck und stürzte mich hinein und durch. Ich überquerte die Straße vorschriftswidrig, wenn Mom drin war und nähte. Ich zerkratzte meinen geschorenen Kopf, als ich unter Mr. Schicksals Rosen der Sorte »Blühendes Deutschland« durchfuhr.

Mir taten die Kinder leid, die im Auto ihres Dad sitzen mußten und keine Hundescheiße zermatschen und an ihren Rädern riechen konnten. Oder Geschwindigkeit und Sausen in den Ohren fühlen. Oder die winzigen Geräusche, die das Gras machte. Oder fallen, wenn man schnell fährt, und mittendrin das Richtige tun und landen, erstaunt und unverletzt und ein Held. Diese Kinder saßen in der Falle. Nie konnten sie ganz nah an einen Ameisenhügel oder ein totes Eichhörnchen herangehen. Wenn sie woandershin fuhren, waren sie in künstlicher Luft hinter Glas und Metall versiegelt. Sie waren drin, und ich war draußen, also hatte ich Glück. Sogar von mir selbst war ich frei und unabhängig, von meinen kleinen Beinen und von meinem kleinen Denken. Ich auf meinem Rad, ich konnte überallhin. Überall wagte ich mich hin. Ich raste und torkelte und drängte vorwärts. Ich, ganz allein, flog und machte für einen grenzenlosen Sommer meinen eigenen Plan und führte ihn durch.

Dann, eines Tages im Herbst, sprang ich von meinem Rad die Veranda hinauf und rannte durch die Gittertür. Ich bekam ein gestrichenes Brot und einen Teller Suppe. Dann rannte ich wieder hinaus, um meine Welt zu erforschen, und fiel gleich um, weinend vor Schreck und Schmerz, als hätte man mich in den Rücken geschossen.

3

So beginnt eine lange Reise. Lang bevor du es ahnst.

An einem anderen Herbsttag, Jahrzehnte später, landete ein blauer Brief auf meinem Schreibtisch. Er war nicht an mich adressiert. Das Postdatum war verwischt, und die Marke hing herunter. Normalerweise hätte er umdirigiert oder aufgefangen werden oder einfach verlorengehen sollen wie alle Botschaften in den tanzenden Flaschen, die nie die Küste erreicht haben, und hätten sie es getan, dein ganzes Leben verändert hätten. Aber diese kam durch, ritt getreulich durch die Strömung fremder Hände und unbekannter Maschinen und strandete schließlich an einem Ufer von Büchern.

Ich machte den Brief auf, las die erste Zeile:

Durch Sibirien

und lehnte mich langsam im Stuhl zurück.

Schon seit ich zehn war und angefangen hatte, mich kopfüber auf Karten zu stürzen, war Sibirien die größte leere Stelle gewesen. Ich hatte über eine Weltkarte gestaunt, die eine ganze Wand der Landesbibliothek bedeckte. Es war eine Mercator-Projektion, also war Sibirien allein, sagenhaft und grün und ganz weiß, kolossal und schien die Hälfte der Landmasse der Erde darzustellen. Dieses Ausmaß von Geheimnis ließ meinen wolkigen Bubengeist schaudern.

Als ich älter wurde und ein bißchen auf der Welt herumgekrabbelt war, wurde Sibirien nur noch geheimnisvoller. Es gab zwar die paar sogenannten Geschäftsreisen in der Zwangsjacke für habgierige Kaufleute und Diplomaten, bei denen alle, einschließlich der Menge von liederlichen Begleitern, mit dunklen Sonnenbrillen sich in Stolitschnaja und Kaviar ersäuften; und es gab die freudlose Transsibirische Eisenbahn, die ihre metallischen Kisten auf einem Gebiet herumrangierte, das fünfmal so groß war wie Europa – aber niemand war in Sibirien wirklich gereist. Um zu reisen, mußte man sich langsam fortbewegen. So langsam, daß es schiene, als bewege man sich überhaupt nicht, als wäre man einfach da. So langsam, daß das Land einen Daumenabdruck in einem hinterließe, ob man wollte oder nicht. Sibirien war unerforscht geblieben, der letzte dunkle Kontinent.

Drei Jahre hatte ich versucht, irgend jemanden in der krakenähnlichen Sowjetbürokratie dazu zu verführen, mich in Sibirien radeln zu lassen. Ich hatte mit ebergesichtigen Apparatschiks gesprochen, kriecherische Briefe geschickt und markige Telexe gezahlt, und man hatte mir njet, njet, njet in den Rachen gestopft. Jetzt lag das Papier einfach auf meinem Tisch, eine Pressemitteilung von einem Carl Jones, Dokumentarfilmer, in der es hieß, er habe die Genehmigung bekommen, einen Film zu machen über

> den ersten Versuch, die Sowjetunion mit dem Fahrrad zu durchqueren, eine Reise von fünf Monaten und 12000 Kilometern von Wladiwostok bis Leningrad.

Ich hatte noch nie von Carl Jones gehört. Ich wählte die Nummer auf dem Brief.

»Sie verstehen sicher, daß wir viele Bewerber haben.«

Ich begann, die Länder aufzuzählen, durch die ich schon geradelt war, und Expeditionen, die ich mitgemacht, und Geschichten, die ich geschrieben hatte.

»Schicken sie mir mal ein paar davon.«

Ich schickte ihm die Geschichte von einer Radtour durch Südafrika, einen Bericht über eine Radreise im Ostblock und eine Schilderung, wie ich am Mount Everest gescheitert war.

Einen Monat später rief mich Carl an. Er war gerade aus Rußland zurück.

»Du bist dabei – hast du was zum Schreiben – hier ist das Team. Amerikaner: du, ein Bursche namens Tom Freisem aus Seattle und eine Frau, über die ich noch nicht entschieden habe. Russen: zwei Brüder aus Sibirien, Fjodor und Pawel Konjuchow, und zwei Frauen, Tanja Kirowa und Natascha Trawijnskaja. Ich schicke dir ihre Adressen.«

»Was ist mit dem Geld?« sagte ich. »Ich habe einen Fahrradhersteller in Wisconsin gefunden. Sie werden uns die Räder geben.«

»Gut. Nimm genug für die Sowjets.«

»Und Zelte. Schlafsäcke. Körbe.«

»Klar. Was immer. Im Land wirst du keinen Penny brauchen. Eine sowjetische Filmgesellschaft sponsert alles. Genaugenommen werden sie jedem von euch drei Rubel pro Tag zahlen. Sie meinen, daß das zum Leben in Sibirien reicht.«

Ich hörte ihn lachen.

»Mark, alles, was du zu tun hast, ist, dein Rad ein Drittel rund um die Welt zu fahren. Schreib doch an Tom.«

Tom Freisem schrieb mir. Seine Schrift war eng und klar. Er schrieb von der Brücke eines Schiffdampfers im Golf von Alaska aus.

»Die Rahmen sollten aus Stahl sein, nicht aus Aluminium, damit wir sie lichtbogenschweißen können, wenn nötig. . . . sie brauchen Rennradlenker, gegen den Gegenwind . . . dünne Reifen und starke Felgen sind wichtig . . . wie auch die Ketten, der Schmutz wird sie bestimmt . . .« Der Brief war vier Seiten lang.

Wir trafen uns nur einmal, um sieben Uhr morgens in einem Restaurant an der Straße, und wir waren beide verkatert. Wir gaben uns die Hand und bestellten Eier und

Orangensaft. Keiner von uns konnte die Eier essen. Ich brachte den Toast hinunter, und Tom hatte noch Kaffee, und nach einer Weile fingen unsere Gehirne an wie angeworfene Motoren zu würgen und zu husten und ins Leben zurückzukehren.

»Schon auf eine Karte geschaut?« fragte Tom.

»Ja.«

»Groß.« Er fuhr mit einer Gabel in seine Tasse und begann, darin herumzurühren.

»Riesig.«

»Acht Ortszeiten. Zweimal von New York nach L. A.«

»Hast du den Teil oberhalb der Mandschurei bemerkt?«

Tom grinste. »Was wir für ein Glück haben!« Seine Augen sahen aus wie kleine, blaue Monde. »Das ist der Grund, weshalb man es nie gemacht hat.«

Tom sah nicht aus wie ein Radfahrer. Er hatte die Konstitution eines Basketballspielers – starke Ellbogen, dünner Hals, flache Schultern, blonde Locken. Ich wußte, alles würde in Ordnung sein.

Gute Weltreisende sehen nicht wie Marineinfanteristen aus. Das ist ein Mythos. Da trifft man einen Burschen, der Wüsten durchwandert hat, namenlose Seen durchsegelt und unsägliche Härten überlebt hat, und man erwartet, daß er gestählt ist und schweigsam, mit wettergeprüften blauen Augen . . . und der Bursche hat ein Bäuchlein und ganz normale Augen und lacht und redet und trinkt gern, und du könntest ihn nicht von einer Gruppe Kranarbeiter unterscheiden, weil die Muskeln alle innen sind.

Tom war ein Yankee. Nach einem Abschluß in Deutsch hatte er New England verlassen, um einen Freund in Seattle zu besuchen, und war geblieben. Er bekam einen Job in einer Buchhandlung. Danach arbeitete er in einem griechischen Restaurant, wo er einen Fischhändler kennenlernte, der auf See Fische kaufte und verkaufte. Tom fragte ihn nach einer Anstellung. Der Mann sagte nein.

Dann rief der Mann ihn eines Tages an. »Wenn du noch 'nen Job brauchst, muß dein Hintern in vierundzwanzig Stunden in der Straße von Schelikow sein.«

Tom war nie zur See gefahren. Die Straße von Schelikow ist das rauhe Gewässer zwischen der Insel Kodiak und den Aleuten. Jene erste Tour dauerte in einem Stück zweiundneunzig Tage auf einem koreanischen Fischfänger. Es ging um die Aufsicht beim Laden und Entladen von Tausenden von Tonnen Schellfisch und um Millionen von Dollars.

Später arbeitete er auf polnischen Schiffen. Er lernte Polnisch. Er lernte zu schlafen, wenn das Schiff tanzte wie ein Korken. Er lernte, jede Freiheit jenseits eines schwimmenden Kahns aus Metall zu vergessen. Er lernte, sechsunddreißig Stunden wach auf den Beinen zu bleiben, über den Lautsprecher Kräne und Männer zu dirigieren, während der Schnee fiel, alle Angst hatten und der Ozean die Schiffe wie Plastikspielzeug herumwirbelte.

»Wie bist du dann an das hier geraten?«

»Ich bin mit dem Rad durch die USA gefahren.«

»Von wo nach wo?«

»Seattle bis Boston. Fuhr direkt in die Massachusetts Bay, stand da im Wasser und überlegte: Was nun?«

»Wann war das?«

»Sommer 81.«

Ich mußte lächeln.

»Was ist?«

»Ich bin auch in dem Sommer durch die USA gefahren.«

»Wo bist du gelandet?«

»Massachusetts Bay.«

Tom gab mir ein verschmitztes, glückliches Lächeln, als ob er so etwas erwartet hätte.

Dann sprachen wir über die Ausrüstung. In einer Stunde, auf Servietten kritzelnd, bestimmten wir, was ein siebenköpfiges Team brauchen würde, um mit dem Rad durch Rußland zu fahren. Vom Röhrenkleber über den Reifendraht bis zu Kugellagern.

»Du weißt, man hat Afrika durchquert«, sagte Tom, als er aufstand.

»Ich weiß.«

»Und Südamerika und China und Europa. Indien. Australien.«

Ich nickte.

»Dies ist die letzte große Fahrt.«

Das nächste Mal sah ich Tom in Nachodka, einer sibirischen Hafenstadt am Pazifischen Ozean.

Neun Monate später fiel die amerikanische Radsportlerin, die Carl ausgesucht hatte, aus. Tom war mit den Brüdern Konjuchow schon in Nachodka. In drei Tagen hätten Carl und ich und diese Frau nach Moskau fliegen sollen.

Carl: »Geht etwas schief, fordere Torie auf. Sie ist ein Roß.« Victoria hieß sie, Victoria Scott. Tom hatte mir von ihr erzählt. Sie war auch ein Yankee. Blaublütiges Old-Irish-sailed-to-New-England-settled-in-Vermont. Als sie jung war, entkam sie von dort an die Westküste, wurde Vegetarierin und schrieb ihren Magister über Faulkner. Sie lebte in Seattle. Sie arbeitete als Masseuse, verschlang Bücher und glaubte an Frieden und Sozialismus. Sie hatte ihre Lieblingsfrühstückslokale für Kohlrabiapostel, bewegte sich auf einem Fahrrad, kaufte ihr Gemüse mit dem Fahrrad und besuchte ausländische Filme auf dem Fahrrad.

Sie und Tom waren Radfahrpartner. Sie trainierten zusammen. Fünfzig Meilen schnell durch den Regen. Tom sagte, sie hätte die richtigen Beine. So sagte er es zu Carl, und so verstand es Carl. Carl war Filmemacher, er war nie mit dem Rad gereist. Er kapierte nicht.

Am nächsten Morgen rief Carl Torie an. Mit zwei Tagen Kündigungsfrist gab Torie ihren Job auf, packte ihr Leben zusammen und verließ ihre Freundin, um auf eine Radtour zu gehen.

Am 10. Juni 1989 flogen wir drei nach Moskau.

4

Das Hotel war ein labyrinthisches Mausoleum, eine Straßenecke vom Roten Platz. All die Zimmer an all den dunklen Korridoren waren gleich: ein schlechter Fernseher, ein gutes Bett, eine tiefe Wanne und zwei Schuhbürsten. Auf dem TV stand eine hölzerne Matrjoschka-Puppe mit kaltem Gesicht. Klopapier und Seife gab es nicht.

»Das sind Luxusartikel, mein Freund. Klopapier, Seife, Zucker, Kaffee und Fleisch.«

Es war elf Uhr morgens. Ich saß mit einem Fremden in der Bar des Hotels. Er sagte, er sei ein Geschäftsmann aus Irkutsk. Er war kahlköpfig mit einem groben Kinn und sah aus wie einer, dem an einem Morgen ein Bart wächst. Er hatte mich zu Keksen und Kaviar an seinen Tisch gebeten.

»Bei Gott, Boy, iß doch nicht den Hotelfraß.« Er verriet mir nicht, wo er sein Englisch gelernt hatte. Er sprach ohne Akzent. Er drückte roten Kaviar aus einer Tube.

»Es ist ganz einfach. Wenn du ein normaler Sowjetbürger bist so wie ich«, er schmunzelte, sein Schnurrbart schimmerte wie winzige Insektenflügel aus Kupfergestein, »das heißt kein Mitglied der Kommunistischen Partei, das heißt jemand mit – wie soll ich sagen – unpassenden Freunden und Verwandten, dann brauchst du einen Coupon, um so etwas zu kaufen, offiziell natürlich. Inoffiziell brauchst du nur etwas, was der Geschäftsführer braucht. Oder wünscht.«

»Zum Beispiel?«

Er hatte den Kopf zurückgelegt. Er hatte einen dicken Hals. Er starrte an die Decke. »Braucht und wünscht. Wünscht und braucht. Man kann sie leicht verwechseln, nicht wahr?«

»Zum Beispiel Kondome.« Er senkte den Kopf und

steckte einen dicken, mit Kaviar beladenen Keks in den Mund. Er kaute laut. Er sah, wie ich ihn beobachtete, stand auf, ging zum Büffett hinüber und brachte zwei Wassergläser. Er nahm eine Flasche Wodka aus seiner Mappe und füllte beide Gläser bis zum Rand. Er spritzte kleine Kaviarburgen auf zwei weitere Kekse, gab mir einen und brachte einen Toast aus.

»Auf Ihre Ausbildung.«

Wir aßen und tranken. Wir redeten. Als ich beim Aufstehen stolperte, grinste er. »Vielleicht versuchen Sie es mit Ihrer Stockwerksdame. Aber denken Sie dran, mein Freund, Geld bedeutet ihr nichts. Geld ist nicht Macht. Geld geben bedeutet nicht, daß man bekommt, was man will. So einfach ist mein Land nicht.«

Die Stockwerksdame war eine zeitweise schläfrige Frau, die an ihrem Tisch saß, Tag und Nacht. Alle Hotels in kommunistischen Ländern haben Stockwerksdamen. Sie bewachen die Schlüssel zu den Zimmern auf ihrem Flur wie Hunde. Sie können freundlich sein, wie freundliche Hunde, und sie können bissig sein, wie Hunde, die man am liebsten erschießen würde. Meine Stockwerksdame war freundlich. Ich gab ihr ein amerikanisches T-Shirt, und sie trieb Seife und Klopapier auf und nötigte mich, sie meine Hosen bügeln zu lassen.

Wir drei verbrachten vier Tage in Moskau und warteten auf einen Flug nach Wladiwostok. Tagsüber erkundete ich die Stadt auf dem Fahrrad. Abends lernte ich Torie kennen.

»Faulkner?«

Es war spät. Wir saßen in meinem Zimmer auf dem Bett. Wir teilten uns das Bier, das ich auf dem Schwarzmarkt bekommen hatte. Torie starrte mich an. Ihr Gesicht war klein und wie ein Diamant geschnitten. Sie hatte blondes Haar und trug einen Pagenkopf. Ihr eines Augenlid ermüdete schneller als das andere. Ihre grünen Augen waren die eines kleinen Mädchens, das nichts verpassen will.

Sie nickte ernst. »Der ganze Sound and Fury.«

Wir hatten das Übliche längst behandelt, Kunst und Marx und Sex. Der Regen war an den Fenstern geronnen. Blitze tauchten das Zimmer gelegentlich in Purpur. Es war schwül.

»Eigentlich habe ich in letzter Zeit Reisebücher gelesen. Gute Reiseliteratur ist ziemlich selten, weißt du.« Sie lehnte mit dem Rücken an der Wand. Sie war aus den Schuhen geschlüpft und saß auf den untergeschlagenen Beinen.

»Ich kenne nicht viel davon«, sagte ich.

»Solltest du aber lesen.«

»Warum?«

»Für die Reise.«

»Ich bin auf der Reise.«

Sie grinste. Wieder war sie von mir enttäuscht. »Hör zu, Marco, eine gute Reisebeschreibung kann dich besser irgendwohin bringen, als wenn du selbst hinfahren würdest.«

»Ich möchte aber gar nicht, daß es besser ist, als selbst zu fahren.«

»Du bist ein Arschloch.«

Ich zuckte die Schultern.

»Du weißt es. Als ich dich zum erstenmal traf, dachte ich, du würdest dich als so eine Art Cowboy-Arschloch entpuppen.«

»Ich dachte, wir würden ganz gut miteinander auskommen.«

»Tun wir ja. Und bist du doch.« Sie lächelte mit ihrem Pferdegebiß.

Wir waren bei den letzten beiden Flaschen Bier angelangt. Ich war betrunken.

»Aber . . . Literatur ist noch besser. Sie ist wahrer.«

Sie starrte mich wieder an.

»Niemals.«

»Was?«

Ich nahm einen Schluck.

»Weg mit der Literatur?«

»Jawohl.«

Torie lachte nervös. Sie sah mich genau an. »Und Sachbücher?«

»Nichts.«

Ihre Blicke waren sanft und verwirrt.

»Torie?« Meine Stimme war ziemlich rauh. »Warst du jemals zuvor in einem kommunistischen Land?«

»Nein.«

Drei Stunden später trafen wir uns auf dem Gang. Ich hatte einen Morgenspaziergang durch Moskau vorgeschlagen. Unsere inneren Uhren waren aus dem Takt, daher wußte ich, daß sie nicht schlafen würde.

Die Stockwerksdame dagegen schlief fest, das graue Haar fiel ihr übers Gesicht, und ihre Wange schlug Falten auf dem Tisch.

Wir schlüpften in den Aufzug und senkten uns zur Halle. Der Türsteher, staubig, kettenrauchend und schläfrig, hörte uns kommen und hob ein häßliches Augenlid. Asche war auf seinem Mantel. Er öffnete uns nicht die Tür. Draußen war es trübe. Die Fahrbahn war mit großen schwarzen Flecken bedeckt. Sie sahen aus wie Male. Die Betonhäuser waren verborgen. Wir gingen eine enge Straße hinunter, dann ab nach rechts und nordwärts, an der Moskwa entlang.

Jenseits des geronnenen Wassers konnten wir die alten Mietskasernen sehen, mit enormen Plakaten, prototypisch-proletarischen Plakaten: rote, androgyne Arbeiter, wie sie immerfort hämmern, schmieden, mähen. Die alten Häuser lehnten sich gegen perfekt geklonte neue, die wiederum an eine Fabrik mit zerbrochenen Fenstern gelehnt waren, welche sich an eine ausgebombte Kirche lehnte. Freud und Leid der Stadt, nasser Zement und Smog und Rauch von Fabriken, die durch die Nacht dröhnten und krachten, ergossen sich in unsere Münder. Es war nur ein kurzer Weg, aber Tories Augen waren ganz groß geworden.

»Mein Gott!« flüsterte sie.

»Ist der Kommunismus in Seattle anders?«

»Zur Hölle mit dir.«

Wir gingen weiter.

»Warum bist du hierhergekommen, Torie?«

»Mark, ich müßte zu meinem ersten Rad zurück.«

Ich nickte.

Wir bummelten durch die größte Stadt Europas an einem frühen, warmen Sommermorgen, und da war kein Leben. Keine Jogger, niemand führte einen Hund aus, niemand paßte mit leicht gegen die Fensterscheibe gedrückter Nase auf seine Katze auf. Es gab keine wilden Märkte, wo schnurrbartbewehrte Damen sangen und Fisch aufstapelten. Keine überdachten Karren mit verrückten Werbesprüchen. Keine schrankartigen Stände warteten am Fluß auf ihre kleinen, alten Besitzer, bis sie mit der Tasse Kaffee und einem Krimi in der Hand erschienen, mit ihrer ganzen Unfähigkeit, irgend etwas zu verkaufen. Keine Graffiti, keine grelle Werbung und kein Abfall. Kein Neonlicht, keine geschminkten Mädchen auf dem Heimweg, um den Tag zur Nacht zu machen. Keine Frauen mit schweren Taschen.

»Ich fühle mich wie unter Wasser«, sagte Torie, »als ob . . .«

Als hätte man uns über einem unbekannten Ozean aus dem Flugzeug gestoßen und wir wären durch einen fremden Himmel gefallen, sanft auf die Oberfläche, und wären tiefer und tiefer und tiefer gesunken. Da unten war alles durch das enorme Gewicht des Wassers verzerrt. Man konnte es auf der Brust fühlen. Alles war dunkel und in langsamer Bewegung. Die Dinge konnten kopfüber rollen oder sich abnorm beugen oder auf ewig dahintreiben.

Wir kehrten um zum Roten Platz. Er war leer. Der Kreml war dunkel und verschleiert mit seinen lächerlich hohen

Mauern, die drinnen verbargen, was wohl alle mittelalterlichen Burgen im zwanzigsten Jahrhundert verbergen. Da war eine riesige rote Fahne mit Seinem Gesicht – scharfer Spitzbart, kahlköpfig, boshafter Blick – über eine Mauer drapiert.

Die Basilius-Kathedrale liegt gegenüber dem Kreml. Als eine Frau am Tor erschien, zahlten wir und traten ein. Sofort hatte ich das Gefühl, als wären wir durch einen Tunnel oder eine geheime Tür direkt in den Kreml eingetreten. Die Kirche war eine Burg. Ein Labyrinth. Enge, quaderdicke Gänge verbanden einen dunklen Raum mit dem nächsten wie die Phantasien eines bösen Escher. Alle Räume waren klein und rund mit einer gewölbten, fernen Decke. An den Decken waren fliegende Teufel oder Heilige, alle mit merkwürdig gewundenen Körpern. Die Räume waren so dunkel und nicht zu unterscheiden, daß man leicht die Orientierung verlor. Torie gelang es zweimal, durch die Kathedrale zu wirbeln, ehe ich sie fand.

»Das soll eine Kirche sein?« Sie lehnte an einer Mauer, die Hände gegen die Steine gepreßt. Sie starrte nach oben.

»Wie konnten sich Leute hier versammeln und singen oder beten?« Ihre Stimme hatte kein Echo und wurde auch nicht lauter. Das machte ihr angst.

»Mark, das ist eine Kirche ohne Heiligtum.«

5

Carl hatte uns an dem Abend auf sein Zimmer gebeten. Als ich ankam, stand die Tür offen, und er brüllte ins Telefon.

»Die sind noch nicht da?« Torie kam herein, mit ihren vorgeschobenen Hüften, die Füße einwärts, die Hände in den Gesäßtaschen. Sie ließ sich in einen Stuhl fallen.

Carl fluchte. Er knallte den Hörer auf und wandte sich an Torie. Sie fingen an, vom Essen zu reden. Das war eines ihrer Lieblingsthemen.

»Ich kann nicht glauben, was sie essen!« sagte Torie.

»Es ist abscheulich, wirklich«, sagte Carl. Torie und Carl waren eingeschworene Vegetarier. In den drei Tagen hatten sie viele Speisen abgelehnt.

An unserem ersten Abend in Moskau waren wir bei einem Komponisten zu Hause eingeladen. Er war mit Carl befreundet, ein großer, alleinlebender Mann mit einem Bild von Duke Ellington über seinem Klavier. Er hatte den Tag mit der Zubereitung des Mahls zugebracht. Als er das Hauptgericht brachte – Kohlrouladen – war er rot und demütig und schwitzte vor Stolz. Torie und Carl lehnten das Gericht ab. Sie hielten sich an die Beilagen und hatten dann jeder zwei Portionen Eiskrem.

»Ich bin seit elf Jahren Vegetarierin«, sagte Torie. Carl sagte, er finge gerade damit an. Die Unterhaltung ging weiter. Ich sagte nichts. Ich dachte an das, was der Mann im Speiseraum gesagt hatte.

»Mark?« Carl schaute mich an. »Was sagst du?«

»Allesfresser«, sagte ich.

Dann klopfte es an der Tür. Carl sprang auf:

»Komm herein, komm herein.« Er schwenkte die Arme gegen Torie und mich, und wir waren auf den Füßen.

»Darf ich euch Natascha Trawijnskaja vorstellen.«

Ich trat vor, sagte meinen Namen und streckte die Hand aus. Natascha schüttelte sie hart, einmal, und ließ los. Torie hatte ihre Arme rechtwinklig vor der Brust. Sie winkte zur Begrüßung mit den Fingern.

Natascha lächelte nicht. Sie stand sehr aufrecht. Sie trug ein blaues Polyesterkleid. Ihr Haar war blond und kurz und stand in alle Richtungen wie das Haar von der Puppe eines kleinen Mädchens. Ihre Lippen waren ungeschminkt und vorgeschoben, als wäre sie wütend. Sie war sehr hübsch.

Erst nachdem sie Carl zum Bett gewinkt hatte, bewegte sie sich. Sie ging steif. Sie hatte einen harten Körper. Es fiel mir ein, daß Natascha Trawijnskaja aussah, wie ich mir die durchschnittliche weibliche sowjetische Athletin vorstellte – wie ein Mann. Nicht das Gesicht, sie hatte ein schönes Kindergesicht, aber der muskulöse Roboterkörper.

Im Flugzeug hatte Carl mir erzählt, er habe Natascha durch eine TV-Kampagne in Moskau gefunden. Er und seine sowjetischen Partner veranstalteten eine Werbesendung, die Frauen aufrief, sich für ein »historisches Abenteuer« zu bewerben. Carl hatte Dutzende von Frauen interviewt. Er sagte, er sei auf jemand aus gewesen, der »auf Film gut käme«.

»Sie spricht kein Englisch«, sagte Carl.

Ich fing Nataschas Blick auf, als er das sagte. Sie verstand. Torie fischte Sätze aus einem Taschenwörterbuch, und ich verstümmelte die Wörter absichtlich, in der Hoffnung, Natascha zum Lächeln zu bringen, aber umsonst. Wenn die Fragen verständlich blieben, antwortete sie in Russisch. Wie alt bist du? Dreiundzwanzig. Was bist du von Beruf? Schwimmtrainerin. Wo lebst du? Moskau. Wenn wir etwas fragten, was sie nicht beantworten wollte, saß sie wie versteinert und schaute uns alle an, einen nach dem andern, und bewegte dabei nur die Augen, nicht den Kopf.

Gerade als das Schweigen peinlich wurde, wie aufs Stichwort, klopfte es wieder.

»Herein«, sagte Carl.

Eine Frau schlüpfte ins Zimmer. Sie eilte zum Bett, setzte sich neben Natascha und entschuldigte sich. »Sorry for late.« Sie neigte den Kopf. »I just finish architecture exam.« Ihr Haar war sandfarben, in Strähnchen geschnitten und fachmännisch frisiert. Sie trug Lidschatten.

»Tanja Kirowa«, sagte Carl, merkwürdig selbstzufrieden.

Tanja Kirowa hatte üppige Beine, die sie vor aller Augen übereinanderschlug. Sie trug Markenjeans mit Reißverschlüssen an den Knöcheln und saß seitwärts, den Po ein bißchen nach oben. Sie war vollbusig. Sie sah sich verstohlen im Zimmer um. Sie hielt eine Hand mit Armreif im Schoß und die andere in einer eimerartigen Ledertasche, die sie neben sich auf das Bett gestellt hatte. Ihre Fingernägel waren lang und rosa. Sie war bei der Maniküre gewesen.

Natascha schaute Tanja nicht an. Sie hatten sich noch nie gesehen. Wie sie da nebeneinander auf dem Bett saßen, war offensichtlich, daß sie sich augenblicklich haßten.

Tanja war nervös. Sie hatte die Hand immer noch in der Tasche.

»Das ist schon o. k.«, sagte Carl.

Tanja blinzelte uns schüchtern zu. Das Haar hing ihr in die Augen. Ihre Hand in der Tasche zuckte. Sie setzte ein verlegenes Lächeln auf, feuchtete sich die Lippen an und hob eine große, schwarze Ratte aus der Tasche.

Das Tier wand sich zwischen ihren rosa Fingernägeln, und Tanja kicherte. Sie setzte die Ratte aufs Bett.

»Das ist Felix«, quiekte sie.

Einen Moment lang lag die Ratte unbeweglich auf dem Bett. Sie war lang, schmal und ohne Hals, mit winzigen, schwarzen Klauen, einem spitzen Kopf, Knollenaugen und geschwelltem Geschlechtsteil unter einem schuppigen Schwanz.

Tanja schaute auf uns und dann auf ihre Ratte und wieder auf uns, als das Tier plötzlich über ihre Beine raste, rauf über ihre Brust und auf ihrer Schulter sitzen blieb. Es machte einen Moment Männchen, dann hastete es um ihr Schlüsselbein und ließ sich in ihren Ausschnitt fallen.

Tanja kicherte wieder. Sie hatte scharfe Zähne mit Zwischenräumen. Carl grinste. Torie tat, als würde sie lachen. Nataschas Gesicht blieb ausdruckslos, ihre Blicke suchten die Tapete über unseren Köpfen.

Die Ratte stöberte in Tanjas Bluse herum. Man sah, wie sich ein dunkler Hügel zwischen ihren Brüsten erhob und wieder verschwand. Tanja bewegte ihre Schultern auf und ab, als würde sie gekitzelt. Sie schien ganz beschäftigt und belustigt.

Carl hatte von Tanja auch auf unserem Flug gesprochen. Er sagte, er habe sie ausgesucht, denn sie sei »ganz anders. Ungewöhnlich, wenn du weißt, was ich meine. Sie wird ein guter Typ sein. Außerdem ist an ihr was dran.« Er machte eine lüsterne Handbewegung. »Ich gebe ihr keinen Monat. Höchstens einen Monat. Aber das wird den Film ein bißchen sexy machen.«

Die Ratte war noch in Tanjas Bluse.

»Felix ist mein Schatz«, sagte sie. Viele ihrer Freunde hätten Ratten als Haustiere. »Moskau ist ein guter Ort für Ratten.«

Sie öffnete ihre Bluse und ließ die Ratte auf ihre Knie herauskrabbeln. Sie streichelte ihr den Rücken, während sie die Hotelluft schnupperte.

Keiner hatte was gesagt. Natascha prüfte immer noch die Tapete.

»Es tut mir leid«, sagte Tanja. »Er frißt nicht viel. Er wird alles fressen.«

Torie und ich verstanden nicht.

»Ich nehm' ihn mit uns, ja?«

Ich blickte rasch auf Carl. Er war amüsiert. »Natürlich kannst du!«

Torie war einverstanden. Ich hielt mich zurück. Ich dachte: »Jesus!« Plötzlich wirbelte die Ratte herum, flitzte auf Tanjas Busen nach oben, hing da, schaute nach rechts und links, dann sprang sie mit einem Plumps in Nataschas Schoß.

Natascha hielt die Luft an. Die Ratte sah mit ihren blanken, zitternden Blicken zu ihr auf. Natascha sah mit steifem Hals auf sie hinunter.

»Er beißt nicht«, sagte Tanja.

Natascha bewegte langsam ihre Hand über den Rücken der Ratte und berührte sie mit den Fingerspitzen.

»Er ist eine schlaue Ratte«, sagte Tanja.

Den Körper flach, die Augen fixiert wie schwarze Kerne, die Rockfalten im Griff ihrer Klauen, pißte Felix die Ratte in Nataschas Schoß. Es gab einen warmen, dunklen Fleck. Dann machte er sich über das Bett davon, zurück auf Tanjas Schulter.

6

AM MORGEN FLOGEN wir fünf nach Wladiwostok. Am Flughafen trafen wir eine Gruppe von Männern in dunklen Anzügen. Carl kannte sie nicht, aber sie sagten, sie seien Teil der Filmcrew. Es ging sofort per Bus die Küste hinauf nach Nachodka. Man sagte uns, dort würde unsere Reise beginnen. »Warum?« fragte ich einen unserer Beschützer. Er war jung, mit lebhaften Augen und paßte nicht in einen steifen Anzug.

»Die Frage hat nichts zu sagen.«

Ich blieb stumm.

»Du bist ein Amerikaner. Du wirst mich fragen: ›Warum hat diese Frage nichts zu sagen?‹, und ich werde dir erklären, daß auch diese Frage nichts zu sagen hat.«

Als wir in Nachodka ankamen, verschwand Carl mit den steifen Anzügen auf der Suche nach seiner wirklichen Kameracrew. Wir übrigen gingen zum Abendessen in das Hotelspeisezimmer.

Es war ein feierliches Speisezimmer. Die Vorhänge machten auf »Stil«. Wir bekamen große Speisekarten. Wir überflogen die Vorspeisen und versuchten dann, zu bestellen. Die Kellnerin zog ein Gesicht, als ob sie jemand ins Bein gezwickt hätte. Tanja sprach mit ihr und wandte sich dann an uns.

»Es ist, wie ich dachte, sie machen nur ein Gericht hier. Die Speisekarte ist nur zum Anschauen. Wißt ihr, in unserem Land . . .«

Das Schlagen der Speisezimmertür unterbrach sie. Tom kam über den Holzboden hereinmarschiert. Hinter ihm waren zwei Männer.

»Verdammt, sie haben euch wirklich hereingelassen.« Er schlug mich auf die Schulter. »Du siehst besser aus als da, wo ich dich das letzte Mal sah.« Er ging weiter und umarmte Torie.

»Na also, ich habe mir gedacht, es wird schon werden.«

»Tanja Kirowa, Natascha Trawijnskaja – Tom Freisem«, sagte ich.

Tom wischte sich das Fahrradöl an den Hosen ab und gab beiden Frauen einen warmen Händedruck.

»Mannschafts-Fahrradmechaniker«, lachte er. »Und jetzt möchte ich Fjodor und Pawel Konjuchow vorstellen.«

Die beiden Brüder traten vor. Sie waren ziemlich kleine, scheue, behaarte Männer. Sie waren feierlich. Sie teilten so harte Händedrücke aus, als handele es sich um einen Wettbewerb. Keiner sagte einen Ton. Tom stellte sie noch einmal auf russisch vor, dann setzten wir uns alle hin.

Die Brüder Konjuchow ähnelten einander und auch wieder nicht. Sie hatten beide dichte Bärte und trugen Stirnbänder um ihr langes, widerspenstiges Haar. Beide waren untersetzt, mager und unbequem gekleidet in ihren Polyesterhemden und -hosen. Beide trugen eine schmutzige Schnur um den Hals. An der Schnur hing der Zahn von einem Tier.

Als die Suppe kam, machten sie sich gleich darüber her, die Haare fast in den Schüsseln. Einmal sah Fjodor zu mir auf, zog eine Geschäftskarte aus der Tasche und reichte sie mir über den Tisch. Eine Seite war in Russisch, die andere in Englisch.

KONJUCHOW
FJODOR FILLIPPOWITSCH

Mitglied der UdSSR-Künstlervereinigung
Träger des Ordens der Völkerfreundschaft
Ehrenmeister des Sports der UdSSR
Reisender, Teilnehmer an Ski-Expeditionen zum Pol
der Unerreichbarkeit von 1986,
UdSSR – Nordpol Kanada von 1988,
Alleingang zum Nordpol von 1989,
Radrennen Wladiwostok – Leningrad von 1989

Den letzten Punkt fand ich seltsam. Unsere Fahrradtour, die meines Wissens kein Rennen war und dazu noch nicht begonnen hatte, stand schon auf der Karte. Ich schaute zu Tom.

»Fjodor ist siebenundreißig«, sagte er. »Er hat seit zwanzig Jahren Expeditionen gemacht.«

Ich nickte. »Wie ich sehe, mag er den Nordpol.«

»Pawel ist zweiunddreißig. Er ist Sportlehrer. Sie stammen beide aus diesem Teil von Sibirien. Sie sprechen kein Wort Englisch.«

Ich schaute Pawel an, ob er eine Geschäftskarte hätte, aber nein. Er erwiderte meinen Blick nicht. Statt dessen sprach er zu Tanja, als er mit der Suppe fertig war.

»Er sagt, er ist schon mit dem Rad durch Rußland gefahren. Auf einem Fahrrad mit einem Gang und einem Rucksack«, sagte Tanja.

Das erschreckte mich. Aber ehe ich anfangen konnte, Fragen zu stellen, kam das Hauptgericht. Es war eine Art Saftbraten mit Gurkensalat. Torie schüttelte sich. Ich gab ihr meinen Salat.

Wir aßen still, Zwielicht füllte den Raum. Die Lampen wurden nicht angemacht. Die Säulen warfen schwere Schatten über unseren Tisch. Ich starrte die Brüder Konjuchow an. Etwas war da merkwürdig. Es lag nicht an ihrem verfilzten Haar oder ihren struppigen Bärten oder ihrem seltsam vorsichtigen Verhalten. Ich konnte nicht den Finger drauflegen, aber ich konnte es fühlen: Sogar mit geschlossenen Augen konnte ich es fühlen.

Ich wußte, daß Fjodor meinen Blick spürte, aber er aß weiter. Erst nachdem er mit dem Knorpel an den Knochen fertig war, hob er den Kopf und sah mich an: Sein Gesicht war durch den Schatten zweigeteilt. Es war, als bestünde er aus zwei völlig verschiedenen Seiten, eine unergründlich dunkel, die andere hell. Seine Augen ruhten auf mir. Es waren blaßblaue, eisblaue Augen. Er versuchte nicht, seinen Blick abzuwenden.

Ich sah Pawel an. Er war ganz im Schatten. Er schaute zu seinem großen Bruder auf, drehte den Kopf und hustete, dann senkte er langsam den Blick auf mich. Er hatte undurchdringliche, blanke, schwarze Augen tief in dunklen Ringen. Sein Haar reichte bis zu seinem Bart.

Ein paar Augenblicke war es, als sei sonst niemand im Raum. Nur die beiden Sibiriaken und ich.

Ich drehte den Kopf wieder zu Fjodor. Sein Ausdruck war unverändert. Sein Gesicht war immer noch zweigeteilt. Langsam wurde mir klar, daß er mich ansah wie der Raubvogel die Beute. Mit undefinierbarer, unpersönlicher, faszinierter Verachtung. Seine Augen, hell, kühl und weißlich-blau, waren die Augen eines Tiers. Die Augen eines Wolfs. Ich hatte das nur ein paarmal vorher gesehen, bei anderen Expeditionen, an Männern, die im falschen Jahrhundert geboren waren, die nur im Freien leben konnten, als ob schon die reine Zivilisation eine Form unerträglicher Gefangenschaft sei.

Plötzlich wußte ich, was ich empfand. Die Brüder waren nur kurz in ihrer Kleidung gefangen. Die lächerlichen Schuhe und die synthetischen Hosen waren eine Verkleidung. Sie spielten das Spiel, hielten jedermann bei Laune, indem sie stillsaßen wie Tiere in einem Zoo. Fjodor und Pawel Konjuchow waren Wilde.

7

Die nächste Woche verbrachten wir im Keller einer Mittelschule von Nachodka mit Vorbereitungen. Carl sahen wir selten. Es waren Tage der Freude und glücklichen Ruhe. Eine verschmitzte ernsthafte Geschäftigkeit. Den ganzen Tag über dein Fahrzeug gebeugt und festzwikken und anziehen und ausprobieren und dabei die fröhliche Leier »*Es wird wirklich – wirklich – es wird*« in deinem Kopf, bis du dich dabei ertappst, daß du es laut heraussingst.

So sind die Vorbereitungen für eine Reise. Diese erlösende Möglichkeit, sich vom sinnlosen Gewicht von Besitztümern freizumachen und mit leichtem Gepäck zu reisen. Die wilde Chance, das Leben des Urmenschen zurückzufordern: des Nomaden. Des reinen Menschen. Des Menschen, für den Ästhetik und Askese eins waren.

Wie den Beduinen ihren Kamelen oder den Sioux ihren Pferden galt unsere Hauptsorge unseren Fahrrädern. Tom und ich machten viele von diesen Arbeiten.

Auf der Reise von Osten nach Westen würden wir gegen die vorherrschenden Winde fahren, deshalb ersetzten wir die aufrechten Lenkstangen durch nach unten gebogene, damit wir uns vorbeugen und unseren Luftwiderstand reduzieren konnten. Wir verlegten die Gangschaltung von der Lenkstange zum Rahmen, um das Schalten zu erleichtern. Wir ersetzten die Stollenreifen durch glatte, um schneller zu sein. Wir brachten Schutzbleche an gegen den Dreck und Gepäckträger. Wir ölten alles bewegliche Zubehör, verstärkten Vorder- und Hinterachse und brachten uhrengroße, wasserdichte, computergesteuerte Kilometerzähler an.

Eines Nachmittags verteilten wir die Ausrüstung der

Gruppe. Wir hatten Zweimannzelte. Tom und Torie würden zusammen pennen, Fjodor und Pawel, Natascha und Tanja. Ich bekam eine Jurte für mich. Auch die paar anderen Gruppensachen wurden aufgeteilt. Tom und ich würden jeder eine Tasche mit Reparaturwerkzeug nehmen. Torie übernahm die Erste Hilfe, Fjodor die Axt und einen Kochtopf, Pawel einen zweiten Topf. Tanja übernahm die Pfanne. Natascha weigerte sich, außer ihren eigenen Habseligkeiten etwas zu tragen.

Gegen Ende der Woche gab ich Regenjacken, Shorts, Hemden, Schlafsäcke und Schaumstoffkissen aus. Pawel gab sein Kissen sofort zurück.

»*Njet*«, sagte er.

»*Potschemu?*« fragte ich. Warum?

Er zog mich auf seine Seite des Kellers und löste die Schnur um ein eng geschnürtes Stück Fell. Er breitete das Fell auf dem Zementboden aus und legte sich stolz auf den dunklen Pelz. Ich hob den Daumen hoch, und er grinste. Tanja und Fjodor standen beide in der Nähe.

»Tanja«, sagte ich, »könntest du Pawel von mir fragen, wie das war, mit dem Rad durch Sibirien zu fahren?«

Sie sprach mit ihm.

»Er sagt: ›Ungeziefer und Dreck.‹«

»Noch was?«

»*Eto wsjo?*«

Pawel sprach leise.

»Er sagt: ›Ungeziefer und Dreck und dann Schnee.‹«

»Das ist alles?«

»*Tschto jeschtscho?*«

»*Ah Sibirski tiger.*«

»Und der sibirische Tiger.« Tanja flüsterte nur noch.

Ich schnitt ein Gesicht.

Fjodor und Pawel starrten mich an, mit stumpfem Blick.

»Der sibirische Tiger?« fragte ich.

Ihr Ausdruck änderte sich nicht. Pawel sprach, und Tanja übersetzte.

»Er sagt: ›Er ist da draußen.‹«

Pawels Stimme war dünn und rauh. Er stand mit hängenden Armen da. Er sagte, eines Morgens hätten sie tiefe Pfotenspuren im Schnee gefunden. Er sagte, ein sibirischer Tiger könne einen Menschen auf drei Meilen riechen.

»Ich dachte, der sibirische Tiger sei ein Mythos.«

Tanja übersetzte. Fjodors Augen leuchteten auf. Pawel sagte etwas, aber Tanja zögerte.

»Tanja, was hat er gesagt?«

»Er sagt: ›Du wirst ihn nie sehen, aber er ist da.‹ Er sagt: ›Du wirst ihn spüren, als stecke er in deiner Haut.‹«

Am nächsten Tag gab mir Pawel eine Anzahl Schwarzweißfotos. Sie waren von seiner Fahrt quer durch die Sowjetunion. Es war Winter auf den Bildern. Man sah zwei unkenntliche Männer in Pelzparkas, Pelzstiefeln und Pelzfäustlingen, die Traggestelle trugen und Fahrräder durch den Schnee schoben. Die Reifen ihrer Räder zogen Rillen in die Schneewehen. Sie trugen Gewehre. Pawel erklärte, wie sie sich Schneeschuhhasen als Proviant geschossen hatten. Der Wind heulte. Sie gerieten in Schneestürme. Ein Foto zeigte einen aufplatzenden, roten Zeh. Je mehr ich glotzte, desto breiter wurde Pawels Lächeln.

»Thomas, warum zeigt er *mir* das alles?« Tom prüfte die Bremsen seines Fahrrads, indem er schwankend in dem Keller hin und her fuhr.

»Hab' ich vergessen, dir zu sagen. Gestern abend habe ich ihnen erzählt, daß du auf dem Everest warst.«

»Ach Gott.«

Am selben Nachmittag brachte Fjodor seine Fotos. Sie waren von einer seiner Nordpolexpeditionen. Auch hier trugen alle Männer schwere Pelze und standen wie die Pinguine in fürchterlichem Wetter. Sie hatten keinen Gebrauch von Hunden gemacht und hatten selbst Schlitten mit 600 Pfund bis zum »Pol der Unerreichbarkeit« gezogen.

Ein Mann war gestorben, einer hatte sich das Rückgrat gebrochen, einer den Verstand verloren. Alle hatten Frostbeulen. Das war alles auf den Bildern. Nur ein Drittel gelangte bis zum Pol, darunter Fjodor. Es gab ein Bild von ihm dort. Mit seinen wilden blauen Wolfsaugen und seiner schwarzverkrusteten Nase und seinem gefrorenen Bart.

Am Abend vor unserem Aufbruch machte mich Pawel mit dem Mann bekannt, mit dem er durch Rußland geradelt war. Ich hatte den Mann schon gesehen. Schon dauernd waren unerklärliche Leute um uns herum, beobachteten uns. Wir hatten uns angewöhnt, sie zu ignorieren.

Zwei Tage zuvor, als wir fieberhaft dem Punkt entgegenstrebten, da alle Fahrräder in Schuß sein würden, hatte der Mann ein hausgemachtes Mittagessen in den Keller gebracht. In dem Durcheinander achtete niemand so recht auf seine Gabe. Ich war verschwitzt, vergrippt und hatte das Hotelfrühstück verschlafen. Ich aß.

»Sergej Rawlowitsch, Mark Schinkons«, sagte Pawel.

»Sergej«, stellte sich der Mann vor. Seine Stimme war sanft. Er nannte seinen Vornamen, als seien wir Freunde.

»Mark«, sagte ich.

»My ransche posnakomili.« Wir kennen uns schon.

Ich schüttelte den Kopf. »Ich glaube nicht.«

»My opjat posnakomimsja.« Und wir werden uns wiedersehen. Er sagte das fast mit Bedauern. Ich war verblüfft.

Er war untersetzt, wie ein Stück Stein. Sein Händedruck tat weh. Er trug einen gestärkten Tarntrainingsanzug und auf Hochglanz gebürstete Militärstiefel. Sein Kopf war dreieckig und sein Haar kurz wie meins. Sein Hals war wie der Hauptast eines Baums. Er hatte ein gerötetes Gesicht und ein merkwürdiges Lächeln. Die Art rätselhaftes Lächeln, das man manchmal bei Männern findet, die allerhand zu sehen bekommen haben. Es ist warm und ehrlich, und man schätzt sich glücklich, es zu empfangen, aber es wirkt, als täte es ihnen weh.

Pawel hatte seine Fotos in der Nähe. Er nahm den Haufen auf und blätterte ihn durch. Er fand das eine mit der aufplatzenden, roten Zehe und deutete auf Sergej. Ich fragte mich, ob man sie amputiert hatte.

»Sergej paraschjutist. Otschen choroschi tschelowjek.« Sergej ist ein Fallschirmjäger. Er ist ein guter Mann.

Sergej hatte sich nicht gerührt. Er stand direkt vor mir und starrte mich an. Pawel fuhr fort, aber Sergej schien nicht zuzuhören.

Dann war Pawel fertig. Sergej öffnete langsam den obersten Knopf an seinem Hemd. Ich konnte die straff gespannte Haut seines Brustkorbs sehen. Er beugte sich leicht vor und zog eine Schnur über seinen Kopf. Ich versuchte, zurückzutreten, aber sein Gesichtsausdruck, irgendwo zwischen Lächeln und Stirnrunzeln, ließ mich einhalten. Er legte die Schnur um meinen Hals.

Ich schaute darauf hinunter – an der Schnur hing eine große vergilbte Kralle. Sie war gebogen und hatte eine Spitze, scharf wie Glas. Stücke verkrumpelter Haut und gelbliches Haar hingen daran.

»Sibirski tiger«, sagte er.

8

WIR SCHOBEN UNSERE RÄDER rückwärts den Strand hinunter, bis die Hinterräder in das Japanische Meer glitten. Die Brandung brach sich an unseren Beinen und flutete durch die Speichen; wir schrien, denn sie war eiskalt. Dann stiegen wir auf, zum Aufbruch über den größten Kontinent der Erde.

Ich flog. Ich hatte diese unkontrollierbare Herrlichkeit und Größe in mir. Ich konnte den Rand des Kontinents aufwärts durch meine Räder fühlen. Ich konnte das große Unbekannte und die Verlockung und die Angst fühlen, es war der verrückte, allererste schöne Tag der Reise, und am ersten Reisetag fühlst du alles, was dir passieren könnte. Du fühlst es, als wäre es dir bereits passiert. Der Himmel war flüssig und der Ozean wie Tinte, und ich konnte die Straße riechen und die Wälder hören, als säße ich nur auf meinem kleinen, blauen Rad, aber so war es nicht, ich war »weg«.

weg ganz hinauf in den Flieger hoch über dem Planeten spähte hinunter auf das unbesiegbare Meer und das leuchtende Meer sah das Grün sich ausbreiten bis an die verdammten Ränder der Erde Euphorie wallte in mir auf wie Lava über das ganze Räuber- und Schandi-Abenteuer überhaupt und im selben Augenblick Angst bodenlose totgeborene Angst wie ein Glassplitter den du nicht siehst nur fühlst und kannst ihn nicht finden und herausziehen weil du schon weißt er muß sich herausarbeiten wie die Reise selber denn es ist immer die Reise das große verdammt große Ding das du geplant hast und geträumt und geplant und geplant mit ein bißchen Vertrauen und ein bißchen Glück denn das ist ja dasselbe wenn du eines Tages aufwachst und scheiß drauf es ist der Tag und es ist unausweichlich und du hast eine maßlose strampelnde Freude in dir wie ein

Baby weil du etwas startest genannt eine Reise du hast keine Ahnung ob du sie überhaupt überlebst oder beendest und schreist dich innerlich an wegen deiner Hybris und zweifelst an deinem Glauben und das ist alles bloß das Anfangen und der Beginn vom Beginn von etwas Großartigem und das heißt Größe an sich und dafür sind Menschen gedacht und das heißt Angst.

Wir fuhren durch Nachodka in einem Tumult von Presseautos. Carls Filmcrew raste in einem Militärjeep herum und schob uns Kameras und Mikrophone ins Gesicht. Wir hatten eine Polizeieskorte, ein Polizeiauto vorn und eins hinten. Ich holte den Streifenwagen an der Spitze sofort ein und folgte ihm die zwanzig Meilen bis auf die Höhe des ersten Passes. Auf der Höhe versuchte ich, die andere Seite hinunterzustürzen, aber die Polizisten schrien etwas durch die Windschutzscheibe und hielten kreischend vor mir, daß sie mich fast vom Rad gestoßen hätten. Ich schob mein Rad in die Kiefern hinauf, setzte mich und schielte sie an wie ein Waldgeist.

Tom holte mich als nächster ein, dann folgten Natascha und Torie, dann Tanja (mit Felix in der Lenkstangentasche). Nach Tanja kam unser Gefolge: Carls Filmjeep, noch ein Streifenwagen, heulend wie ein geprügelter Hund, ein schwarzes Automobil, stumm wie ein Hai mit getönten Fenstern, und ein Halbtonner mit Nachschub.

Als ich unseren Aufmarsch von oben sah, wurde mir schlecht. Das war keine Radtour, das war ein Zirkus. Eines dieser mysteriösen Zigeunerunternehmen, verdächtig, schmierig, halb Tingeltangel, halb Monsterschau, abends im Zelt, morgens verschwunden. Bizarre Nummern und tätowierte Leute und wilde Tiere. Angenommen, wir würden alle monatelang zusammen kampieren.

Als alle auf dem Gipfel waren, wurden wir sorgfältig mit unseren Rädern aufgestellt und gebeten, breit zu lächeln, »*bolschoi, bolschoi*«, und zu winken und zu winken. Die Presse klickte, und die TV-Crew filmte. Wir bekamen kleine, rote Anstecknadeln und kleine, rote Fähnchen und wurden gebeten, alles noch einmal zu machen. Wir wurden rhetorische Fragen gefragt und gebeten, passend zu antworten. Sie sind sehr glücklich, durch Sibirien zu radeln, ja, wir sind sehr glücklich, durch Sibirien zu radeln. Sie werden sehen, was noch niemand gesehen hat, ja, wir werden sehen, was noch niemand gesehen hat.

Dann stieg ein dicker Mann in einem zerknitterten Anzug aus dem dunklen Haifisch. Er trug eine Sonnenbrille. Er ging zu Fjodor und sprach leise mit ihm. Dann hielt er eine Rede. Alle waren still. Es war eine schwülstige, weitschweifige Ansprache über Frieden und Freundschaft und Arbeitervereinigung, und Er wurde angerufen und Hoffnung und guter Wille und Hände über das Meer. Unser ungewöhnlicher Mut wurde mehrfach erwähnt.

Wir hatten diese Rede gehört, als wir in Moskau ankamen und als wir abfuhren und bei unserer Ankunft in Wladiwostok und bei nicht weniger als drei Essen in Nachodka.

Tom blinzelte mir zu. Ich hatte leise eine gemeine Bemerkung gemacht. Ich sollte mit dem Nörgeln aufhören.

»Geht alles vorbei«, flüsterte er.

»So machen es die Sowjets eben«, sagte Tanja. Sie schaute schnurgeradeaus, ihr Gesicht in einer Richtung, daß jeder glauben mußte, sie höre der Rede tatsächlich zu.

Die Stimme des Knitteranzugs glich einer Stimme aus meiner Kindheit, der todlangweiligen Verkündigung von Reverend Pete Langeweile, Pfarrer der Hochebene von Wyoming, daß mein Geist bereits über einen ausgetretenen Fluchtweg verfügte. Ich floh

zur Landesbibliothek schmiß mein Rad in den Schnee klopfte den Schnee von den Stiefeln kriege einen tiefen Blick werde still wie ein Buch setze mich an den runden Eichentisch in einen riesigen Sessel schlage auf das Buch »The Times Atlas of the World« und schiebe die schweren Seiten zurück bis Tafel 38 und

entspanne mich. Unsere Route. Klar wie eine Schnur

über das Land gelegt. Ich prüfe die Topographie, meine Augen gehen zentimeterweise von Ost nach West. Die Reise soll ein geographisches Triptychon werden: vom Pazifischen Ozean zum Baikalsee, vom Baikalsee zum Ural, vom Ural zum Baltischen Meer.

Im ersten Drittel werden wir uns entlang der Nordgrenze von China und dann der Mongolei bewegen. Nördlich am Ussuri weiter zur Stadt Chabarowsk; westlich neben dem Amur durch Blagoweschtschensk und weiter, bis die Straße südlich der Mandschurei verschwindet; durch was immer sich in diesem Loch der Karte befindet, bis wieder eine Straße erscheint; noch weiter westwärts durch China und Ulan-Ude nach Irkutsk am Baikalsee. Ich benutze meine Hand als Kompaß, schwinge Daumen-Finger-Daumen über das Gebiet – zweitausend Meilen oder mehr, abhängig von dem Teil ohne Straßen.

Im zweiten Drittel durchqueren wir die Westsibirische Ebene. Von Irkutsk nordöstlich nach Krasnojarsk, dann genau nach Westen nach Nowosibirsk; westwärts nach Omsk und über den Irtysch, immer weiter nach Scheljabinsk am Fuß des Ural. Etwa dreitausend Meilen.

Von der Spitze des Ural fahren wir hinunter durch Kuibyschew, wo wir die mächtige Wolga kreuzen; kreuzen weiter nach Rjasan; dann nach Moskau und, schließlich, Leningrad. Noch einmal zweitausend Meilen.

»Es ist zu groß.«

»Was?« Ich wunderte mich. Tom sah mich schräg an.

»Es ist zu groß. Der Anfang ist nur der Anfang.« Tom nickte zu der Menge hin. »Wenn es hart wird, werden sie verschwunden sein.«

Dann war die Rede zu Ende, und wir rollten wie sieben glänzende Murmeln den Berg hinunter. Es ging steil durchs Holz. Ich war an der Spitze und flog kopfüber, warf mich in die Kurven, wollte einfach nicht bremsen. Das Tempo trieb mir die Tränen in die Augen. In einer Haarnadelkurve schnitt ich den Polizeiwagen an der Spitze.

Nach zwei Stunden, beim Mittagessen, wurde ich von Fjodor und Pawel in die Zange genommen. Wir hatten ein Picknick im Wald. Man machte mir Vorwürfe. Der Übersetzer von Carls Filmcrew, ein kleiner Mann namens Sergej mit Falten im Gesicht, dolmetschte.

»Das darfst du nicht machen«, sagte Fjodor. Seine Augen brannten. Er fuchtelte mir mit dem Finger vor der Nase herum.

»Was denn?«

»Mit dem Rad vor dem Polizeiauto fahren«, sagte Pawel.

»Warum nicht?«

»Du darfst nicht!« sagte Pawel. Er bog die Unterarme an. Natascha kam und stand verdrossen neben ihm.

»Du mußt der Polizei gehorchen«, bellte Pawel mich an.

»Gehorchen?«

»Du mußt der Polizei gehorchen«, sagte Fjodor.

»Und was macht die Polizei mit uns?«

»Sie schützen uns.«

»Aha. Wovor?«

Fjodor, Pawel und Natascha runzelten die Stirn.

»Sie werden uns den ganzen Weg bis Leningrad begleiten.«

»Das glaube ich nicht.«

Sergej übersetzte das nicht, also fragte Fjodor ihn, was ich gesagt hätte, und Sergej sagte, ich hätte »okay« gesagt.

Die Brüder und Natascha gingen weg. Sie aßen mit Knitteranzügen im Haifischauto zu Mittag.

Sergej zog mich auf die Seite. »Du weißt doch, daß sie den ganzen Weg bei uns bleiben. Sie haben immer jeden begleitet, der hier unterwegs ist.«

»Sergej, nicht alles ist immer so, wie alles immer ist.«

Sergej zündete eine Zigarette an. »Du bist ein echter Amerikaner. Es wird hart für dich werden in meinem Land.«

»Ist es hart für dich?«

Sergej lächelte und nickte.

Später am Nachmittag fuhren wir durch Waldgebiete, die in Kanada oder Deutschland hätten sein können, von den vielen Militärlastwagen abgesehen. Einmal stoppte der führende Wagen und wies uns von der Straße. Der Haifisch hielt neben dem Polizeiwagen. Die Insassen sprachen durch die Fenster miteinander, dann stieg derselbe Knitteranzug aus. Er stand in Sicherheit hinter seiner Sonnenbrille und hielt eine kurze Rede.

Tanja faßte zusammen. »Er sagt: ›Bleibt in der Gruppe, und kein Anhalten, kein Hinschaun, kein Reden, keine Fotos.‹«

Nach zwei Meilen begannen wir, eine lange Ziegelmauer zu passieren. Hinter der Mauer waren vorrevolutionäre Backsteingebäude mit Ziegeldächern. Die Mauer und die Gebäude waren heruntergekommen. Es gab hölzerne Postenhäuschen entlang der Mauer, in denen Soldaten mit Gewehren standen. Überall Soldaten; Militärlastwagen rumpelten die Straße auf und ab. Der Streifenwagen vor uns heulte ununterbrochen, die Lastwagen fuhren zur Seite, und Leute mit eingezogenem Kopf hasteten aus dem Weg.

Ich spähte über die Mauer. Tom und Torie auch. Tanja konzentrierte sich aufs Fahren, das war gut, denn sie war keine gute Radlerin, und es gab jede Menge Schlaglöcher. Natascha war eine ausgezeichnete Radlerin und hätte allein mit den Beinen steuern können, aber sie wandte nicht einmal den Kopf. Fjodor und Pawel kamen nach mir. Wann immer ich über meine Schulter sah, begegnete ich ihrem Blick.

Nach dem Lager verteilten wir uns wieder. Bald fuhr ich glücklich für mich dahin. Die militärischen Ungetüme kreuzten immer noch vor und zurück. Am Anfang eines langen Hügels überholte mich einer, begann aber auf halber Höhe zu stottern. Es war ein Mannschaftslastwagen mit einem Segeltuchverdeck, die Räder mannshoch. Drinnen saßen Soldaten mit dem Gewehr zwischen den Knien.

Ich tat alles, um sie einzuholen. Die Soldaten fingen zu schreien an: Sie winkten mich vorwärts. Der Hügel wurde steiler. Der Lastwagen mußte einen Gang zurückschalten und ich auch. Die Soldaten jubelten alle, ich trampelte in die Pedale und holte immer mehr auf. Schließlich zog ich außen neben dem Lastwagen gleich und griff mit der linken Hand zu.

Der Fahrer sah mich im Rückspiegel, winkte, lächelte und brachte den Lastwagen langsam in die Mitte der Straße, um mir mehr Platz zu schaffen. Die Soldaten drängten sich in der Ecke des Lastwagens zusammen.

»*Dobry djen. Njet.* Guten Tag, mein Herr«, sagte einer der Jungen.

Sie waren alle Jungen. Strahlende Jungen in dicken Wolluniformen, die ihre Gewehre in gefährlichen Winkeln schaukelten.

»Guten Tag, meine Herren«, sagte ich.

Sie brüllten vor Vergnügen.

»Wo kommen Sie her, mein Herr?« Der Junge sprach für sie alle. Er hing über meinem Kopf heraus. Er sprach ein sehr deutliches Englisch mit kleinen Lücken zwischen jedem Wort.

»Amerika.«

Großes Hallo bei den Soldaten.

»Wo fahren Sie hin, Sir?«

»Leningrad.«

Die Soldaten johlten. Einer mit einem groben Gesicht lehnte sich über seinen Freund und schrie: »*Njewosmoschno!*« Das ist unmöglich.

»Warum?« sagte ich.

»Es ist zu weit zu radeln«, sagte der Junge.

»Vielleicht.«

Ein anderer Soldat sagte ihm was ins Ohr.

»Sir, wir haben die Polizei gesehen und die schwarzen Autos. Und Sie radeln. Warum sind sie dabei?«

Ich hielt mich immer noch mit einer Hand seitlich am Lastwagen fest. Allmählich tat mir der Griff weh.

»Um uns zu beschützen«, sagte ich.

Der Junge übersetzte das seinen Freunden, sie jaulten auf, und er lächelte. Sein Lächeln war wie das eines Mädchens.

Er war höchstens sechzehn.

»Das haben sie auch als unsere Aufgabe erklärt, zu schützen«, sagte der Junge, gefährlich über die hintere Klappe gelehnt.

»Vor wem?« Meine Hand glühte jetzt wie Feuer.

Der Junge übersetzte, was er gesagt hatte und was ich darauf gesagt hatte, und die Soldaten deuteten auf mich und fingen an zu lachen. Sie wurden so übermütig, daß sie versuchten, mich in den Lastwagen hinaufzuziehen, und mich fast vom Rad stießen.

»Was war das da hinten?« Ich deutete zurück.

»Da wohnen wir, Sir.«

»Sie wollten uns nicht erlauben, dort anzuhalten. Sicher sollten wir nicht sehen, was ihr da habt.« Mein Daumen hatte sich gelöst, und ich hing nur an vier Fingern.

»Natürlich«, sagte der Bursche fröhlich. Seine Kameraden drängelten sich um ihn.

»Meine Freunde wollen, daß ich Ihnen was sagen soll.«

»Was denn?« Meine Finger gaben nach.

»Wir haben Ratten in den Zimmern. Unsere Zimmer sind im Winter nicht heizbar, und wir haben nicht genug Decken. Wir haben kein Spital. An manchen Tagen gibt es dreimal dieselbe Suppe.«

Die Soldaten schrien den Jungen an.

»Meine Freunde, sie wollen, daß ich Ihnen was sage, Sir, Sie werden unser Land nie kennenlernen, wenn Sie die Polizei und die schwarzen Autos dabeihaben. Niemand wird mit Ihnen reden.«

Meine Finger gaben nach, ich stürzte fast und fing an, heftig zu strampeln, und plötzlich begriff der Junge, daß ich wegglitt, und ich sah den Verlust in seinen Augen und sah *ich war einmal der Junge das Kind jung kurzgeschoren sehnig frühreif wie Jesus mit jedem reden wollen und Fragen stellen und Fragen bis sie es aufgeben Hände hoch und sagen alles ist immer dasselbe siehst du und ich denke und denke und bin die ganze Nacht wach und denke*

und der Lastwagen schob sich langsam vorwärts, und der Junge stand auf und schrie.

»Sir, Sir! Es ist nicht, was wir haben, was sie Ihnen nicht zeigen wollen. Sie wollen nicht, daß Sie sehen, was wir nicht haben!«

9

Zwei Tage später machte ich die Augen auf, und es war schwarz, und ich hörte einen Kuckuck rufen: Kukkuck – kuckuck –

Ich kroch aus dem Schlafsack und aus dem Zelt und stand nackt im Wald. Ich zog mich an. Ich packte meinen Beutel, brach das Zelt ab und belud mein Rad nach Gefühl. Dann schlich ich aus dem Lager. Vorbei an den Streifenwagen, dem Haifisch und den schlafenden Zelten.

Oben über der Straße war der Himmel rosa und blau und kalt. Ich zog mir eine Jacke an und strampelte los. Ich schätzte, daß ich zwei Stunden haben würde, ehe sie mein Verschwinden bemerken würden und die Polizei hinter mir her sein würde.

Die Straße führte unter Bäumen hindurch und dann hinaus in Nebelfelder. Der Morgen war feucht und roch nach Moschus. Die Straße rollte dahin. Sie hatte keinen Streifen. Weder Autos noch Schilder, noch Zäune.

Ich hörte ein Kaninchen durchs Gebüsch hoppeln und sah eine Eule im Gleitflug dicht über den Bäumen. Ich sah einen Fuchs mit großen Ohren, seidig und rot, auf der Straße stehen. Ich hörte auf zu treten. Mit schräggelegtem Kopf sah er mich kommen, dann sprang er fort.

Eine Herde Milchkühe zwang mich, anzuhalten. Die Sonne war jetzt heraus, gefangen in den Speichen der Äste wie ein glänzendes Stück Plastik. Die Kühe bockten über die Straße, grüner Mist klatschte aufs Pflaster, geblähte Euter schwangen. Sie strebten auf eine offene Scheune zu, oben auf dem Hügel.

Ich fuhr durch den Schlamm zur Scheune hinauf. Sie hatte fünf Boxen. Die Kühe gingen auf der einen Seite hinein, schwer und mühsam, und kamen auf der anderen wieder heraus, leichter, ausgelassen schlugen sie aus. In jeder Box saß auf einem dreibeinigen Schemel ein kugelrundes Weib in einer weißen Schürze. Jede Frau trug ein weißes Kopftuch, die Haare sorgfältig darunter versteckt, nur ein paar braune oder blonde oder graue Strähnen fielen heraus.

Die Kühe beschnüffelten einander und rannten im Kreis herum, bis eine Box frei wurde. Dann schwang eine Frau im wehenden Regenmantel ihren Stock, jagte die Viecher auseinander, trieb eines in die Enge und auf die Scheune zu. Das Tier senkte den Kopf, blies Wolken aus den Nüstern und trat in den Stall hinauf.

Die Frau auf dem Schemel fing an, ihm den Bauch zu streicheln und zu flöten. Die Kuh beruhigte sich. Die Frau preßte ihre Stirn gegen den dicken Leib, die wollebekleideten Beine unter der weißen Schürze gespreizt und die Füße platt auf den Bohlen, begann sie sanft zu melken. Ich konnte das rhythmische Geräusch der Milch hören.

Als der Eimer voll war, auf dem Geländer abgestellt und die Kuh weggescheucht wie ein großes, plumpes kleines Mädchen, ließ die Frau die Hände in den Schoß sinken, drehte sich um und sah in die Dämmerung hinaus.

Eine andere Frau benützte ein Joch mit einem Haken an beiden Enden, hob die Eimer vom Geländer und trug sie zu einer Metallwanne. Sie leerte die Eimer in ein durchhängendes Tuch, das über die Wanne gespannt war. Das Tuch wurde von einer anderen Frau gespannt, ihren runden Bauch gegen den Rand der Wanne gepreßt.

Ich wand mich durch die keuchenden, dampfenden Geschöpfe und hielt neben der Frau an der Wanne. Ich stellte meine Füße in den Dreck, hielt mein Rad zwischen den Beinen und zog eine Wasserflasche heraus.

»*Moloko moschet byt?*« Ich hielt ihr meine leere Wasserflasche hin.

Sie sah mich an und zog das Tuch von der Milch. Dampf stieg ihr aus der Wanne ins Gesicht. Sie nahm die Flasche, tauchte sie bis zum Ellbogen in die Milch und ließ sie drin, bis die Blasen aufhörten. Dann zog sie sie triefend heraus, wischte sie mit der Schürze ab und gab sie mir wieder.

»*Pejte!*« sagte sie. Trink.

Die Flasche war warm in meiner Hand. Die Milch schmeckte voll und fett wie Blut. Ich konnte die Flüssigkeit heiß in mich hineinrinnen fühlen, die Sonne auf dem Mist riechen, die Hufe im Dreck klatschen hören und das Schweigen des Kuckucks und die Sirenen.

Heute morgen im Lager bekam ich einen Vortrag von den Knitteranzügen über meine Flucht gestern morgen.

»Wir sind da, um Sie zu schützen.«

Dieser hier hatte ein pockennarbiges Gesicht. Er sprach Englisch. Er redete sehr höflich. Er war es gewesen, der mit seinen Augenschlitzen die Melkerin angeschaut und um ihre Adresse gebeten hatte. Die Frau war mit gekreuzten Armen neben ihrer Milchwanne gestanden. Sie hatte ihn gerade angeschaut und nichts gesagt.

»Wir beschützen Sie.«

Ich schaute auf seinen Hals und seine Ohren.

»Sie verstehen unser Land nicht.«

»Das weiß ich. Und deshalb bin ich hier.«

»Sie müssen immer auf der Straße bleiben.«

»Ich möchte gern die Dörfer sehen.«

»Da ist nichts in den Dörfern.«

»Ach was.«

Ich packte mein Rad und schoß davon, holte rasch Tanja ein. Sie war langsam vorbeigefahren und hatte die Szene über die Schulter beobachtet.

Lange Zeit strampelten wir einfach Seite an Seite. Felix saß immer noch in der Tasche an ihrem Lenker, fraß den ganzen Tag und wurde fett. Wir fuhren an Natascha, an den Brüdern, an Tom und Torie vorbei. Als wir die Spitze erreicht hatten, fing Tanja zu sprechen an.

Es ist schwierig, neben Tanja zu fahren und sich zu unterhalten, weil sie eine schlechte Radfahrerin ist und zu dir herüberschaut, wenn sie spricht, und vergißt, daß sie auf einem Rad sitzt. Aber ich rede gern mit ihr, und so fuhren wir an diesem Morgen zusammen.

Tanja sprach über das, wovon sie immer sprach und worüber jeder Russe spricht.

»Damals ...« Sie schnaufte. Sie war nicht fit genug, um gleichzeitig zu treten und zu sprechen.

»Damals kannte jeder jemanden, der verschwunden war.« Sie meinte damals, in der Zeit ihres Vaters. Ihr Vater war alt, er war ein Physiker im Ruhestand. Er hatte einst eine junge, starke Jüdin geheiratet, die jetzt eine alte, zaghafte Jüdin war.

»Es war nichts Ungewöhnliches«, sagte sie, »bei uns war das so.« Sie bremste, um zu Atem zu kommen.

»Es passierte meist nachts.« Plötzlich fiel mir auf, wie stark ihr Akzent war. Ich hatte mich daran gewöhnt.

»Es konnte dein Vater oder dein Bruder sein. Ein Vater oder Bruder, der offen sprach. Du konntest ihn anflehen, zu vergessen, still zu sein und, bitte, einfach zu vergessen, aber er sagte trotzdem, was er dachte.

Und dann, immer nachts und im Dunkeln, Stimmen und Schreien und Blut und nichts mehr.«

»Ich kann es mir kaum vorstellen«, sagte ich.

»Aber so ist es nicht mehr.«

»Nein, nein.«

»Nein ... Aber wir Russen, wir kennen das. Wir wissen, daß sich die Geschichte in Rußland wiederholt. Das ist unser Erbe.« Sie griff hinunter, zog eine Wasserflasche heraus und stieß fast mit mir zusammen. Ihre Wasserflasche war leer. Tanja vergaß regelmäßig, ihre Wasserflaschen morgens aufzufüllen.

»Es tut mir leid, meine sind auch leer«, sagte ich.

»Du vergißt das nie.«

»Ich weiß.«

Tanja sah zu mir herüber, dann schnell auf die Straße.

»Heute fahre ich mit dir.«

Wir waren der Gruppe ein gutes Stück voraus. Wir konnten den Streifenwagen an der Spitze sehen. Wir bremsten ab. Fjodor und Natascha und Pawel zogen an uns vorbei, dann Torie und Tom. Wir fuhren noch langsamer. Der Abstand zwischen uns und den anderen wurde größer. Hinter uns erschien der Streifenwagen zum Abschluß. Wir fuhren langsam. Er wußte nicht, was er tun sollte. Schließlich schoß er um uns herum und vorwärts.

An der nächsten Schotterstraße prüften wir die Hauptstraße in beiden Richtungen und bogen ab.

Es war eine rauhe Straße. Sie führte durch ein Gehölz und über ein buckliges Feld, schließlich hörte ich einen Brunnen quietschen, Schweine quieken und Schafe bäen. Kinder lachten. Dann waren wir in einem Dorf.

Rund um uns herum waren kleine Holzhäuser, alle mit Lebkuchen rund um die Fenster. An jedem Zuhause waren die Lebkuchen verschieden – blau oder gelb oder orange, geschnörkelt oder geometrisch mit Sternen und Rechtekken oder mit geschnitzten Tieren.

Schreiende Kinder auf Erwachsenenrädern schwirrten schnell wie Tauben um uns herum. Zerlumpte, triefnäsige Kinder versuchten, uns einzuholen. Tanja fragte sie, wo wir Milch bekommen könnten. Sie warfen ihre Arme in verschiedene Richtungen, waren selbst überrascht und fingen an, zu lachen. Dann, als geschlossenes Rudel, führten sie uns langsam zu einer Art Zwergenhütte.

Riesige Tomatenpflanzen füllten den Raum zwischen dem Lattenzaun und der Hütte. Sie hatte drei krumme Fenster zur Schotterstraße, jedes mit einem Topf roter Geranien. Die Lebkuchenverzierung war seltsam: Zwei Vögel mit offenem Schnabel saßen sich über jedem Fenster gegenüber.

Tanja klopfte an die Tür. Niemand kam. Der lärmende Haufen stieß einen kleinen Jungen aus mit kaputten Hosen und zu langen Hosenträgern. Er sah aus, als würde er gleich zu weinen anfangen: Er steckte seine Hand oben durch die Latten der Tür, zog an einer Schnur und ging hinein. Die Kinder um uns warteten stumm. Sie hatten Angst um uns.

Dann humpelte eine alte Frau hinter der Hütte hervor. Sie trug einen Stepprock, dicke Wollsocken und Gummistiefel voller Mist. Der kleine Junge ging hinter ihr her.

Die Arme der Frau waren rund wie Zaunpfähle. Sie faltete sie und lehnte sich über ihr Tor. Sie hatte knotige Finger, Schmutz unter den flachen Nägeln und trug einen gelben Schal hinter ihrem Kopf gebunden.

Tanja fragte, ob wir Milch bei ihr kaufen könnten. Die Frau betrachtete uns von oben bis unten, als wären wir Waisenkinder, die sie baden sollte. Ich nahm meine Sonnenbrille ab und versuchte, zu salutieren. Sie mußte lächeln. Sie schrie eins der Kinder hinter uns an, weil es unsere Räder anfaßte.

»Moloko?« Sie sagte das, als verlangten wir Milch von ihrem eigenen Körper.

Tanja fing zu erklären an, aber die Babuschka unterbrach.

»Ich glaube dir nicht.« Wir waren Fremde in ihrem Dorf, und sie hatte noch nie Fremde getroffen. Fremde kamen nicht in sibirische Dörfer. Das war unmöglich.

»Wir fahren mit dem Fahrrad durch Sibirien«, sagte Tanja.

»Mit Fahrrädern? Wie die Kinder? Das glaube ich nicht.«

Tanja nickte.

»Ich habe Milch«, sagte sie, »aber sie ist alt, von heute früh.«

Tanja sagte, das wäre wunderbar. Das Gesicht der Babuschka legte sich in Falten wie die Runzeln eines gedörrten Apfels. Sie wurde verlegen und brachte ihr Tuch in Ordnung. Sie drehte sich um, ging hinter die Hütte zurück und erschien wieder mit einem Krug.

Wir fingen an, die Wasserflaschen von unseren Rädern zu nehmen, aber die Kinder wollten das tun. Sie balgten und schoben sich und versammelten schließlich die Plastikflaschen oben auf dem Torpfosten. Die alte Frau blies eine graue Haarsträhne aus dem Gesicht, nahm den Deckel vom Krug und fing an, einzugießen.

Die Kinder schauten zu, wir schauten zu, die Babuschka schenkte gleichmäßig aus, die Milch leuchtete auf allen Gesichtern. Ich konnte durch die Milch hindurch die staubigen Kinder kichern hören und die sechs singenden Vögel, die Riesentomatenpflanzen, die roten Geranien und die Babuschka so tun sehen, als sei sie schlecht gelaunt, aber zugleich glücklich wie jede alte Frau, die einem anderen Menschenwesen von ihrer Milch einschenkt, und plötzlich gab es ein Knallen, Platzen und Bersten, eine Sirene heulte, jeder sprang, ein Polizeiauto schoß heran und überfuhr fast eines von den Kindern, das schreiend weglief.

Niemand stieg aus. Die Fenster blieben geschlossen. Die Sirene ging zu Ende, und die Scheinwerfer waren aus.

Jeder schaute wieder auf die Babuschka. Ihr Gesicht war kreidebleich, aber sie goß weiter ein. Sie wollte uns nicht anschauen. Wir hatten sie betrogen. Wir waren Fremde, und Fremde kamen nie in sibirische Dörfer.

Das Auto stand breit vor uns. Der Motor heulte und erschreckte die Kinder.

Tanja ging zum Auto und klopfte an die Scheibe. Der Motor heulte wieder auf. Tanja klopfte nochmals. Der Gang wurde eingelegt, und der Wagen rollte knirschend in den Fahrspuren quer über die Straße zurück.

Ich schaute voller Verzweiflung die Babuschka an. Ihr Blick war leer. Ich war ein Lügner.

Ich ging mit Tanja zum Auto hinüber. Sie beugte sich ans Fenster und bat sie, wegzufahren. Sie bat höflich noch einmal. Ein Fenster öffnete sich einen Spalt.

»Wir sind zu Ihrer Sicherheit da.«

»Danke, aber wir brauchen Ihren Schutz nicht.«

»Sie müssen das Dorf verlassen.«

»Bitte, gehn Sie weg«, sagte Tanja.

»Zu Ihrer Sicherheit, Sie müssen das Dorf verlassen.«

»Himmel, ihr Arschlöcher.« Ich schlug mit der Faust auf den Kühler.

Das Fenster schloß sich. Der Motor startete. Tanja und ich traten zurück, der Wagen schoß davon, in einem Schwall von Dreck gegen unsere Beine.

Als wir zurückschauten, war die Babuschka verschwunden, und ihr Enkel sah blaß aus. Er hielt unsere Wasserflaschen. Sie waren voll. Die anderen Kinder hielten unsere Räder. Für Kinder waren ihre Blicke zu leer und die Lippen zu gepreßt. Auch sie hielten uns für Verräter.

Wir strampelten durch den Dreck aus dem Dorf hinaus und auf die Landstraße. Der Polizeiwagen kam hinter einem Baum hervorgeschossen und folgte uns. Nach einer Stunde Fahrt holten wir Tom ein.

»Geht's euch gut?«

»So ziemlich.«

Wir drei fuhren friedlich zusammen, den abschließenden Polizeiwagen direkt hinter uns. Eine lange Zeit fuhren wir sehr langsam. Wir ließen Torie und die Russen uns um Meilen überholen.

»Marco«, sagte Tom schließlich, »bist du bereit?«

Ich nickte. »Wenn man zwei Hasen jagt, kriegt man keinen.«

»Was bedeutet das?« fragte Tanja, aber Tom war schon zu weit weg.

Er trat hart. Tanja und ich radelten locker. Das Polizeiauto blieb hinter uns. Als Tom verschwunden war, schlüpfte ich von Tanja weg. Sie verstand jetzt.

Das Polizeiauto blieb gerade lange genug hinter Tanja. Auf der nächsten offenen Strecke, wo es schwierig war, Deckung zu finden, ja fast unmöglich, verschwand ich von der Straße.

Ich liege versteckt im hohen Gras. Mein Fahrrad habe ich im Schilf in einem Erdloch untergebracht. Ich liege in ungeschnittenem Heu. Es sticht meine nackten Beine.

Die Geographie hat sich verändert. Die Wälder und Hügel sind weg, an ihrer Stelle ein Sumpf, in allen Richtungen ausgebreitet, auch hinter uns, als hätte er irgendwie auch unsere Vergangenheit geschluckt. Mitten im Sumpf sind wehende Heuwiesen. Gelbe Stücke Land, handentwässert und handgemäht. In einer solchen Wiese liege ich.

Hinter mir sind zwei Bauern. Sie stehen auf einem Streifen, den sie geschnitten haben. Er wirkt wie die leere Stelle auf dem Bauch eines Hundes, den man zur Operation geschoren hat. Die Schnitter tragen weiße Schleier um Gesicht und Kopf wegen der Mücken. Sie stehen auf ihre Sensen gelehnt, die Schneiden wie Krummsäbel um ihre Stiefel gebogen. Sie sind mißtrauisch. Sie haben einen Mann auf einem Rad auf der Straße gesehen und weitergemäht, Schwung, Drehung, Sinkenlassen, Schritt. Als sie sich umsahen, war er verschwunden.

Ich liege in einer Mulde im hohen Gras, schwitze und erschlage die Mücken. Die Sonne bringt den Himmel zum Kochen. Ab und zu hebe ich den Kopf ein bißchen übers Gras und beobachte die Straße. Ich weiß, sie werden zurückkommen und mich suchen.

Nach einiger Zeit wird mein Mund trocken. Meine Wasserflaschen sind am Fahrrad. Ich gehe in die Hocke und krieche fast, als ich sie sehe und mich flach hinwerfe, das Gras drückt sich in Ellbogen und Knie. Ich liege auf dem Bauch und warte, mache dann ein Auge auf. Der Wagen brummt vorbei. Ohne Blaulicht. Die Köpfe wackeln wie Marionetten. Sie sehen nur die Bauern und die Heumänner und das Feld im Sumpf.

Als sie verschwunden sind, stehe ich auf, schlüpfe ins Schilf, fische nach einer Wasserflasche und begebe mich zurück in meine Mulde im Heu.

Die Schnitter haben den Wagen vorbeifahren sehen.

Dann sehen sie mich aufstehen, aus dem Nichts, in dem Erdloch verschwinden, sehen mich ins hohe Gras heraustreten, winken und mich fallen lassen. Sie nicken. Sie sind Komplizen.

Ich lege mich hin und mache die Augen zu. Ich glaube, ich schlafe ein.

Als ich aufwache, steht die Sonne fast am Horizont. Sogar die Mücken sind ermüdet. Ich strecke mich und teile das Gras und schaue zu den Schnittern hinüber. Sie sehen mich und winken. Sie laden mich ein.

Wir verstecken uns hinter dem Heuschober, schwarzes Brot und schlechter Wodka werden ausgegeben, und wir reden mit den Händen über das, worüber Russen immer reden.

10

AM NÄCHSTEN TAG und an dem darauf fuhren wir auf einem Streifen Asphalt, der wie eine Brücke über dem Land hing. Unter uns war Sumpf. Rundherum nichts als Sumpf. Es war, als ob hier einmal ein Ozean gewesen wäre, aber dann hatte die Zeit ihr Werk getan und ihn mit Alter und Dreck und Weltlichkeit gefüllt.

Wir fuhren in lockerer Reihe, der Spitzenmann stieß einen Schrei aus, wann immer uns die Passage durch eine Insektenwolke drohte – dann klappte man schnell den Mund zu, hielt den Atem an, kniff die Augen zu und fühlte sich in Sekunden von einer klebrigen Welle überrollt. Wieder draußen, machte man die Augen auf und spuckte, um die Mücken von den Lippen loszuwerden. Waren sie in die Nase hinaufgelangt, drehte man den Kopf zur Seite, hielt einen Daumen seitlich dagegen und schnaubte.

Carl und sein Kamerateam hatten bereits interessantere Dinge zum Filmen gefunden. Wir sahen sie nur abends im Lager. Und die Presse machte sich auch langsam dünn. Und obwohl die Polizei und ein gelegentliches Haifischauto ohne Kennzeichen immer noch folgten, hielten sie sich außer Sichtweite. Tom und ich hatten gedroht, abzuspringen, wenn sie sich nicht zurückhielten. Die Knitteranzüge hatten einen Fehler gemacht. Indem sie in jeder gottverlassenen Stadt, in die wir kamen, Festessen veranstalteten und das Tamtam der Sowjetpresse um uns zuließen – die ersten Amerikaner, die die Geheimnisse Sibiriens sehen und mit dem Fahrrad durchs Große Vaterland fahren und als erste die tolle neue Freiheit des Vaterlands erleben –, hatten sie uns unbeabsichtigt Macht gegeben. Sie waren tödlich besorgt, wir könnten nach Amerika zurückfliegen und Lügen über ihre Gastfreundschaft erzählen.

An dem Tag westlich von Chabarowsk, als reden so langweilig war wie die Gegend und die Zeit nachgab und Schweiß uns den Rücken hinunterrann, schrie einer: »*Welosipedisti!*«, Radfahrer!

Erstaunt hielten wir sofort an. Durch den Dunst kamen winzige Farbflecken. Orange und Rot und Blau, schaukelnd und hüpfend. Bald konnten wir hüpfende Schultern und tanzende Beine unterscheiden. Sie fuhren in einem Rudel und schnell. Im Nu waren sie herangeschwirrt und umgaben uns in einem Kreis aus schmalsten Reifen, neugierigem Lächeln und schweißglänzenden jungen Körpern.

Der einzige, der wohl schon ein Mann war, noch rittlings auf dem Rad, holperte vorwärts, die Hosenklammern klirrten auf dem Pflaster. Wir drückten ihm alle einzeln die Hand. Er war der Trainer. Er hatte einen Räuberschnurrbart und knorrige Hüften.

»Der Jugendfahrradclub von Birobidschan ist hier, um Sie willkommen zu heißen. Um mit Ihnen zu fahren.« Er war sehr stolz.

Ich schaute mich in der Gruppe um. Mädchen und Jungen. Dreizehn oder vierzehn, älter nicht. Weiche, feuchte Gesichter ohne Haarwuchs und hochrot wie die Haut einer Kirsche. Auge in Auge mit mir und dann ängstlich schnell weggeschaut. Ich sah auf ihre Körper. Schlank, fast eckig, mit zarten Muskeln um sehnige Gelenke. Das Wesen und die Gestalt ihrer Körper wirkten wie die Wiedergeburt ihrer Fahrzeuge. Sehnen nur Speichen, Blut nur Öl, die geschmeidigen Glieder wie ihre gehärteten Rahmen.

Ohne ein weiteres Wort schwangen die Jugendlichen ihre Räder herum und explodierten ins Weite. Plötzlich waren wir mehr als dreißig Radfahrer, die gedrängt und schnell über das Sumpfland fuhren, verflochten, einwärts und auswärts und wieder einwärts.

Das Tempo steigerte sich so, daß der Morast zur Schmiere wurde. Schulter an Schulter und Knie und Lungen und Murmeln und manchmal ein Schrei. Ich konnte das Adrenalin spüren. Sie konnten es spüren. Sie waren jung. Sie atmeten es, und es berauschte sie. Sie wollten die Besten sein und etwas zeigen und beweisen, das Äußerste hergeben, wozu ihre harten Beine imstande waren, und fahren, wie sie sich die großen Champions vorstellten, bis ihnen das Herz brach.

Das Tempo wurde wieder unregelmäßig. Das Rudel schloß sich zusammen. Wir fahren jetzt zwei und zwei. Nur du und dein Partner, dein Bruder, dein Blut, und die Landschaft löst sich in Geschwindigkeit auf.

Ich war rechts und genau vor einem Jungen mit langen, platten Füßen und herumwirbelnden, sommersprossigen Knien. Große Ohren wuchsen ihm aus dem roten Haar. Er hielt den Kopf gesenkt. Ganz konzentriert lenkte er sein Fahrzeug einen Fußbreit von meinem. Ich konnte sehen, wie das Blut in seinen Schläfen pulsierte und den getrockneten weißen Schaum in seinen Mundwinkeln. Er lächelte unverschämt.

Aus dem Nichts raste ein Geisterfahrer an dem Jungen vorbei und ordnete sich direkt vor ihm ein. Es war eine schnelle, präzise Geste. Ihre Räder berührten sich fast.

Der Körper des Fahrers war mir ganz nah: ein schmaler Rücken, eine dünne Taille, kurzgeschorene, schwarze Locken, muskulöse Hüften graziös über dem Sattel und Beine, glatte lange Beine wirbelten wie geölt. Der Kopf drehte sich, und schwarze Augen schwenkten auf mich, herausfordernd, dann schnellten sie wieder zur Straße. Ich schaute über die Schulter auf den rothaarigen Jungen. Er sah verzweifelt drein. Ich fing seinen Blick und grinste. Er grinste zurück, also trat ich in die Pedale, machte voran und sah nach links.

Ein Mädchen. Alles um sie herum war verschwommen, aber sie war sauber und klar und genau neben mir. Den Kopf nach unten und Haar im Gesicht. Kleine Brüste, Brustwarzen hoben sich wie Knöpfe von der flachen Brust.

Sie sah zu mir herüber, mir gerade in die Augen, und

lächelte. Ein bloßes Lächeln. Nichts weiter dabei. Nichts dahinter. Sie befand sich nur einen Atemzug vor jenem verwegenen Alter. Dem Alter, wenn das Geschlecht keine Rolle spielt und ein Mädchen nur ein Lächeln lächelt und nichts als ein Lachen lacht und in fast allem besser als ein Junge und ihm alles gleich ist.

Das Alter vor den Feuern von Verlogenheit und tieferen Beweggründen und dem immerwährenden Fallen.

Sie drehte den Kopf zurück. Die Augen nach oben verdreht, schaute sie die Straße hinunter und strampelte hart. Ich trat härter, um gleichzuziehn. Wir fuhren sehr schnell. In Sekunden waren wir um den Rest des Rudels herum und hatten das feuchte Pflaster für uns.

Ich sah wieder ihre Beine. Was für lange Beine. Frauenbeine, stark und samten an einem hohen, schmalgekurvten Hinterteil. Ich sah, daß ihr das nicht bewußt war. Ihr ganzer Körper war gespannt und geschmeidig, und sie wußte nichts davon. Sie war verspielt und munter und wollte nichts als fahren.

Sie hatte eine aristokratische Nase in ihrem schmalen Gesicht. Die Haut oliv und dunkle Augenbrauen. Sie lächelte halb. In jeder anderen Welt wäre sie scheu gewesen. Aber nicht hier, in ihrer geschlechtslosen, frank und freien Welt im Sattel. Hier war sie sicher und selbstgerecht.

»How are you today?« Sie sprach gebrochenes Englisch und schaute nicht herüber.

»How are you?« sagte ich. Daraufhin senkte sie den Kopf, hob ihre Augenbrauen und grinste.

»Von hier sind es siebenundzwanzig Kilometer nach Birobidschan«, sagte sie.

»Fährst du oft hier?«

»Ja. Jetzt«, sagte sie. Die Luft berührte ihren Hals und durchkämmte ihre Locken. Sie sah mich nicht an. Es war nicht nötig. Wir waren Seite an Seite und so nah, daß wir einer des anderen Körperwärme fühlen konnten. Wir fuhren schneller und noch schneller, innerlich.

»Jetzt«, sagte ich atemlos.

»Jetzt habe ich mein eigenes Rad.« Sie war über ihr Fahrzeug gebeugt, ihre kleinen Brüste wiesen nach unten, die Finger preßten die Griffe.

»Von meinem Vater. Zum Geburtstag.«

Ich wollte sie noch mehr fragen. Ich wollte sie fragen, wie alt sie sei, in welche Klasse sie ginge, ob sie Geschwister hätte und wo ihr Vater und ihre Mutter arbeiteten. Ich war hingerissen. Ich wollte sie fragen, warum sie ihr Rad so fuhr, wie sie es fuhr, obwohl ich bereits wußte und erinnerte und wußte, sie würde die Frage so blöd finden, daß es sich nicht lohnte, zu antworten. Ich wollte, daß sie mich anschauen sollte, damit ich sie anschauen konnte, aber ehe ich ein Wort sagen konnte, stand sie in den Pedalen und warf sich nach vorn, und wir begannen, eine andere Sprache zu sprechen.

Ein kleiner Finger vom Griff nach unten, um mich vor einem Stück Glas zu warnen, ein fast unmerkliches Nicken als Hinweis auf ein Schlagloch, die kleine Wendung des Kopfes, um mir etwas in der Landschaft zu zeigen, der gleichmäßige Atem, als wäre eine Melodie oder ein Lied oder Psalm in uns, und die feine Biegung, damit sich unsere Körper nicht berührten. Sie bog ihren Rücken, verschob ihr Kreuz auf dem Sattel.

Sie bewegte eine Hand und schaltete die Gänge so, daß wir uns genau im selben Rhythmus bewegten, unsere Körper im Gleichklang, Beine rauf und runter und rauf und runter. Das machte ihr Spaß, und sie lachte. Dann legte sie einen Gang höher ein und warf sich ein paar Meter nach vorn. Sie spielte mit mir, neckte mich. Ich schaltete und stieß zu ihr vor. Sie trat noch fester. Sie stieß und schob und stieß, die Beine gekrümmt. Ihr Gesicht war rot und die Augen schwarz, den Kopf nach hinten.

Sie trat in die Pedale. Sie versuchte, mich zu überholen. Schwankend gab sie ihr Bestes, gab alles. Sie neigte den Kopf, feuchte Locken wischten durch das Gesicht. Sie lächelte wieder, mit einem seltsamen Gesicht, hart und weich zugleich. Jetzt wollte sie mit mir zusammen fahren, mich dahin ziehen, wohin sie fuhr. Sie hatte keine Ahnung, wie schnell sie war. Sie hatte keine Ahnung, wie schnell sie sein konnte. Sie wußte nur, wie stark sie war. Wie stark sie sich vorstellte, daß sie sei.

Ich war kaum bei ihr. Ich wurde gefahren, vernichtet, mein Körper tat weh, meine Brust schwoll wie ein Blasebalg, der Mund biß die Luft, Schweiß troff von meinem Kinn.

Ihr Gesicht glühte. Wir waren in fehlerloser Harmonie, die Luft umrauschte uns, als wären wir eins. Noch wirbelten ihre Beine in besessenen Kreisen, zerrten ihre Arme, ihre kleinen Brüste hart und aufrecht, der Mund offen, die Augen halb geschlossen, noch zerrten und traten ihre Arme und Beine, pumpte sie mit den Hüften, als sie mich plötzlich ansah, direkt mit großen Augen, und die Zunge im Mund verschwand.

Sie ließ nach, unser Tempo wurde gleichmäßig. Schnaufen und schnaufen und das Rad sich selbst überlassen. Dahinstreichen, gleiten und schlüpfen, aber kein einziges Wort. Sie wollte es so.

Als wir uns etwas erholt hatten – sie wußte, daß ich sie beobachtete –, warf sie den Kopf zurück und sah einen langen Augenblick die Straße zurück, als hätte sie etwas verloren. Ich schielte nach hinten. Wir waren der Gruppe um Meilen voraus. Voraus und allein.

Als ich mich wieder umdrehte, war sie fort, hüpfte zehn Meter vor mir her, sie trillerte, lachte und sang fast. Ich war hinten, ich konnte sie fieberhaft ausholen sehen, ihr Rükken, ihre Hüften, ihr ganzer gespannter Körper strapazierte die Pedale. Ich trampelte und stellte mich in die Pedale und trampelte und fing sie ein. Ich blieb an ihr dran. Sie winkte wild und schnitt quer über die Straße. Ich verlor sie. Ein Gelächter schallte zu mir zurück. Ich keuchte, glühte, und sie winkte vor und zurück; ich konnte sie nicht fangen, nie, nie konnte ich sie fangen, einfach nie, weil sie jung war und wild, und ich war alt und gewöhnlich und am Boden. Ich mühte mich vorwärts, fing sie ein, verlor sie wieder. Sie fuhr wie eine Verrückte, lehnte ihr Rad gefährlich und geschickt nach links und nach rechts, als sei alles, was es gäbe, alles, was es jemals geben könnte, diese Flucht und diese Jagd. Ich verlor sie. Sie entkam mir. Ich kam ihr nahe. Ich verlor, spurtete und verlor wieder. Dann nahm sie eine Kurve zu weit, ich stürzte vorwärts und hart hinein, und sie sah zurück, sah, wie ich schnaufte, mit verzerrtem Gesicht, und sie lachte wieder, dann lächelte sie und hörte auf, zu treten.

Tempo und Kraft und Hitze verließen uns langsam. Unsere Köpfe waren jetzt feucht und leer, Arme und Beine schwer. Wir glitten einfach dahin, noch schnell, aber langsamer werdend, glitten durch den Dunst. Ihre langen, langen Beine hielten still. Ihre Schenkel bebten. Sie war vornüber gebeugt. Sie keuchte und starrte durch den Lenker, Schweiß tropfte von der Nasenspitze, der Mund stand offen vor Freude.

11

Ich bekam mein zweites Fahrrad, als ich elf war. Es war schwarz. Es war unmöglich geworden, meine Zeitungsroute zu Fuß zu bewältigen.

Ich kaufte es brandneu, suchte es ohne Zögern aus einer Reihe von glänzend schönen Rössern aus. Ich zahlte die Hälfte. Dad steuerte die andere Hälfte bei und kaufte den Korb. So liefen Geschäfte mit Dad.

Der Korb war riesig. Ein Drahtkorb, tief und breit genug für dicke Sonntagszeitungen oder vier große Einkaufstüten. Mein Rad stand geduldig in der Einfahrt, strahlend und stolz, als Dad und ich den Korb vor der Lenkstange anbrachten. Steve sah feierlich zu, seine fahrigen Hände in den Hosentaschen, die sommers zuvor meine Hosentaschen gewesen waren. Ich wußte, daß der Korb die Grazie meines Streitrosses beeinträchtigte, aber die Zeitungsroute hatte dafür bezahlt, und die Zeitungsroute würde auch für Flickzeug oder einen neuen Schlauch bezahlen, falls ich in einen Nagel fuhr.

Ich sprang auf, schwankte die Straße hinunter, kurvte und schrie und fühlte in meinem ganzen Inneren, was mir sechs Jahre früher abhanden gekommen war. Für mich war das, als wäre ich plötzlich genau wie Clarissa Destin. Sie wohnte gegenüber. Sie war fünfzehn und durfte bereits einen roten Wagen aus Frankreich fahren. Sie winkte immer wie wild und lächelte, der Blick verschwommen und der Mund so exakt bemalt, als könnte man sich an ihren Lippen schneiden.

In Wirklichkeit, wußte ich, war ich viel besser dran. Ich konnte Kurven schneiden, Sprengwagen nachfahren, Fußgängerübergänge entlangflitzen, die selbst für einen kleinen Wagen zu schmal waren, oder zum See hinausfahren und mein Vorderrad in den Schlamm mit den Salamandern tauchen. Ich konnte wieder zwischen den rotblühenden Rosen herumturnen.

Und jetzt konnte ich die Zeitungen liefern, und zwar schnell. Wenn ich verschlief, wie immer, konnte ich meine ganze Route in fünfundzwanzig Minuten durchrasen. Durch die morgendliche Dunkelheit den Gehsteig hinunter, blind mit einer Hand in den Korb gefaßt und gerade im todsicheren Moment das Blatt geschleudert wie eine Handgranate. Es sprang dann einmal und rollte direkt vor die Tür, aber zu der Zeit schleuderte ich die guten Nachrichten schon gegen ein anderes Haus.

Vier Jahre lang ritt ich mein schwarzes Rad mit dem großen Korb jeden Tag. Aber länger ging es nicht. Selbst mit dem Rad stand ich ungern so früh auf, und ich sammelte ungern Geld bei schäbigen Leuten ein. Ich hörte auf und beschloß, mehr Rasen zu mähen, aber den Korb ließ ich am Rad. Er faßte meine Bücher und Turnsachen, als ich in die Mittelschule kam.

Meine Mittelschule war anderthalb Meilen entfernt. Ein turmhoher Ziegelblock, 1889 mitten in die Prärie gebaut. An den Wänden der Turnhalle waren braune Fotos von muskulösen Jungen mit gekreuzten Armen. Sie sahen stark aus, wie Boxer.

Ich nahm nie den Bus. Zu jener Zeit war Wyoming immerzu verschneit, aber ich fuhr nie mit dem Bus, es machte mir Spaß, durch den Schnee zu radeln. Ich gierte danach. Es brauchte Geschick. Ohne Geschick konnte man unter den Rädern eines Autos landen. Wenn ich schlitterte und rutschte und vorübertanzte, wurden andere Mütter blaß, zu gelähmt, um auch nur zu hupen. Das waren die Mütter, die ihre Kinder nicht radeln ließen aus Angst, es könne etwas passieren. Das waren die Mütter, deren Kindern nie etwas geschah.

Besonders mochte ich vereiste Straßen. Ich fuhr so schnell wie möglich los und warf dann das ganze Gewicht meines kleinen Körpers rückwärts auf die Bremse. Ich drehte mich voll im Kreis, dann fiel ich langsam, als würde ich wirklich verletzt, würde mir wirklich den Schädel zertrümmern, streckte dann lässig einen Fuß aus. Es war meisterhaft.

Ich liebte Schneestürme, riskierte Frostbeulen an den Ohren. Ich trug Mutters Wollfäustlinge, aber bei Bombenkälte, wenn die Luft so kalt war, daß einem die Zähne weh taten, gefroren meine Hände trotzdem zu Klauen, die in der ersten Stunde den Bleistift nicht halten konnten.

In meine Mittelschule gingen tausend Kinder. Es gab nur einen Fahrradständer. Im Winter war er unter dem Schnee begraben und fast leer. Selbst im windverrückten Herbst und im windgepeitschten Frühjahr standen dort nicht sehr viele Räder. Ich wußte, was das hieß. Die anderen gingen zu Fuß (langsam und langweilig), wurden im stickigen Auto von der radiohörenden Mutter mitgenommen (schnell, aber langweilig) oder fuhren mit dem Bus (langsam und langweilig und kalt und erniedrigend durch das Schlangestehen an der Ecke).

Aber ich, ich war autonom. War es nötig und waren die Straßen trocken, konnte ich in neun Minuten in der Schule sein. Aus dem Bett springen, schon halb draußen, heiße Cornflakes hinunterlöffeln, wie irre die Strecke zurücklegen und ankommen, rot, keuchend und begeistert. Bei den seltenen Gelegenheiten, wenn es mir gelang, früh aufzustehn, brach ich im Fahren die Eiszapfen von geparkten Autos ab oder stürmte durch das Gestrüpp hinter der Kirche oder zog eine große Schleife durch die Stadt und entdeckte neue Straßen.

Die einzigen anderen Kinder, die wirklich autonom waren wie ich, waren die Mexikaner. Sie lebten hinter dem Viadukt jenseits der Eisenbahnlinie. Da fuhr der Bus nicht hin, und die Mütter hatten kein Auto, also radelten ein paar Kinder das ganze Jahr über, wie ich. Sie hatten schlechte Räder, die Mexikaner, aber sie fuhren sie gut. Sie konnten holterdipolter eine Kurve nehmen und perfekt landen. Sie konnten hast-du-was-kannst-du-was mitten auf der Straße fahren, auf dem Hinterrad einen halben Block weit, und wenn sie dann Lust hatten, aber nur wenn sie Lust hatten, setzten sie das Ganze wieder hin, hübsch und artig, und schauten zurück mit jenem Lächeln »Hab' ich dir's nicht gesagt, du Depp«: das war verdient. Ich konnte das nie. Es machte mir Spaß, mit dem Fahrrad von den Erdhügeln in der Prärie hinter unserem Haus zu springen, aber das war nichts Besonderes. Einmal vermasselte ich es, kam rittlings auf dem Lenker zu Boden und lag da, gekrümmt mit dem Gesicht im Staub, und hoffte, daß mich keiner sah. Kunststücke waren nicht meine Sache. Ich fuhr einfach gern.

Im Sommer fuhr ich dann den ganzen Tag. Raus bis in die Nacht, durch die Straßen schwirren. Ich und die anderen Fahrradkinder bekamen Zündflaschen von einem alten Mann in einer Hütte draußen an der Landstraße, und dann ging's mit Gebrüll in die Stadt zurück, wir teilten und spielten Krieg gegeneinander, bis jemand die Polizei rief und wir zerplatzten wie eine von diesen Raketen, die Funken zischten, dunkle Alleen hinunter, über Höfe hinter schwarzen Häusern – aber ich, ich fuhr los durch die Prärie und warf mich zwischen die Salbeibüsche unter dem weißen Mond; die Polizisten gingen vorbei, verrenkten sich den Hals, heulten ihre Sirenen und versagten schmählich. Dann versammelten wir uns wieder, um unsere List und Tücke zu feiern.

Einmal fuhr ich ein Mädchen vom Baseballplatz nach Hause. Im Baseballpark trafen sich die meisten anderen Jugendlichen im Sommer. Ich ging nicht oft hin. Ich hörte mit Baseball auf, weil ich Angst hatte, den Ball zu schlagen. Aber an einem stillen, blauen Abend ging ich hin und traf irgendwie dieses Mädchen.

Wir saßen nebeneinander. Ich tat so, als wüßte ich was von Baseball, klatschte, wenn alle andern klatschten, und machte einen halbherzigen Versuch, den Schiedsrichter anzuschreien. Aber meist starrte ich sie an. Ich konnte nicht anders.

Wir waren im wissenschaftlichen Zweig zusammen, also redeten wir darüber, wie enge Hemden der Lehrer trug und wie er seine Muskeln spielen ließ, wenn er an die Tafel schrieb. Er versuchte, die Mädchen zu verführen. Sie war schön und ohne Lippenstift. Sie sagte: »Nein, ich finde das scheußlich.«

Der Himmel wurde dunkel. Die Lichter im Stadion gingen an und schwankten über dem Spielfeld wie riesige Glühwürmchen. Es war eine trunkene, warme Sommernacht, wir saßen so nahe, daß unsere Beine sich berührten, und dann passierte das Größte. Ihre Heimfahrgelegenheit war weg. Sie sollte mit irgend jemandes Schwester nach Hause fahren, aber dann redeten wir leicht und schnell über alle möglichen Dinge dahin und hatten das Ballspiel vergessen, als wären wir ganz allein in einer Seifenblase, und als wir aufsahen, war das Spiel zu Ende und ihr Transport weg.

Ich bot meine bescheidenen Dienste an. Ich war beklommen bei dem Gedanken, sie könnte das blöd finden, aber schließlich wußte ich, daß sie anders nicht nach Hause käme und in Schwierigkeiten, wenn es zu spät würde, es sprach also alles für mich.

»Ich setz' mich nicht auf das häßliche Ding.«

Ich faßte mich rasch. »Nein, nein. Du sitzt im Sattel, ich trete.«

Ich dachte, meine Stimme sei unsicher gewesen, aber inzwischen herrschte tiefe Dunkelheit, ein Sternenhimmel hatte die Glühwürmchen zum Erlöschen gebracht, ich war ihre Fahrgelegenheit, und sie wohnte zwei wunderbare Meilen entfernt. Mein Herz hüpfte und jubelte, noch ehe ich überhaupt abfuhr: Sie rutschte fast vom Sattel, aber anstatt zu kreischen, wie ich es erwartete, lachte sie bloß und hielt sich mit beiden Händen an meinem Gürtel richtig fest.

Ich flog durch unsere dunkle Stadt. Meine Kräfte waren erstaunlich. Unbekannte Ausdauer: Ich galoppierte und atmete schwer, versuchte aber, ruhig und stoisch zu wirken, obwohl mir der Schweiß über den Rücken floß, trotz ihrer Hände an meiner Taille. Ich wollte in die Pedalen treten wie ein fallender Stern und sie nach Hause fliegen im Nu, um Eindruck auf sie zu machen, aber ich wollte auch für immer treten, gleiten und gleiten, so langsam, wie ein Stern fällt.

Dann war da ihre Straße, ihr Haus und ihr Vorgarten.

Ich bremste graziös, und sie stieg ab. Mit einem einmaligen Druck nahm sie die Hände von meinem Gürtel. Ich beugte die Schultern. Sie lächelte. Ich lächelte. Sie bedankte sich. Ungläubig sagte ich: »Ich danke dir.« Wir waren beide heiß und geil. Das Verandalicht ging an, sie rannte zur Türe, ich sprang in den Sattel zurück, stieß mich ab und fing zu treten an, verrückt vor Stolz und Triumph.

Ich schaute zurück. Sie sah weg, trat gerade ins Haus und schloß die Tür hinter sich, aber eine Hand sah noch heraus und winkte.

Plötzlich hörte ich einen Krach und ein Singen und fühlte mich gestoßen oder geschlagen und konnte weder sehen noch denken – alles war rasende, verschwommene, dunkle Helligkeit –, und dann fand ich mich in der Luft wieder. Schwebte. Fiel dann. Fiel so langsam, wie wenn du etwas sagen willst, aber nicht weißt, was, also sagst du nichts, der Bauch tut dir weh. Ich warf meine Arme hoch und winselte wohl und war bereit, zu sterben, und landete sanft in einer kleinen Heuschicht auf dem Anhänger eines geparkten Lieferwagens.

Sieben Jahre danach zogen wir zusammen. Dann mußte ich fort und meine Erde erforschen, und sie ging nach Australien und heiratete dort.

12

An einem heissen Nachmittag winkte uns eine rundliche Frau von der Straße herunter.

»Dobro poschalowat. Sachaditje, posmotritje, kak my schiwjom!« schrie sie. Willkommen. Seht, wie wir leben. Wir folgten ihr in ein Dorf.

Im Dorf erwartete uns ein Mahl im Freien. Auf der Straße standen zwei Kartentische, mit einem alten Tischtuch bedeckt. Zwei silberne Samoware mit brühheißem sowjetischem Kaffee standen darauf. Dazu das gute Geschirr, ein Dutzend blaugeblümter Tassen sowie Untertassen. In einer großen, blauen Schüssel war geröstetes Brot, mit Kartoffeln und Reis gefüllt.

Es gab frische, warme Milch. Eine Frau im gestärkten Rock, mit einem Grübchengesicht wie ein Babypopo, schöpfte Glas um Glas aus einem weißen Emaillekrug. Stühle mit Holzlehnen waren unter einer Woge von Fliederbüschen verteilt.

Ein Traktor dröhnte um eine Ecke, daß der trockene Lehm flog. Die Häuser waren klein und hielten Abstand von der Straße. Ein kleines Mädchen ließ einen Stock den Zaun entlangklappern. Ein Hund. Keine einzige Wolke.

Wir waren in einer Kooperative.

Es war die Verwalterin der Kooperative, die uns herangewinkt hatte. Sie war wie ein großes Faß mit gebräuntem Gesicht und weißen Haaren. Sie zog uns an die Kartentische, gab uns Teller, ließ sie uns bis an den Rand volladen und führte uns dann in den Schatten des Flieders.

Torie fing an, Fragen zu stellen, und Tanja übersetzte.

Die Verwalterin sagte, die Kooperative habe 1307 Einwohner. Jede Familie lebte in einem einstöckigen Doppelhaus aus Ziegeln auf einem großen Stück Land. Jede Familie hatte mindestens eine Milchkuh, ein paar Schweine, eine Ziege und einen Garten. Die Kooperative selbst war vor allem ein Molkereibetrieb, achthundert Kühe mit der Maschine gemolken, hielt aber auch vierhundert Stück Schlachtvieh. Die Gemeinde hatte ihre eigene Schule und ihr Gemeinschaftshaus. Ein Rat traf lokale Entscheidungen. Der Vorsitzende des Rats war auch der Leiter der Kooperative.

Die Leiterin sprach flott, als hätte sie alles schon Hunderte von Malen gesagt. Ich unterbrach und fragte nach den Ertragsquoten.

»Moskau«, sagte sie und rollte Augen. »Sie werden in Moskau festgesetzt, es ist lächerlich. Moskau ist Tausende von Kilometern weit weg. Sie haben keine Ahnung, was hier draußen passiert.« Sie erwartete meine nächste Frage. Ich war zu langsam. Sie fuhr fort. Ich mochte sie.

Die Kooperative verkaufte Milch und Fleisch an den Staat, der sie seinerseits auf den staatseigenen Großhandel verteilte.

Was nach Erfüllung der Quote übrigblieb, konnten sie auf den örtlichen Märkten verkaufen und den Gewinn behalten.

»Wir produzieren immer mehr als die Quote«, sagte sie.

»Wer sorgt für die Kinder?« fragte Torie.

»Alle Frauen bekommen zwei Jahre bezahlten Mutterschaftsurlaub, danach müssen sie wieder arbeiten. Wir haben eine gute Kindertagesstätte, wir brauchten nur ein neues Gebäude. Das ist ein Problem.«

Sie sagte weiter, die Schule brauchte mehr Bücher und die Erntefolge müßte geändert werden und daß Privatautos nach Dienstalter vergeben würden – wenn der Name die Spitze der Liste erreicht habe, könne man einen Wagen kaufen.

»Wenn man das Geld hat. Die Löhne hier sind hoch, ein Arbeiter bekommt hundertfünfzig bis dreihundert Rubel im Monat, aber ein Auto kostet neuntausend.«

Wir waren inzwischen mit dem Essen fertig. Tom ölte die Kette an seinem Fahrrad und hörte aus der Entfernung zu. Fjodor, Pawel und Natascha taten gelangweilt, die Brüder zupften an ihren Bärten und schauten nirgendwohin, Natascha kratzte an einem kleinen Schorf an ihrem Ellbogen. Plötzlich packte Fjodor sein Rad und fuhr los. Pawel und Natascha radelten ihm nach. Die Frau achtete nicht auf sie.

»Genug Zahlen. Ich weiß, was ihr wollt. Ihr wollt sehen, wie wir leben.« Dabei schaute sie Torie und mich an. Sie hakte uns unter, nahm auch noch Tanja bei der Hand und spazierte mit uns über die Straße. Wir gingen durch ein Tor in einen riesigen grünen Garten und hin zu einem Backsteinhaus.

»Das ist mein Zuhause. In Rußland ist das Heim das Allerwichtigste. Es ist unser Heiligtum.« Sie öffnete die Vordertür und schob uns sanft hinein.

Ein Gang teilte das Haus in zwei Hälften. Rechts waren drei kleine Schlafzimmer, jedes kärglich und ordentlich wie ein Kind für den Kirchgang. Am Ende des Gangs war ein gemauerter Ofen. Er wurde mit Holz und Kohlen geheizt und wärmte das Haus. Links vom Gang befanden sich Wohnzimmer und Küche. An den Wänden des Wohnzimmers hingen Perserteppiche. Es gab zwei Sofas und einen Fernseher. In der Küche war ein Holzherd, ein Plastiktisch und durchgebogene, aber ungemein saubere Regale. Die Küche hatte fließendes kaltes Wasser. Das Örtchen befand sich hinten im Garten.

Wir steckten in alles unsere Nase und stellten viele Fragen.

Waren alle Häuser der Kooperative so?

Sie grinste. »Na ja, jeder richtet sich ein bißchen anders ein, aber im allgemeinen, ja.«

Ob der Fernseher funktioniert?

»So gut wie alle in Sibirien. Die zwei Regierungskanäle«, sagte sie, »ich sah euch auf dem Bildschirm. Daher wußte ich, daß ihr kommen würdet.«

Ob sie ihre Arbeit mag?

Sie neigte den massigen Kopf und sah sich in ihrem Zuhause um. »Ja. Ja, ich mag sie sehr. Mein Leben hier, meine Familie, das ist alles gut . . .«

Und nach einer Pause: »Ihr wißt, daß ihr sehr langsam durch unser Land reist. Ihr werdet vieles sehen, was schlecht ist. Wenn ihr das seht, denkt an mein Zuhause.«

Sie führte uns hinaus und in den Garten hinter dem Haus. Dort war auch ein Gemüsegarten. Wir gingen einen Pfad zu einem Schuppen. Sie zeigte uns ein paar Schweine und warnte uns vor dem glitschigen Kot.

Auf unserem Weg zurück durch den Garten fing sie an, das Gemüse aufzuzählen, das sie gepflanzt hatte, und die Namen der Blumen, die sie durch den Zaun ranken ließ. Als wir die Seite des Hauses passierten, blieb ich für einen letzten Blick ins Innere stehen.

Ich schaute in ein Schlafzimmer. Nackte Wände, ein kleiner Frisiertisch, ein dicker, roter Teppich. Ich entdeckte etwas auf dem Bett, ging näher und beschattete das Fensterglas mit der Hand.

Auf der Steppdecke war eine besonders runde Matrioschka-Puppe – sie werden aus einem soliden Stück Holz geschnitzt. Sie war einfach bemalt mit hellen Farben, rot, blau und grün. Die obere Hälfte der Puppe lag neben ihrem Körper und gab so das lächelnde Gesicht der nächstinneren Puppe frei.

Weniger als eine Stunde nach Verlassen der Kooperative wurden wir wieder von der Straße gewinkt. Diesmal von Knitteranzügen neben ihren Haifischautos. Wir wurden in einen Ort mit Mietskasernen geführt. Uns wurde gesagt, wir sollten unsere Räder in eine Lastwagengarage stellen. Dann sollten wir in einen Bus einsteigen, hieß es. Der Bus brachte uns zu einem Café.

Nicht zu einem öffentlichen Café. An der Decke waren Ventilatoren, und es standen echte Blumen in Kristallvasen. An den Wänden hingen mehrere Porträts von Ihm. Ein Dutzend Kellnerinnen gab es. Sie lächelten überschwenglich und trugen ein ungeheures Make-up und eine gerüschte Aufmachung, die an beiden Enden etwas sehen ließ, wenn sie sich bückten. Überall auf der Mahagonibar unter dem riesigen facettierten Spiegel standen Flaschen mit importiertem Alkohol.

Wir bekamen unsere Plätze und leinene Servietten und kühle Wassergläser. Die Türen wurden hinter uns verschlossen, und die Reden fingen an.

»Wir sind stolze Leute, stolz, euch tapfere Fahrradsoldaten willkommen zu heißen in unserer stolzen, aber bescheidenen Stadt . . .«

Und die Kellnerinnen fingen an, die Tische vollzuladen. Erst die Vorspeisen: Kaviar, zwei schwarze Sorten und eine rote, eine Auswahl Delikateßsardinen, gewürzte Eier, die wie kleine Schiffchen aussahen, und eine extravagante Dekoration aus eingelegten Karotten und Blumenkohl. Als nächstes mit Salatblättern ausgelegte Schalen mit Muschelfleisch und Garnelen. Danach herrliche Gemüseaufläufe. Unsere Auswahl an Getränken: Milch oder Wein oder kubanischer Kaffee oder Tee oder Fruchtsaft oder chinesisches Bier oder gewöhnliches Wasser in Flaschen oder kohlensäurehaltige Getränke. Zum Schluß die Terrinen mit Suppe, Weißbrotscheiben und große, süße Brötchen, Fischgerichte und Fleischgerichte und drei Sorten Nachtisch.

». . . und, große amerikanische Kameraden, unser fleißiges Volk ist so, weil alle gleichberechtigt, glücklich, frei und zufrieden sind.«

Ich versuchte, eine Frage zu stellen. Fragen war verboten.

Torie, Tom und ich, auch Tanja, waren noch voll vom Essen in der Kooperative. Wir brachten nichts hinunter. Wir ernteten vorwurfsvolle Blicke und galten als unhöfliche Gäste. Fjodor aß. Pawel und Natascha spielten die guten Esser und beobachteten die Redner, um zu sehen, wie das ankam.

Dann zahlten wir. Seit wir die Sowjetunion betreten hatten, hatten wir für jedes Bankett der Knitteranzüge bezahlt. Das war mehr als zwei dutzendmal. »So machen es die Sowjets«, sagte Tanja.

Am Abend im Camp sagten wir Carl, wir würden von nun an allen Banketten aus dem Weg gehen. Carl lachte. Er hatte bereits eine Lagerköchin organisiert.

Sie hieß Lea. Sie erinnerte mich an die Leiterin der Kooperative, nur war Lea noch rundlicher, rund wie eine Milchkuh, und fröhlicher. Sie fuhr in dem Lastwagen mit dem Proviant, ihr schweres Gewicht wackelte, ein dicker rosa Arm hing draußen in der Sonne und winkte begeistert, wenn wir vorbeiradelten.

Gewöhnlich arbeitete Lea als Köchin auf einem der transsibirischen Eisenbahnzüge. Sie war gewohnt, für eine Menge Leute zu kochen, gewohnt, in Orten mit leeren Geschäften Essen aufzutreiben. Sie schliff stets Diamanten aus Kieselsteinen.

Sie kochte Kohlauflauf, Kohlsuppe, Kohlsalat, Kohlsandwiches, Salzkartoffeln, Bratkartoffeln, Pellkartoffeln, Kartoffelbrei, Kartoffelsuppe und dasselbe mit Tomaten und Gurken. Hunderte Arten von Gulasch. Und das alles, sogar das Frühstück, mit löffelweise Schweineschmalz und Litern frischer Milch.

An ihrem ersten Arbeitstag baute und schuftete sie an einem großen Lagerfeuer. Uns, den Radfahrern, gab sie zuerst zu essen. Dann dem Fahrer des Nachschub-Lastwagens. Dann der Filmcrew. Dann, ungern, den Polizisten und Knitteranzügen, die vorbeikamen. Sie aß als letzte.

Später am Abend gingen Tanja und ich spazieren.

»Lea ist Russin«, sagte sie.

Ich nickte.

»Nein, Lea ist Russin, kein Sowjet.«

Am zweiten Tag zwang Lea die Knitteranzüge, ihr einen Gaskocher und eine Gasflasche zu kaufen. Ich sah, wie sie neben einem der Haifischautos stand und den Finger in einen der weichen Anzüge bohrte.

Herd und Gastank standen hinten im Nachschub-Lastwagen. Die Ladefläche des Wagens war brusthoch. An jenem Abend, als der Fahrer auf den Spuren einer Frau im roten Kleid ins Dorf gestrolcht war, hob Lea den Kocher selbst herunter. Und den Tank. Sie schloß sie an und begann, das Essen vorzubereiten; und als wir allmählich ins Lager trotteten, war sie da und stand glücklich vor ihrem Gasherd, ihr Baumwollkleid zerdrückt, weil sie einen Sack Zwiebeln geschleppt hatte, große Schweißflecken unter den Armen und die wollenen Pantoffeln in den verfaulten Birkenblättern breitgetreten.

Am dritten Abend lüftete ich den Deckel von einem Topf und verbrühte mich; sie gab mir einen Klaps mit ihren Pfoten, lachte und schrie mich an und gab mir ein großes Messer und zwei Laibe Brot in die Hand. Ich schnitt das Brot. Nach dem Essen schichtete sie die Aluminiumteller in eine Wanne, gab mir den Eimer, schob ihren Arm unter meinen und führte uns in den Wald. Wir wuschen das Geschirr in einem Bach, ohne Spülmittel, das Fett schrubbten wir mit Sand von den Tellern.

Am nächsten Abend ließ sie mich wieder das Brot schneiden und ein paar Dosen öffnen. Sie bat Tanja, die Butter in Stücke zu schneiden. Es gab gekochte Kartoffeln und Gulasch zum Abendessen. Danach, als alle andern sich in ihre Zelte verdrückt hatten, gingen Lea und ich zum Abspülen an einen See hinunter.

Es war ein stiller, kühler Abend. Wir wateten direkt ins Wasser. Bis wir mit dem Geschirr fertig waren, war die Sonne hinter den Bäumen untergetaucht. Der See war jetzt dunkelblau. Die Sterne kamen heraus. Lea richtete sich langsam auf, ihr riesiger, starker Körper stöhnte, ihre Stummelzehen bohrten sich im kalten Wasser zwischen die

Steine. Sie schaute auf Bäume, Himmel und Wasser und flüsterte: »*Moi synotschek, eto Sibir.*« Mein Söhnlein, das ist Sibirien.

Seit dieser Nacht nannte mich Lea ihren *synotschek*, ihren kleinen Sohn. Sie hatte einen richtigen Sohn irgendwo in Sibirien, aber der war groß und fort.

Manchmal umarmte Lea plötzlich einen von uns, wie die Russen das machen, mit beiden Armen, ganz fest. Sie sprach Russisch mit uns. Sie kam nicht auf die Idee, wir könnten sie nicht verstehen, denn das taten wir immer. Lea sprach die alte Sprache, die Landessprache vor 1917. Wenn sie etwas brauchte, dann brauchte sie genau das. Wenn es etwas Großes war, dann das Große, wenn klein, dann klein. Wenn Lea etwas empfand, gab es keinen Zweifel.

»Lea spricht nicht Sowjetrussisch«, sagte Tanja eines Morgens.

»Sowjet ist, was die sprechen.« Sie deutete auf die Knitteranzüge.

Lea freute sich, wenn Tanja und ich ihr halfen. Meist kleine Dinge, die sie uns zutraute – Kartoffeln schälen, Gurken schneiden, Wasser holen. Das Harte oder das Schwere machte sie selbst, sie wußte, daß sie die russische Babuschka war.

Lea sang gern beim Kochen. Dann stand sie vor ihrem Herd im Wald und summte. Nicht laut, wie man es von einer Frau ihres Formats erwartet hätte, sondern sanft und hoch wie ein kleines Mädchen.

Lea rauchte gern nach dem Essen. Einen kleinen Stummel im Mund, den ihr wohl der Lastwagenfahrer gegeben hatte. Sie hockte auf einem Schemel und streckte ihre schweren Arme geradeaus bis zu den Knien. Der Hocker verschwand gänzlich unter ihrem Körper. Sie machte ein Spiel daraus, führte die Zigarette in plumpen Fingern weg, blies Rauch durch gespitzte Lippen und breitete den Arm aus, um geziert zu rauchen, und dann lachte sie herrlich und ließ ihre schwer geränderten, blauen Augen blitzen, als wäre sie in Wahrheit ein unschuldiges, kleines Mädchen, gefangen im Körper einer alten Arbeiterfrau. Wenn sie ausgeraucht hatte, hielt sie Felix, die Ratte, auf dem Unterarm und streichelte ihn.

Eines Tages kam der vierte Juli. Sie wußte von diesem Tag. Sie bereitete ein großes Essen, noch größer als gewöhnlich, und machte eine besondere Nachspeise aus Erdbeeren. Beim Essen, mitten im wilden Wald, trug sie Lippenstift und Wimperntusche und Rouge auf den Wangen, obwohl sie das wirklich nicht nötig hatte – ihr breites Gesicht war schon vom Kochen immer rot genug. Sie hätte komisch ausgesehen, hätte man nicht gewußt, daß sie versuchte, schön auszusehen, und sie sah schön aus.

Nach dem Essen sagte sie, ich solle den Kubakaffee hinten aus dem Lastwagen holen. Ich lachte. Ich dachte, sie mache einen Witz mit mir.

»*Prinosite Kuba kofje*«, wiederholte sie.

Ich kletterte in den Nachschubwagen und fand eine Kiste kubanischen Kaffee.

In der Kiste waren zwanzig Büchsen. Sie ließ eine aufspringen und schüttete das Ganze in einen Topf. Sie ließ es lange kochen. Es war Cowboy-Kaffee, mit Satz und allem. Sie ließ mich die Aluminiumbecher schrubben und verteilen. Als der Kaffee fertig war und einfach perfekt und sie ihn mit einem Löffel probiert hatte, wie Suppe, ging sie im dunklen Lager herum und goß jedem eine Tasse voll. Allein das zu tun machte ihr Spaß. Und der Kaffee, der war köstlich und stark. Ich hatte keine Ahnung, woher sie ihn hatte.

»Herrlicher Kaffee«, sagte einer von den Knitteranzügen. Fast nicht zu sehen, saß er in seinem Haifischauto unter den Kiefern im Dunkel.

Später am Abend zeigte sie die leere Dose herum. Ich wußte, daß sie sie aufheben würde. Einen Platz dafür finden auf einem Regalbrett in ihrem Haus, das nur eine Hütte war in einem beinahe namenlosen sibirischen Ort.

Am nächsten Morgen war sie vor uns allen auf, stand über ihren Gasbrenner gebeugt zwischen den Bäumen in den gelben Lichtbahnen. Sie war immer vor uns allen auf. Ich versuchte, mir vorzustellen, wie sie auf Händen und Knien kroch und wie ein Bär aus ihrem kleinen Zelt zum Vorschein kam.

Als ich aufstand, schickte sie mich nach dem Kaffee zum Lastwagen: Ich kroch über die Säcke und suchte die Kiste. Sie war verschwunden.

»*Kofje, njet?*« sagte Lea klanglos.

»Da«, sagte ich. Sie steckte eine Faust in die andere.

»*Kofje, njet?*« wiederholte sie leise.

Ich nickte.

Ihre Kiefer zuckten. »*Prinosite tschai.*«

Es gab Tee zum Frühstück. Jemand fragte nach dem Kaffee. Lea sagte, es gäbe keinen Kaffee, und rührte weiter in dem Topf auf ihrem Herd herum.

Einer der Knitteranzüge rief aus seinem Wagen: »Aah, das ist wirklich guter Tee.«

Jemand fragte wieder: »Wo ist der Kubakaffee?«

Derselbe Knitteranzug fing zu lachen an, wie alle solchen Männer auf der ganzen Welt lachen. »Du bist in Sibirien, amerikanischer Radfahrer. Kuba ist weit weg!« Und er lachte wieder.

»Der Kaffee, den wir gestern abend hatten.«

»Es gab keinen Kaffee gestern abend.«

Natascha und Fjodor und Pawel saßen um ein Lagerfeuer zusammen. Sie hoben nicht den Blick.

»Der Kaffee von gestern abend.«

»Wir hatten keinen Kaffee gestern abend. Wir haben nie Kaffee gehabt, immer diesen wundervollen Tee, den Lea macht.« Der Knitteranzug sah zu Lea hinüber, lächelte und hob seine Teetasse. Lea kehrte ihm den Rücken.

Geschrei brach los. Wir alle schrien. Wir waren naive Amerikaner. Die Sowjets sagten kein Wort. Nicht einmal Tanja.

Zum Mittagessen gab es wieder Kaffee. Lea lächelte vor sich hin und nahm mich in den Arm. Sie hatte ihren ganzen Lohn dafür verbraucht. Es war brühheißer sowjetischer Kaffee.

13

Am selben Tag erreichten wir die verschlossene Stadt Blagoweschtschensk. Haifischautos umzingelten uns gleich in den Außenbezirken der Stadt. Wir wurden feierlich willkommen geheißen. Eine hübsche Frau in Spangenschuhen und einem roten Kostüm stand auf der Straße und bot uns Weißbrot und Salz. Sie lächelte stur. Es war die traditionelle russische Begrüßung für berühmte Reisende. Es gab geschwollene Reden. Wir waren im Fernsehen und in der Presse. Man brachte uns in ein großes Hotel.

Blagoweschtschensk ist eine entlegene Stadt. Die Region westlich und nördlich ist auf dem offiziellen Straßenatlas der Sowjetunion gar nicht eingezeichnet, als hätte man diese Seiten herausgerissen – als hätte jemand da draußen etwas gefunden, das er nicht teilen wollte. Auf Weltkarten verläuft eine dünne, rote Linie in diesem Niemandsland, geht gestrichelt weiter und verschwindet für tausend Meilen. Nur der schwarze Faden der Transsibirischen Eisenbahn mit seinen Knoten von unbekannten Siedlungen – Uschumun, Tygda, Magdagatschi, Dschalinda – kreuzt die Leere bis zur Stadt Tschita.

Als wir ins Hotel kamen, erwartete mich ein Brief. Ich steckte ihn in die Tasche und schlich mich auf die Straße.

Blagoweschtschensk liegt da, wo der Fluß Zeya in den mächtigen Amur mündet, an der Nordgrenze zwischen Rußland und China. Am Amur entlang ist eine Betonpiste. Ich ging neben dem breiten, braunen Fluß und beobachtete die Schlepper. Sie fuhren langsam, so langsam, daß es schien, als wären sie im Wasser steckengeblieben. Nach Einbruch der Dunkelheit kaufte ich mir eine Flasche Wodka und ging in mein Zimmer zurück. Ich goß mir ein großes Glas ein, setzte mich auf den Boden und hielt den Brief.

Der Brief war von Sue. Sue. Die, die ich verlassen hatte, um hierherzukommen. Sue, meine unsichtbare Seite. Wie ich da einfach im Dunkeln auf dem Fußboden saß und den Brief hielt, konnte ich sie spüren.

Nach einer Weile machte ich den Brief auf. Ich las. Ich trank den Wodka. Ich las die Worte, und es waren natürlich ganz normale Worte wie in allen Liebesbriefen.

> *... und wenn Du wiederkommst, werden Deine Jeans über der Schlafzimmertür hängen und Deine Cowboystiefel werden immer noch im Schrank stehen, und ich werde da sein ...*

Aber sie trugen mich zu ihr. Zu ihrer Zunge. Und ihren Brüsten. Und der Art, wie sie von hinten aussah und bei Westerntänzen und im Salbei liegend, und morgens, wenn der Schnee ganz tief war, lagen wir aufeinander und hörten einfach Radio, und hier war ich in einem Betonklotz von Hotel am Rand der großen Leere und dachte: Mark, du bist ein verdammter Narr.

Dann faltete ich den Brief, legte ihn hinten in mein Tagebuch und versprach mir, ihn nicht wieder zu lesen, denn man kann den Kopf nicht so nach Hause zurückwenden. Zumindest nicht am Anfang eines Trips. Es ist wie ein Lachs, den man freisetzt. Ein heißer, dicker Lachs. Alles, was er macht, ist, stromauf zurückzuspringen. Ganz gleich, wie weit du bist und wie stark die Strömung ist, und du wirst deine Reise nie beenden.

Ich stand auf, schwankte ein bißchen und ging ins Restaurant hinunter.

Das Restaurant war groß, mehr wie ein Tanzsaal. Es war rauchig, laut und voll. Alle betranken sich und hatten Spaß. Ich fand unseren Tisch. Die Sowjets waren bereits zu Bett gegangen.

Ich setzte mich, und Tom gab mir ein Glas Wodka. Er zeigte mit dem Kinn auf einen unauffälligen Balkon. Da oben waren die Knitteranzüge. Sie beobachteten uns. Ich winkte.

Torie und Tanja lachten. Dann sah mich Torie an. Sie wußte. Sie hatte einen Brief von ihrer Freundin bekommen.

»Wie war dein Brief?«

Ich nickte.

Sie beugte sich herüber und berührte meine Hand.

Es war eine feuchte Nacht, und die Band war fürchterlich. Die Band kreischte. Sie taten es absichtlich. Wir sahen den Leuten beim Tanzen und Trinken zu. Die Band spielte exakt denselben Song siebenmal nacheinander. Wir tranken, bis wir sie nicht mehr hörten, dann fingen wir zu tanzen an.

Ein junger Mann kam an unseren Tisch gestolpert. Er hatte uns Englisch sprechen gehört. Der Alkohol hatte seine Zunge zu Brei werden lassen, aber er sprach immer noch gut. Er packte mich bei den Schultern, stieß seinen eckigen Kopf gegen meinen und schrie, sein größter Traum wäre, nach Amerika zu gehen. Er wurde ganz wild vor Begeisterung. Er sprühte von Worten. Und jetzt waren Amerikaner in dieser Stadt, und er sprach mit ihnen. *»Bosche moy«*, sagte er, mein Gott. Er wollte uns schreiben, also gaben wir ihm unsere Adressen auf einer Serviette. Er weinte, als er uns beim Schreiben zusah. Er faltete die Serviette mit allem Bedacht und steckte sie in seine Brusttasche. Dann schrie er, er würde jetzt seine Adresse aufschreiben, damit wir ihm schreiben könnten. Er beugte sich über eine nasse Serviette, voll mit Wodka.

Ein Mädchen vom Tisch hinter uns, voller Mädchen, zog ihn zurück. Sie entschuldigte ihn. Ich sagte: Kein Problem. Sie forderte mich zum Tanzen auf. Wir tanzten. Wir waren gleich groß, ihre Wangen waren heiß. Sie preßte sie gegen meine. Sie hieß Sawka. Ihr Kleid klebte feucht an ihrem Körper. Ich konnte ihre Brüste und ihren flachen Bauch erkennen. Ihre großen, jungen Augen sahen mich forschend an. Sie hielt mich so fest, daß wir uns langsam bewegten. Das Lied war zu Ende, fing wieder von vorne an, und wir tanzten weiter. Ich fragte sie, warum die Band immer wieder dasselbe spielte.

Balota, sagte sie.

Ich schüttelte den Kopf.

Sie hielt mich ganz fest, und wir tanzten. Sie flüsterte mir ins Ohr.

Wenn du leidest, willst du, daß andere auch leiden.

Wir tanzten so eng, daß ich ihre Rippen fühlen konnte. Sie fragte mich, ob ich in diesem Hotel wohnte. Sie wollte mit mir schlafen. Sie küßte mich auf den Hals. Sie schob mit den Hüften. Die Mädchen von ihrem Tisch beobachteten uns. Wir tanzten noch einmal zum selben Song.

Ich zog mich aus der Affäre, indem ich ihr meine Adresse gab. Sie war so glücklich, als sei das alles gewesen, was sie wirklich gewollt hatte.

Dann war es halb elf. Die Band hörte auf. Sawka und ihr Bruder und alle Mädchen vom Tisch waren verschwunden. Die Knitteranzüge kamen vom Balkon herunter.

»Morgen nehmen Sie den Zug nach Tschita.«

»Liebe Bösewichter . . .« Tom sprach sanft. Er war betrunken und ernsthafter, als ich ihn je erlebt hatte. »Wir nehmen nicht den Zug.«

»Es gibt keine Straße. Ihr könnt nicht fahren, wo keine Straße ist.«

»Wir müssen.«

»Es ist unmöglich.«

»Dann müssen wir erst recht.«

Am Morgen fuhren wir von Blagoweschtschensk ab nach Westen. Die Straße begann sofort zu verfallen. Gegen Abend hörte das Pflaster ganz auf.

Am nächsten Tag verwandelte sich der Kies in Dreck, und die Landschaft öffnete sich. Sumpf und Wald überall. Morast überall.

Am Ende des Tages kam ein Haimobil die Straße heruntergeschlittert, um uns einzufangen. Es hielt neben Fjodor. Ein Stück Papier kam durchs Fenster. Es war ein Telex aus Moskau, der Segen für die Knitteranzüge. Es hieß nicht, wir könnten nicht fahren, wo keine Straße ist. Es hieß auch nicht, wir könnten. Es hieß, sie seien nicht verantwortlich, falls wir ins Innere Sibiriens strampelten und nie wieder herauskämen, aber sie wären es, falls wir herauskämen, und wären Helden.

An diesem Tag war der Nachschub-Lastwagen dreimal im Morast steckengeblieben. Der Jeep der Filmcrew zweimal. Sie würden umkehren müssen. Zurück nach Blagoweschtschensk auf einen Schlepper und mit der Bahn rund um den Buckel der Mandschurei bis zu der Stadt Tschita. Als es dunkel wurde, berief Carl ein Lagermeeting ein.

»Jetzt habt ihr also, was ihr wollt«, sagte er.

»Ja«, sagte Tom. »Haben wir. Und du?«

»Noch nicht.«

Ich versuchte zu verstehen, was Carl meinte, als es plötzlich klar wurde. Carl verließ uns. Er war als erster Filmemacher hier, und er wußte es. Er wollte Sibirien filmen.

Wir würden Carl und seine Filmcrew kaum wiedersehen.

Abends half ich Lea zum letzten Mal.

Unser Lager war zwischen jungen Kiefern an einem schlammigen Fluß. Lea hatte ein massives Abschiedsessen gekocht. Beim Essen, nach dem Alkohol, den Lea besorgt hatte, gab Tanja ihr Felix. Als Geschenk. Lea weinte, ihr großes Gesicht runzelte sich und wurde rot.

Dann kam Regen und trieb donnernd alle aus dem Wald in die Zelte, alle außer Lea. In zwanzig Minuten war der Sturm vorüber und ließ die Bäume triefend und flüsternd im schrägen roten Licht stehen.

Ich half Lea beim Aufräumen. Sie hatte den ganzen Regen durch gearbeitet. Ich zog einen Sack Kartoffeln zum Lastwagen, als ich sie kommen hörte.

Und schon war ich hoch in der Luft, schwimmend, schwebend unter den Kiefern.

Sie hatte einen Arm unter meine Knie geschwungen und einen um meinen Rücken, mich rückwärts gekippt und mich mühelos vom Boden aufgehoben. Sie wirbelte durch den Wald, mich auf den ausgestreckten Armen, und lachte.

»Moi synotschek, sawtra ty pojedesch w moju stranu.«

Morgen kommst du in mein Land.

ZWEITER TEIL

14

IN DER DÄMMERUNG fuhren wir los. Sieben Radfahrer im Gänsemarsch durch den blauen Wald. Ich hatte wieder dieses große Gefühl in mir.

Die Straße wand sich durch die Wälder. Es war keine wirkliche Straße, eher eine Spur von fußtiefem Schlamm, die Rinnen randvoll von Nässe. Radeln war verräterisch und klebrig und wundersam. Es brauchte Technik, Konzentration. Der Trick war, auf den Kämmen zwischen den Rinnen zu fahren. Sie waren schmal und rutschig, also mußte man sie genau treffen und von einer Seite zur andern gleiten, wie ein Akrobat auf dem Hochseil. Wurde man langsamer oder zeigte irgendein halbängstliches Gezappel, ließ die Lenkstange sich drehen oder die Beine hängen oder – das Schlimmste von allem – verlor den Glauben und dachte nur eine Sekunde ans Hinfallen, dann fiel man auch schon, strampelte bis zum Bauch im Morast, schwarz wie Teer. Also echtes Radeln, das Beste, seit ich fünf war.

Wir verloren einander im Wald und trafen uns erst Stunden später wieder, als die Bäume sich zurückzogen und die Straße ein Dorf erreichte.

Tanja fragte einen Jungen, der Steine nach einem Frosch warf, ob das Dorf ein *stalowaja* hätte. Ein *stalowaja* war eine »Imbißstube für Arbeiter«. Der Junge fing seinen Frosch, steckte ihn in die Tasche und führte uns über die Eisenbahnschienen zu einem Betongebäude.

Diese *stalowaja* diente auch als Schule. Man mußte sich beim Eintreten bücken. Die blaue Zementdecke war so niedrig, und die schiefen Betonwände waren so dick, daß man sich fühlte wie in einem U-Boot. Vor den beschlagenen Fenstern waren saubere Vorhänge und Blumen auf den tiefen Fensterbänken und draußen ein Meer von Morast.

Wir kamen an, als hätte man uns in dunkle Schokolade getaucht, aber das machte den Köchinnen nichts aus. Es waren große, verschwitzte Frauen mit lächerlichen Kochhüten. Sie zogen uns in die Küche, um uns unter einem Schlauch aus der Wand zu waschen. Es war die einzige Wasserstelle der Imbißstube. Dann setzten sie uns auf niedrige Bänke neben langen Tischen und fütterten uns, bis wir uns nicht mehr rühren konnten. Gemüsesuppe, gebratene Leber, Röstkartoffeln, heißes Brot, heiße Schokolade. Sie schauten uns beim Essen zu. Sie waren große, breite Frauen, und sie sahen gern derartigen Appetit. Sie stellten keine Fragen. Als wir ihnen sagten, was wir machten, lächelten sie. Sie setzten ein Lächeln auf wie sonst vielleicht gegenüber altklugen Schulkindern, die ihnen erzählten, sie würden einmal groß und dann würden sie von hier weggehen. Sie glaubten nicht, daß wir per Fahrrad zu ihrem verlorenen Dorf gekommen waren. Sie gingen auch nicht hinaus, um es zu überprüfen.

Nach dem Essen fuhren wir durchs Dorf. Ein kleines Mädchen kam aus einem Zauntor herausgeflogen. Es saß hoch oben auf einem hohen Drahtesel. Es schlängelte sich neben mich, und zusammen fuhren wir an den Holzhütten entlang.

Das kleine Mädchen und ich, wir radelten über den Schmutz durch das Dorf, bis ihre Großmutter rief. Das kleine Mädchen wirbelte herum und warf mir einen Blick zu, und die Babuschka deutete an uns vorbei nach Sibirien hinein und schrie »Balota!«, und genau bei der letzten Holzhütte war die Straße zu Ende.

Wir sahen es kommen, keiner sagte etwas, wir fuhren weiter. Wir waren arglos. Wir glaubten noch, Zögern sei Schwäche. Wir stießen vor wie leichte Kavallerie und schafften keine zehn Meter, dann hatte uns der Morast. Er klumpte an unseren Reifen, sammelte sich unter den Schutzblechen, unsere Räder blieben stehen, wir stürzten, und ich dachte an die Köchinnen in der *stalowaja.*

Ich konnte ihr Lächeln sehen. Sie lächelten, weil wir hungrig waren und aßen, direkt vor ihnen, sie hatten gut für uns gekocht, und das war alles. Und weil sie wußten, sie lebten in einem russischen Dorf mit einer Schlammstraße hinein und keiner Straße hinaus. Und vielleicht, weil sie manchmal Strom für ihre Häuser bekamen und fernsehen konnten und etwas von der Außenwelt sahen – Fußball oder Moskau oder Soldaten oder berühmte Leute wie die Kosmonauten –, verstanden sie auf eine sehr alltägliche Weise, daß sie im größten Land des Planeten lebten, in einem Land, das Kosmonauten und Panzer hatte, aber nicht überallhin Straßen bauen konnte.

Unsere Räder lagen im Dreck, wie erschossene Pferde. Tom und ich nahmen das Werkzeug heraus, und alle reinigten ihre Schutzbleche.

Ich schaute hinter mich und sah das kleine Mädchen. Es stand neben seinem Rad. Es war so groß wie es selbst. Es winkte. Ich winkte zurück und wandte mich dann nach Westen.

Soweit das Auge reichte, Morast. Morast, glatt und schwarz wie Öl. Ein Meer von Morast, in dem Bäume und Gras wuchsen.

Wir hoben unsere Streitrösser auf und schoben sie im Trott vorwärts. Dreck klumpte an unseren Füßen und klebte in unseren Gesichtern. Und immer weiter schoben wir und rannten und schoben, dann sprangen wir einer nach dem andern auf und fuhren klatsch-patsch durch einen Boden, weich wie schwarze Butter. Weich wie Kot faulten die Stämme von den Bäumen, ersäuften das gelbe Gras mit seiner Insektenbrut, die am Gesicht klebte, bis man zu würgen anfing.

Einmal sah ich Fjodor hinter mir. Er war gestürzt, und sein Rad war seitwärts eingesunken. Schmutz in Bart und Haar und eine Seite des Gesichts bedeckt, als hätte er sich kaum vor dem Untergehen retten können. Ich war nahe bei ihm, aber es war Gras zwischen uns, und er konnte mich nicht sehen. Seine Augen starrten über den Sumpf. Er stand bis zum Schritt im Morast. Fliegen umschwärmten ihn. Er stand ganz still. Langsam streckte er die Arme gen Himmel, und ich konnte die Adern an seinem Hals und die Muskeln seiner Brust sehen, und er schrie.

»Sibirrrr!«

Das war das erste Mal, daß ich Fjodor lächeln sah.

Stundenlang kreuzten wir den Sumpf, jeder für sich, taten, was nötig war, um in Bewegung zu bleiben.

Dann begann der Boden sich zu ergießen, Schilf und Rohr wuchsen uns bis zum Hals; wir begannen einzusinken und sahen weit weg die Eisenbahn und gingen los, schlagend und spritzend, die Räder seitwärts getragen, es schien wie Stunden und Stunden, aber schließlich krochen wir den Damm hinauf. Wir fielen auf die Steine und konnten nicht sprechen und nicht denken, wir atmeten so schwer, starrten, auf den Schienen sitzend, ins Nichts, mit brennenden Augen und dem unseren Schweiß fressenden Ungeziefer und den auf die Schienen geschmissenen Rädern, versuchten zu denken, bloß denken, denken und dachten: Jesus, waren wir arrogant, Jesus, waren wir frech, wir verfluchten Aufschneider, wir haben einen Riesenfehler gemacht.

Dann kam ein Zug. Wir sprangen vom Gleis, ließen unsere Räder den Abhang hinuntergleiten und standen dicht über Wasser und Gras, während die Schienen klackerten und die Güterwagen rasselten und die Schatten über uns knatterten.

Als der Zug vorbei war, brachten wir unsere Räder wieder hinauf zwischen die Schienen und gingen zu Fuß weiter.

Wir liefen den ganzen Tag über. Unsere Räder sprangen unbeholfen über die Schwellen, und unsere Gesichter waren kochend heiß. Kreosol brannte auf unseren Waden, und Speichen stießen unsere sumpferweichten Zehen.

Gerade vor der Dämmerung, als die Luft köstlich war und wir immer noch ganz oben – wie Landstreicher warfen wir im Gehen lange, bewegliche Schatten –, kamen wir zu einem Platz. Vier Hütten nahe an die Schienen geklammert.

Sie schienen verlassen. Dann kam ein Mann heraus und schaute auf uns. Er drehte sich um und ging wieder in die Hütte. Fjodor und ich ließen die Räder fallen und liefen ihm nach. Fjodor klopfte an die Tür der Hütte.

»*Sdrawstwujtje*«, schrie Fjodor.

»*My chotim pokupat pischtscha.*«

»Wir möchten Lebensmittel kaufen.«

Eine Frau in einem Wollpullover trat aus der Tür. Sie ging auf den im Dreck ausgelegten Brettern um uns herum zu einer anderen Hütte. Sie fand den Schlüssel in ihrer Schürze, öffnete ein Schloß, so groß wie ein Hufeisen, und ging hinein.

Es war der Kolonialwarenladen. Ein Raum mit einem Schrank und einem Holzofen. Wir kauften, was wir konnten. Auf einer uralten Waage wog sie eingewickelte Bonbons ab und zwei Gläser eingemachte Tomaten und ein paar Päckchen Suppenpulver. Sie konnte unsere Enttäuschung sehen. Sie trat zurück in die Kammer und erschien wieder mit einem Krug Milch.

Hinter dem Laden auf einer kleinen Weide neben den Gleisen waren bereits die Zelte aufgestellt, und Pawel hatte ein Feuer in Gang gebracht. Der Himmel war jetzt wie Blut und nahe am Überkippen. Es geschah rasch, und dann fühlte sich das Feuer wärmer an, und wir kauerten drum herum, bis die Suppe fertig war.

Zwei zerlumpte Jungen, jeder mit seinem Hund, kamen aus der Dunkelheit ans Feuer. Sie waren sehr froh, uns zu sehen. Sie brachten uns ein Glas Honig und zwei Laibe dunkles Brot – Geschenke der Ladnerin.

Die Jungen hatten Spaß, als ihre Hunde versuchten, an die Suppe auf unseren Tellern zu kommen. Sie jagten ihre

Hunde im Dunkeln herum und rauften mit ihnen und kamen dann zurück und stellten jede Menge Fragen. Als sie erfuhren, daß wir wirklich auf Fahrrädern gekommen waren, fanden sie sofort eines und hoben es an der Lenkstange auf und zeigten es uns wie eine Trophäe.

Dann erschien der Mann, den wir zuerst gesehen hatten. Er lächelte nicht. Einen Augenblick dachte ich, er hätte etwas gegen unser Feuer auf seiner Weide, aber er war betrunken. Seine Augen blinzelten ins Feuer. Sein Jackett und seine Hosen waren schmierig. Fjodor stellte ihm ein paar Fragen, aber er antwortete nicht. Einer von den Hunden der Jungen näherte sich, er beugte sich vor, streckte seine langen, flinken Hände aus, griff ihn und schleuderte ihn in die Dunkelheit.

Der Hund jaulte, und die Jungen kamen aus der Dunkelheit in den Feuerschein zurück. Sie gingen direkt an ihm vorbei, obwohl sie wußten, er könnte sie ohrfeigen. Sie hatten keine Angst. Sie streichelten ihre Hunde.

Dann hörten wir ein tiefes Grollen. Erst war es weit weg, aber es wurde stärker. Das Grollen begann die Nacht zu erfüllen. Der Zug kam schnell. Der Mann stand auf den Gleisen mit hocherhobenen Händen. Oranger Feuerschein leckte an den Schienen. Der Mann oben war dunkel, eine Silhouette über den Gleisen, der Feuerschein war in seinen Augen.

Die Jungen schauten nicht zu ihm hinauf. Sie balgten sich mit ihren Hunden.

Der Mann hatte seine Hände in der Luft und seinen Kopf zu uns gedreht, jetzt konnten wir fühlen, wie der Boden zu beben begann, ein Holzscheit fiel im Feuer zusammen und sandte Funken in die Höhe, und der Mann sah immer noch auf uns, als hätte er etwas zu beweisen und würde sich genauso vom Zug halbieren lassen wie zum Feuer zurückkommen; dann war der Zug da, er flog, heulte, donnerte, und wir sahen ihn bereits tot, aber im allerletzten Moment tauchte er jenseits der Gleise weg.

Als der Zug mit seinem Lärm vorbei war, begann einer der Jungen, der altkluge mit seinen blonden Locken und Schmiere von unseren Rädern im Gesicht, uns noch weiter zu fragen.

»Haben die Jungen in Amerika Fahrräder?« Manche ja, sagte ich.

»Hast du ein Rad gehabt, als du wie ich warst?« Er zeigte mit seinem fettigen Finger auf mich und dann wieder auf sich. Ja, sagte ich ihm.

»Hast du schon Tiger gesehen?« Nein, das nicht, sagte ich zu ihm, und er meinte, sie wären überall, und er schaute ins Dunkle, als wolle er in dieser Minute einen suchen gehen. Er sagte, er hätte Spuren gesehen.

Nachdem er alles gefragt hatte, was ihm nur einfiel, und aufmerksam den Antworten gelauscht, in der Hocke, alles überlegend, mit Blick auf seinen Freund durch das Feuer hindurch und mit einem Stock im Feuer gestochert hatte, sagte er:

»Wenn ich groß bin, dann will ich ein Fahrrad und weg von hier.«

15

Ich hörte die Axt schlagen, ihren Widerhall und kroch aus meinem Sack. Es war ein kühler Morgen, von der Art, die dich innerlich lebendig und jung fühlen läßt, gleich wo du bist. Ich ging durch den Tag zum Lagerfeuer. Es war aus. Pawel stand neben einem Haufen Birkenschößlinge. Er entastete sie und hackte dann die Stämme auf eine Länge von etwa einem Meter. Ich wußte nicht, was er tat.

Ich machte mich ans Feuer. Pawel machte einen Gang die Schienen entlang. Mit einem Bündel öligem Draht kam er wieder. Ich gab ihm eine Tasse Tee und ein Honigbrot.

»*Kleschtschi*«, sagte Pawel.

Ich ging zu meinem Zelt, um die Zange aus dem Werkzeugkasten zu holen. Als ich zurückkam, war Pawel wieder zwischen den Schienen. Er hatte drei Längen Birke unter dem Arm, den Draht in einer Hand und die Axt in der anderen. Er rief mich hinauf auf die Gleise.

Die Sonne war zwar inzwischen herausgekommen, aber die Luft war immer noch frisch. Dampf wehte aus den Zelten. Zwischen den Schienen stehend, konnte man die Gleise in beiden Richtungen bis in die Ewigkeit verfolgen. Es war ein schöner, rosiger Morgen im Sumpf. Nur Pawel und ich und der Kuckuck waren wach.

Pawel bat mich, sein Rad auf einer Schiene zu balancieren. Ich hob es hoch und brachte die Ränder auf der Schiene in Stellung. Pawel nahm einen der meterlangen Stäbe und hielt ihn neben das Vorderrad an die Gabel. Der Stab reichte von der Lenkstange die Gabel hinunter, am Reifen vorbei und berührte seitlich die Schiene. Anscheinend war er zu lang. Er hackte ein Stück ab und hielt ihn wieder hoch. Er schien ihm zu passen, denn er schnitt einen zweiten Stab auf dieselbe Länge zu.

Er nahm die Drähte und die Zange und befestigte je einen Stab eng an beiden Seiten des Vorderrads die Gabel entlang. Es sah wie eine Verbandschiene aus. Die oberen Enden der Stäbe zog er mit Draht am Lenker fest, die unteren Enden steckte er am Vorderrad abwärts und führte sie zu beiden Seiten der Schiene. Im Endeffekt schloß er das Vorderrad an das Gleis an. Pawel legte seinen Kopf auf den Stahl, um es zu prüfen.

Dann nahm er den dritten Stab und plazierte ihn am oberen Ende des Fahrrads. Er reichte von unter dem Sattel hinauf zur Mitte des Lenkers. Er befestigte ihn in dieser Stellung mit Draht, damit der Lenker sich nicht drehen konnte.

»*Otpuskai*«, sagte Pawel. Loslassen.

Er hielt den Sattel nur mit einer Hand und schob das Rad leicht vorwärts. Es balancierte fast von selbst und rollte ruhig über die Schiene.

Während alle aufstanden, stapfte ich durch die Birken und schnitt genug Sämlinge für den Rest der Stäbe. Pawel hieb sie in die richtige Länge und rief dann alle auf die Gleise, um ihren eigenen Draht zu suchen.

Nach dem Frühstück statteten wir unter Pawels Aufsicht all unsere Räder mit den Birkenstöcken aus. Wir nannten es die »Eisenbahnsteuerung«.

Ich weiß nicht, wo die beiden Jungen waren oder ihre Hunde oder der Mann, wir brachen einfach auf, ohne »Auf Wiedersehen« zu sagen, in einer langen Reihe auf einer Schiene, unsere Räder neu ausgerüstet für die Transsibirische Eisenbahn.

Am Tag zuvor, als wir uns durch den Sumpf jenseits des letzten Dorfs geschlagen hatten, hatten wir 4,5 km in drei Stunden geschafft (das wußten wir dank unseren absurd wasserfesten Kilometerzählern). Später, als wir den Sumpf verließen und unsere Räder unbeholfen auf den Schwellen bumsten, hatten wir uns mit ungefähr 3 km pro Stunde bewegt. Jetzt, wo die Räder hintereinander tadellos auf der

Schiene rollten, sausten wir in phantastischen 5 km pro Stunde dahin.

Als ich Pawel zum erstenmal begegnete, hatte er behauptet, er habe die Sowjetunion bereits auf dem Fahrrad durchquert. Er sei der erste gewesen.

Sein Bruder Fjodor hatte gesagt, unsere Radtour sei seine fünfundzwanzigste Expedition. Alle seien ein voller Erfolg gewesen.

Pawel und Fjodor sind Sowjets. Sie reden auch so.

Nach einer Woche gab Fjodor zu, manche seiner Expeditionen seien nicht erfolgreich gewesen. Sie hatten nicht immer den Gipfel erreicht oder zu Ende geführt, was sie sich vorgenommen hatten. Ein paar Leute waren umgekommen.

In Blagoweschtschensk hatten Tom und ich Pawel nach Karten und Routen befragt und wie wir am besten durch die drohend bevorstehende Leere kämen. Pawel hatte nicht geantwortet. Er wollte nicht antworten. Schließlich fanden wir heraus, daß Pawel Konjuchow auf seiner Fahrt durch die Sowjetunion auf einem simplen Fahrrad mit Rucksack durch den Sumpf die Eisenbahn genommen hatte.

16

Es waren einmal Radfahrer, unterwegs quer durch das größte Land der Erde. Jetzt gingen wir zu Fuß und schoben unsere Räder.

Ein Rad zu schieben ist absurd. Es ist ein Sakrileg. Wie ein Flugzeug zu schieben oder ein Segelboot zu rudern. Aber wenn du dort bist, über den Sumpf wanderst mit den Schienen vor dir, bist du so verdammt dankbar, daß du nicht da unten im Dreck ertrinken mußt, daß du gar nicht daran denkst. Sibirien ist zu groß. Groß wie ein Meer. Groß wie der Himmel. Wenn du dir das wirklich überlegen würdest, würde es dich fertigmachen.

Also läufst du einfach. Läufst und läufst und läufst und achtest auf deinen Rhythmus und hoffst auf Gnade. Gnade kommt nur mit dem Rhythmus, und Gnade allein macht, daß du vergißt, zu denken. Also schiebst du und schiebst und wartest und wartest, und Schritt um Schritt kommt dir ein Rhythmus und eine Art magischer Schleier, dein Geist fängt seltsame Sachen an. Spielt dir Streiche wie kurz vor dem Einschlafen. Du wanderst und wandertest, wanderawaia wand wins und klicketiklack und so, und nach einer Weile wird die Gnade endlich zu dir kommen und dir den Kopf abschneiden wie ein Schwert die Drachenschnur. Dann werden sich deine Beine brav vorwärtsbewegen, und das Rad wird sich glatt auf der Schiene bewegen, aber du, du bist weg.

Zurück ins Heimkino. Du läßt die Filme in irgendeiner Reihenfolge laufen, die Teile langsamer, wo Farbe, Ton und Story besser sind als je zuvor. Du schaust so genau hin, daß du hineinfällst, und wenn du irgendwo bist, wo du nicht weißt, wo du bist, so grenzenlos und ungeheuer, daß es dich seekrank macht, gehst du dahin zurück, wo du sicher bist, einmal gewesen zu sein, und wirst genau der, der du dort warst. Du kennst den Ort und den Platz und jene Person.

Fjodor ging zum Nordpol zurück. Ich wußte das, denn während des Mittagessens neben den Schienen, als ich Steine über das grüne Wasser hüpfen ließ, zeichnete er mir seine Routen mit einem Stock in die feuchte Erde. Er war dreimal am Nordpol gewesen. Ein viertes Mal wäre der Weltrekord. Das war die Expedition im nächsten Sommer. Danach plante er, die Welt allein zu umsegeln. Er würde das viermal machen müssen, denn der Rekord stand ebenfalls bei drei. Er nahm an, es würde sieben Jahre dauern.

Ich erfuhr von Tanja, daß Natascha ein drei Monate altes Baby hatte, vielleicht wiegte sie also den ganzen Tag ihr Baby auf den Schienen über dem Sumpf, aber ich glaubte es nicht. Ich weiß nicht. Tanja sagte, Natascha habe sich der Tour angeschlossen, um von ihrem Baby wegzukommen, weil es zuviel schrie. Natascha und Tanja teilten ein Zelt und haßten einander, daran mußte man denken. Ich glaube, daß Natascha die meisten Tage in Gedanken mit ihren Freunden im Bett lag.

Ich wußte nicht, wo Pawel hinging. Über Pawel wußte ich überhaupt nichts. So würde es auch bleiben. Alles, was er sprach, sagte Fjodor für ihn.

Ich wußte, wo Torie hinging. Sie ging nach Vermont. Sie erzählte, das Land dort hege und pflege einen, denn die Berge stünden nah und die Luft sei wie warmes Zinn. Sie vermisse es. Sie sagte:

»Du kriegst ein gewisses Denken von dieser Art Berge, kompliziert und historisch und kultiviert, aber nicht unbedingt weit offen.«

Aha, sagte ich.

»Andererseits hast du, Mark, ein anderes Hirn, weil du mit weiten Bergketten über den Ebenen aufgewachsen bist. Diese Berge haben dich nicht so historisch und kultiviert gemacht, aber offen und nicht pflegebedürftig.«

Ich nickte.

»Wyoming ist so. Ich sehe es überall an dir.«

Aha, aha.

Wenn Torie vom Hirn sprach, meinte sie das Herz. Natürlich hatten wir dieses Gespräch nie, es war nur, was sie mir sagte.

Tanja verbrachte die meiste Zeit in Los Angeles. Sie hatte dort drei Wochen einen Freund besucht und wollte stehenden Fußes desertieren. Ehe sie aber aus Moskau wegging, hatten die Knitteranzüge mit ihr gesprochen. Sie hatten sie in eine ihrer fensterlosen Festungen gebeten und ihr gesagt, wenn sie nicht zurückkäme, würde ihr Bruder, ein leidenschaftlicher Physiker, ein angehender Starwissenschaftler, seine Anstellung verlieren.

Tanjas Mutter, die nach Tanjas Schilderung sehr jüdisch und weinerlich und konfus war und sie bei all ihren Mühen, erwachsen zu werden, nie in den Arm genommen und sie nicht einmal großgezogen hatte – eine Tante hatte das getan –, sagte zu Tanja, sie werde sie enterben, falls sie irgend etwas täte, was der Karriere ihres Bruders schade. Also war Tanja nach Moskau zurückgekehrt; war aber von da an immer wieder nach Los Angeles gereist.

Tom ging manchmal nach Massachusetts zurück oder nach Deutschland, wo er ein Jahr studiert hatte, oder nach Chicago, wo er einmal eine Privatschule besucht hatte, aber meist nach Seattle. Dort hatte er seine Freunde. Dort lebte er in einem umgebauten Lebensmittel-Eckladen, blieb aber nie lang. Schon bald war er wieder auf See. Immer wieder zog es ihn auf die See hinaus.

»Ich glaube, dort habe ich gelernt, wer ich bin«, sagte er. Ja, sagte ich.

»Es gibt dies eine Mal an einem bestimmten Ort, an den du dich bis zur Farbe der Luft erinnern kannst, wo du kapierst, wer du bist.«

Aha, aha.

»Alle scheinen zu denken, das passiert, wenn du jung bist, aber so ist das nicht. Wenn du jung bist, bist du viel zu sicher, wer du bist, um auch nur eine Ahnung davon zu bekommen, wer du wirklich bist.«

Aber schließlich spielte es keine Rolle, wo du hingingst und wie du dort hinkamst, solange du weiterliefst und bei Verstand bliebst. Darum ging es. Wenn du allein bist, kannst du irgendwo hingehen und zusehen, wie du verrückt wirst, wenn dir danach ist. Aber wenn du mit anderen reist, mußt du dafür sorgen, daß du bei Verstand bleibst. Du gehörst zu einer Familie, und es ist ohnehin schon hart genug.

Ich, ich reiste durch die ganze Welt, aber meist zurück nach Wyoming. Ich dachte immer wieder an einen Wanderarbeiter, den ich an einem heißen Tag in der Prärie getroffen hatte.

Er ließ sich aus einem Güterwagen fallen und ging in die Stadt. Er trug zwei Paar Hosen und zwei Hemden, die Krägen zugeknöpft, die Whiskyhaut darüber in Falten und das Haar wirr. Er hatte nur eine Socke an und trug einen billigen Schlafsack und eine Aluminium-Stehleiter.

Ich hörte, daß er den ersten Winter in fremden Autos schlief. Die Leute kamen dann morgens heraus, um ihre Motoren anzulassen, und gingen wieder hinein, während der Entfroster rauschte, und da lag er schlafend auf dem Rücksitz.

Als es richtig kalt wurde, versuchte eine Kirchengemeinde, ihm zu helfen. Sie gaben ihm ein Zimmer in einem Hotel im Geschäftsviertel, das einmal ein Puff gewesen war. Sie verschafften ihm einen Job als Packer und bezahlten ihn täglich. Das ging vier Tage so. Dann schrie er eine der alten Damen an: »Geld ist mir scheißegal« und schmiß ihr die Dollarscheine hin.

Im zweiten Winter sah ich ihn nirgends und dachte, er sei vielleicht gestorben, obwohl ich kaum glaubte, irgend etwas könne ihn umbringen, wenn er den ganzen Winter draußen auf gefrorenen Autositzen schlafen konnte. Aber dann, im Frühling, erschien er wieder, er saß auf seiner

Stehleiter an der Ecke, und ich hörte die Geschichte von Jesús. Jesús war mein Freund. Er hatte es herausgefunden.

Anscheinend hatten ihn die Kirchenleute in der Kirche schlafen lassen, ehe sie ihm das Hotelzimmer gaben.

»Er muß herumgesucht haben«, sagte Jesús, »gesucht und gesucht, bis er die Ersatzschlüssel im Hinterzimmer gefunden und sie hat nachmachen lassen. Dann muß er sie den ganzen Sommer aufgehoben haben.«

Jesús war der Küster der Kirche. Die Kirche hatte einen Glockenturm mit einer Stube oben. Mit Heizung und Teppichboden.

»Soweit ich weiß, muß er während der Kältewelle an Thanksgiving zurückgekommen sein. Jedenfalls fing er an, still und leise dort zu wohnen, und ich arbeite doch dort jeden Tag und wußte nie etwas von ihm, er war wie eine Katze. Man glaubte es nicht, wenn man ihn da draußen auf seiner Leiter sah, aber es mußte so sein, denn ich meine, er wohnte länger als drei Monate da oben.

Dann war eines Tages so eine Pfütze im Allerheiligsten. Und das war ein Montag, weißt du, und ich wußte, ich hatte am Abend davor aufgewischt, weil Sonntagabend der Chor singt.

Die Pfütze machte mir ein bißchen angst, bis ich sie einfach vergaß, ich dachte, vielleicht war es gar Jesus selbst; du weißt, wie es immer heißt, er handelt auf wundersame Weise, nicht?

Jedenfalls wurde er schlampig und hinterließ mehr Pfützen, und ich folgte ihnen den ganzen Weg über das Allerheiligste in das Zimmer und stieß die Tür auf und fand ihn. Und weißt du, was er tat? Er schlief. Noch dazu mitten am Tag. Schlief da auf dem Boden mit einer Bibel als Kopfkissen.«

So trieb sich der Landstreicher den zweiten Frühling herum, und eines Tages im Mai brachte die Zeitung ein Bild von ihm auf seiner Stehleiter:

Anwohner genießt willkommenen Sonnenschein. Weiteres Warmwetter zu erwarten.

Sie brachten zwei Wochen später dasselbe Bild, aber kleiner und auf der letzten Seite. Der Bericht sagte, man habe siebentausend Dollar in bar in seinen Taschen gefunden. Es hieß, man wisse nicht, wie er so weit nach draußen in die Prärie gekommen sei. Die Strecke betrug siebenundsechzig Meilen. Es war spät in der Nacht, und die Sterne waren ganz still. Der Lokführer sagte, er hätte seine Hupe betätigt und angefangen, seine Scheinwerfer auf- und zuzublenden. Er sagte, er hätte die Bremsen eingeschaltet mit ihrem schrecklichen Kreischen, aber es sei unmöglich, einen mit Kohle beladenen Zug rasch anzuhalten. Der Lokführer sagte, er verstünde das alles nicht. Dieser Kerl hatte seine Leiter auf den Schwellen mitten zwischen den Schienen aufgestellt, und er selbst stand oben drauf, den Schlafsack auf dem Kopf balancierend wie ein Clown und die Arme in der Luft.

17

Als ich zurückkehrte, liefen wir immer noch die Schienen entlang. Unsere Arme und Gesichter und Hälse brannten. Wir waren vom Ungeziefer geschlagen. Sechs Tage waren wir bisher gelaufen.

Inzwischen gingen wir alle unseren eigenen Schritt, oft Meilen voneinander getrennt. Das Land schien etwas trokkener, aber immer noch keine Straße.

Es war früh am Morgen, als ich einen Pfad entdeckte. Ich sah ihn, wie ein knochendürrer Kojote ein Kaninchen durchs Gestrüpp schießen sieht. Ich streifte meine Steuerstöcke ab, kletterte den Damm hinunter, schwang mich aufs Rad und stieß mich ab, ehe die Mücken mich kriegen konnten.

Es war nur eine Wildfährte, aber es war ein überschwengliches Gefühl, wieder im Sattel zu sein. Ich fuhr, so schnell ich konnte. Noch schneller. Benebelt und belämmert trat ich in die Pedale. Der Boden hob sich, fegte unter mir weg und fiel weg und weg und weg. Ich war gewichtslos, schlug der Schwerkraft ein Schnippchen und wußte, daß man das höchstens einmal im Leben eine Sekunde lang tun kann, denn niemand kann jemals der Schwerkraft einen Streich spielen.

Nicht einmal für eine Sekunde.

Ich fuhr meilenweit, bis das Land unerwartet ächzte und zu rollen anfing. Kleine Hügel und Täler fingen Wasser, Mücken und Langeweile ein und schwemmten sie fort. In einer Mulde, wo ein Sumpf hätte sein sollen, war eine Weide. Mein Pfad lief mit dem Pfad zusammen, der zu der verlassenen Weide führte, und ich wußte, daß wir hier draußen jemand finden würden, und fing an, ans Essen zu denken. Ich gab mich Gedanken hin, welche Art von Fremden uns helfen könnte, und erinnerte mich an das letzte Dorf, wo es nichts gegeben hatte. Zwei betrunkene Geizhälse, ein Mann und eine Frau, die in ihren dreckigen Kleidern gleich aussahen und weggingen, als wir riefen »bitte« und dann: *»Chleb? Moloko?«*

Ich fuhr durch die Weide in eine grasbedeckte, abfallende Wiese. Oben in der Wiese stand eine krumme Hütte. Schmale, verbrannte Balken mit Ritzen und Gras bis an die Fenster. Ein umgestürzter Lattenzaun und Ziegen grasten zwischen den Rippen. Am anderen Ende der Wiese war ein Weiher. Ich fuhr ans Ufer, legte mein Rad hin, ging ins blaue Wasser hinein und begann, mir den Schmutz vom Gesicht zu waschen.

Tom kam als erster den Pfad herunter, sein Gesicht hüpfte wie bei diesen lustigen Plastikhunden, die ihre Köpfe auf einer Sprungfeder als Hals haben.

»Wir fahren, Marco, wir fahren!«

Er sprang vom Rad und rannte wildgeworden in den Teich. Torie war gleich hinter ihm. Sie fuhr direkt ins Wasser.

Bald kamen die Brüder aus den Birken, ihre langen Bärte versabbert. Sie sagten nichts. Sie erkannten beide sofort den richtigen Platz fürs Feuer und fingen an, Holz zu sammeln.

Natascha kam nach ein paar Minuten angestrampelt. Sie legte ihr Rad hin, zog ihre Schaumstoffmatratze aus dem hinteren Korb, breitete sie im Gras aus, legte sich hin und schlief ein.

Als Tanja schließlich kam, kochte Wasser aus dem Bach in einem schwarzen Topf, der an einem Schößlingspfahl hing, und die Ziegen hatten uns aufgegeben, weil wir nichts für sie hatten. Tanja war immer die langsamste, kam immer als letzte ins Lager geholpert. Sie ließ ihr Rad fallen, stolperte ins Wasser, verlor das Gleichgewicht und setzte sich auf einen großen Stein. Das Wasser strudelte um sie herum. Sie wusch sorgfältig den Schmutz und das getrocknete Blut von ihren Beinen. Ihre Beine waren voller farbenprächtiger Kratzer und Blutergüsse. Mit den Armen um die Knie ruhte sie sich auf dem Stein im Wasser eine Weile aus, dann war sie bereit.

Ich ging mit ihr durch die Ziegen, über den Lattenzaun zu der Hütte hinauf. Hinter der Hütte war ein Schuppen. Hinter dem Schuppen ein Garten.

Tanja klopfte.

Die Tür ging auf, und eine untersetzte Dame, kahl unter einem fadenscheinigen Kopftuch, drängte sich an uns vorbei.

»*Njet, njet, njet!*« Sie schrie.

Tanja tanzte vor ihr herum.

»*Njet, njet. Njet, njet* ...« Die Frau murmelte und schrie und murmelte endlich. Sie hatte uns nicht angesehen.

Sie hatte eine breite Stirn, einen Bart, wenige Zähne und kurze, fleischige Arme. Ich hielt sie für ein weiteres Exemplar der Frauen, die in Sibirien verrückt geworden sind. Aber dann, als Tanja wegschaute, schossen die Augen der alten Frau über ihren Vorgarten hinaus, sie sah unsere Räder im Gras und wußte, daß wir nicht gefährlich sein konnten.

»*Babuschka, chleb?*« Tanja zeigte unsere zerknüllten Rubel vor.

Die Frau drehte sich schnell um, nahm einen grauen Eimer von einem Nagel und ging auf den Schuppen zu.

»Tanja, auf der anderen Seite der Schienen ist noch eine Hütte.«

Sie sah mich an und lächelte.

Wir gingen zum Teich zurück und patschten über bemooste Steine unter den Eisenbahngleisen. Es war keine Brücke, nur ein Schlitz im Bahndamm, um den Bach durchzulassen. Auf der anderen Seite, mit Abstand vom Wasser, waren eine Hütte, verschiedene Schuppen und ein graues Außenklo, schief wie ein gebrochener Daumen. Die Hütte hatte ein Dach aus Teerpappe, zugenagelte Läden und eine Veranda, berankt mit Blütenpflanzen, groß wie Bäume. Ein Riesenschwein aalte sich in einer klebrig-schwarzen Pfütze, mit triefenden Zitzen, und Küken beackerten mit ihren Köpfen den Boden.

Am anderen Ende der Veranda, im Schatten der Blumen, war ein Mann. Er hatte seinen Holzstuhl zurückgelehnt. Er schnarchte, den Kopf auf einem Balken der Hüttenwand. Er hatte einen großen, unbeweglichen Adamsapfel. Weiße Borsten stachen ihm aus Nase und Ohren und verteilten sich irgendwie den Hals hinunter und auf den Backen. Er schlief mit einem Lächeln im Gesicht.

»*Priwjet*«, wisperte Tanja.

Er blinzelte, hob aber nicht den Kopf. Er ließ bloß seine faulen blauen Blicke über Tanja gleiten und dann über mich und dann wieder über Tanja. Das war der Grund, weshalb wir Tanja immer nach Essen losschickten.

»Wir fahren mit dem Fahrrad durch Sibirien.« Tanja sprach langsam in ihrem deutlichsten Russisch. Sie zeigte die Rubel vor.

Er rührte sich nicht. Seine langen, braunen, krampfgeäderten Hände blieben um die Enden der Armlehnen geballt. Seine Augen flitzten wie zwei gleiche blaue Fische. Nicht zum Geld, zu mir.

»Hast du Brot? Hast du Milch?«

Seine Blicke fingen zu springen und zu schwimmen an.

Plötzlich wurde ihm klar, daß wir hungrig waren. Er schaukelte sich vorwärts und setzte gigantische Wasserstiefel, an den Knien umgeschlagen, auf den Boden. Seine Beine hoben ihn hoch hinauf. Er war wie ein Monument von Giacometti. So riesig und so dünn. Er trug eine fadenscheinige blaue Militärjacke, die ihm zu klein war. Sie zog seine Schultern zusammen. Unter der Brusttasche waren fünf Reihen von eckigen, hellen Flecken.

»*Moschet byt!*«

Er senkte eine Hand auf meine Schulter und schob mich

dann auf einen der Schuppen zu. Als wir da waren, legte er eine Hand auf das vermooste Dach, beugte sich vor und schaute hinein. Ich spähte unter seinem Arm durch. Es war kein Schuppen. Es war jemandes Zuhause. Ein schäbiges Bett und ein Haufen brauner Tomaten auf dem Boden. Auf einem Tisch in der Ecke lagen zwei Laibe Brot. Er griff hinein, nahm einen und schlug ihn gegen die Wand des Schuppens. Das gab einen stumpfen Ton wie ein Scheit Holz.

»*Daaa.*« Er schaute auf mich herab, sein Silberzahn glänzte. Ich konnte den Alkohol riechen. Er ergriff den anderen Laib und händigte sie beide Tanja aus.

»*Spassibo*«, sagte Tanja. Sie fragte nach dem Preis, aber er winkte ab. Er stieß mich bereits zur Hütte zurück.

»*Spassibo*«, sagte Tanja nochmals und ging dann weg.

Der Mann und ich gingen zur Veranda. An den Stufen blieb er stehen, griff herunter nach meiner Hand und schüttelte sie dann mit seinen beiden. Seine Handflächen waren kühl und trocken und breit wie Paddel.

»Andrej Nicolaj Sudba. *Soldat bolschoi wojny.*« Er sagte, er sei ein Soldat des Großen Krieges. Des Ersten Weltkrieges. Seine Augen schienen dauernd zu tränen.

»Mark«, sagte ich.

Er sah betroffen drein. Ich sagte ihm meinen ganzen Namen einschließlich meines zweiten Vornamens. Er war nicht zufrieden. Ich wußte nicht, was ich sagen sollte. Verzweifelt gab ich ihm meinen vollen Namen, dazu »*Amerikanski schurnalist*«. Sofort war er besserer Laune und fuhr mir durch die Haare. Er ging durch die Pflanzen auf die baufällige Veranda, öffnete die Hüttentür und winkte mich herein.

Drinnen war es dunkel, und wir waren beide geblendet. Wir standen nebeneinander, seine Hand auf meiner Schulter, bis sich unsere Augen gewöhnt hatten.

An einer Wand war ein weiß getünchter, kaputter Herd und sonst gar nichts. Der Holzboden war frei und sauber.

Es gab noch ein Zimmer. Er senkte den Kopf und schob mich durch eine schiefe Tür. Er wollte mich seiner Frau vorstellen.

Sie saß auf einem Hocker. Eine Frau mit Schürze. Sie sah sehr jung aus, der Soldat lächelte unbewußt. Sie schälte Kartoffeln über einem Eimer. Es war Mittagszeit, aber die Läden waren dicht vernagelt. Licht sickerte aus einer Birne unter der Decke. An einer Wand hing ein Christusbild.

Da waren sie, der Riesensoldat in seinen heruntergeschobenen Wasserstiefeln, mit den winzigen Flaggen auf der Brust aufgereiht, und seine Frau, leicht und hell wie ein Rehkitz, und da war ich. Dazu ein halblebendiger Hund, Wollsocken, ein paar zerbeulte Töpfe und das Messer, ein Stumpf von einem Stummel, als ob die Kartoffeln Steine wären. Es gab ein Eisenbett mit einer Wolldecke über rostigen Federn. Auf der Decke lag ein Militärmantel, massig wie eine Leiche mit abgerissenen Armen. Ich begriff: Hier schliefen sie zusammen wie immer schon seit Kriegsende und waren so weit weg, wie man auf Erden nur kommen kann, und behalfen sich, so gut sie konnten.

Sie ergriff meine Hand und lächelte, als sähe ich danach aus, daß nicht alles gutgehen würde.

Er stellte mich vor, meinen Namen hatte er vergessen, aber begeistert erinnerte er sich: »*Amerikanski schurnalist!*«

Sie hieß Johanna. Sie sagte, sie sei aus Finnland. Mit den Händen erklärte er, daß er sie am letzten Tag des Großen Krieges geheiratet habe. Damals schneite es, und alle waren so glücklich, und er lächelte so, wie ein alter Mann jemand anlächelt, der ihn auf jeden Fall geliebt hat.

Er sagte ihr dann, ich hätte Hunger. Ich schaute auf die Kartoffeln und das stumpfe Messer und die bröckelnden Wände und konnte mich selbst nicht leiden.

Seine Augen wässerten wie Teiche, und ihre waren wie Mandeln für mich. Ich versuchte, meine Hand aus ihrer zu ziehen, und sie merkte es dann und ließ leicht los, lächelnd, als hätte sie einen Stein auf dem Wasser springen lassen.

»Njet, njet, chleb, dostatotschno«, protestierte ich. Immer und immer wieder sagte ich, das Brot sei genug und *»spassiwa, spassibo«* und *»good bye«* und *»spassibo«* und entkam schließlich und rannte die Veranda hinunter bis ins Wasser.

Die Verrückte hatte Milch und Gurken gebracht. Die Gurken hatte sie in ihrem Garten ausgegraben. Die Milch in einem grauen Eimer war warm. Sie stand auf dem umgefallenen Lattenzaun, eine Ziege stupste gegen die Innenseite ihrer Hand.

Torie gab mir ein steifes Stück Brot mit Gurkenstücken. Ich aß es, trank die Milch, ging hinüber und gab den Eimer der Babuschka wieder in die Hand.

Pawel lag neben Natascha im Gras ausgestreckt. Beide schliefen. Von nun an schliefen Pawel und Natascha zwölf Stunden jede Nacht, und sie schliefen bei jeder Rast.

Fjodor lag auf der Seite im Gras und las die Bibel. Er hatte sich im Teich die Haare gekämmt. Es tropfte in seinen Bart und weiter in seine Bibel, die er immer las, aber nie ein Wort in der einen oder anderen Richtung äußerte.

Tom hatte Tanjas Rad im Gras auf Sattel und Lenkstange gestellt. Er versuchte, ihr etwas an ihrem Fahrrad zu erklären. Das hatte er von Anfang an getan. Er hatte diese Art von Geduld. Tanja tat so, als höre sie zu.

Dann kam der alte Mann den Bach entlang unter dem Bahndamm herausgepatscht. Als wäre das Wasser tief, hielt er beide Arme hoch. In jeder Hand war ein Jutesack.

Er ging ins Gras hinauf, am Feuer vorbei, blieb vor mir stehen und legte die Säcke hin. Aus einem zog er eine große, weiße Plastiktüte. Er drückte sie mir energisch in die Hand. Aus dem anderen brachte er eine Dose Pferdefleisch, ein Glas hausgemachtes Gelee und ein Dutzend geschälte Kartoffeln zum Vorschein.

Dann trat er in seiner Riesigkeit zurück, und seine Orden und seine Triefaugen hingen über uns wie etwas Unabänderliches. Wie die Geschichte.

Er begann mit seiner Rede. Ich wußte, daß es eine lange Rede würde, denn ich roch den Alkohol. Tanja saß im Gras und übersetzte.

»Im Großen Krieg hatten wir keinen Zucker. Ich bekam einmal einen Brief von meiner Mutter, die schrieb, meine Schwester hätte versucht, mir Zucker zu bringen. Ich traf sie nie. Im Brief stand, sie sei weggegangen und hätte versucht, mir Zucker zu bringen, und sie kam nie zurück. Sie war meine Schwester, sie sorgte für mich, ehe ich in den Krieg zog. Ich war vierzehn, und sie war dreizehn.«

Und er sprach nicht weiter.

Er wollte nichts von dem annehmen, was er gebracht hatte. Nicht einmal eine Tasse Tee mit einem Löffel voll Zucker. Er trat im Gras zur Seite und sah zu.

Die Brüder und Natascha verschlangen die Dose Pferdefleisch, und Torie zauberte Marmeladebrote. Die Kartoffeln hoben wir zum Abendbrot auf.

Tanja fing an, mit ihm zu sprechen und für uns zu übersetzen, und er kam näher, blieb aber stehen, seine Militärjacke kniff in den Schultern, und seine rostigen Orden hielten ihn aufrecht, als steckten sie durch die Rippen direkt im Himmel fest.

Er sagte, er sei nach dem Krieg hierhergekommen, weil damals die Männer und Frauen, die an der Eisenbahn arbeiteten, gut bezahlt worden seien. Sie wurden in Naturalien bezahlt. Sie bekamen Winterstiefel. Er erzählte uns von einem Fall, als der Zug entgleiste und er so viele Packungen Gebäck stahl, wie er tragen konnte. Da lachte er, kam herüber, packte mich mit seinen geäderten Händen, knurrte und tat, als wolle er mit mir raufen. Er erzählte uns, wie tief der Schnee war jeden Winter, wie kalt es wurde, wieviel Holz er zu machen hatte und wie er sich einmal den Fuß mit der Axt gespalten hatte und seine Frau weg war, Schnee von den Gleisen schaufeln, und so mußte sein Sohn ihn mit Nähfaden zusammensticheln, und dann verlor sich seine Stimme.

Plötzlich schien er müde. Er setzte sich neben uns. Er sagte, er wüßte noch eine Geschichte. Er machte eine Pause. Diese Geschichte handelt von meinem Sohn, sagte er. Er sagte, sein Sohn hätte genauso ausgesehen wie er, und deutete auf Tom. Er versuchte, zu lächeln und mit der Geschichte zu beginnen, aber seine Augen tropften bis zum Boden, und sein Gesicht wurde verbissen, also saß er nur ganz ruhig da. Es war spät, und wir mußten aufbrechen. Wir fingen an, zusammenzupacken. Er saß da und schaute zu. Dann stand er auf, ging hinunter ins Wasser und verschwand unter den Gleisen.

Unsere Räder waren gepackt, und wir waren reisefertig, als er zurückkam. Er marschierte aus dem Wasser direkt zu Tom und strich ihm mit seinen Riesenhänden durch die Haare. Dann zog er etwas aus seiner Jackentasche. Es war eine kleine rote und weiße Plastikrakete mit einer gebrochenen Steuerflosse. Er drückte sie Tom in die Hand.

Tom hielt sie vorsichtig. Er starrte sie an und drehte sie in seiner Hand. Dann sah er mich an und flüsterte: »Gott der Radfahrer.« Er wußte, ich verstand.

Ein Fahrradgott ist ein Talisman. Man kann ihn nur auf der Fahrt bekommen. Er muß ein Geschenk der Reise sein. Man kann ihn nicht kaufen. Man weiß nicht, was es ist, ehe man es bekommt. Es kommt einfach.

Tom war rot geworden, dem alten Mann tränten die Augen, und er schaukelte mit hochgeschwollener Brust auf den Fersen.

»*Spassibo*«, sagte Tom feierlich und streckte die Hand aus. Der alte Mann beugte sich herab und quetschte Toms Hand in seinen beiden. Dann bedeutete er Tom, er solle die Rakete an seine Augen halten. Das tat Tom.

»Es ist ein Kaleidoskop«, schrie Tom. »Und dreimal dürft ihr raten: Gagarin ist da drin.«

Jurij Gagarin ist ein berühmter Mann, ein berühmter Reisender. Er reiste so weit, wie es ging. Er war der erste Kosmonaut der Sowjetunion.

18

Unser Weg endete am nächsten Tag, und wir mußten wieder auf den Gleisen laufen. Das dauerte drei Tage.

Einmal, an einem Abend, erhob sich eine Schotterstraße aus dem Sumpf und führte uns von der Eisenbahn weg. Wir waren hingerissen. Die Straße stieg einen Berg hinauf und fiel in langsamen Kurven in ein kleines Tal.

Da war ein breiter Fluß. Die sanften Ufer berührten beide Seiten des Tals. Über eine gewölbte Holzbrücke sahen wir ein Dorf im Ufergras. Kippende und nickende Holzhütten. Himmelblau oder laubgrün oder orange mit dazu passenden Lattenzäunen.

Im Fluß war eine Insel. Sie spaltete das schneeweiße Wasser wie ein Keil. Man konnte sie von der Brücke aus erreichen. Wir stellten unsere Zelte auf der Insel unter riesigen Kiefern auf.

Pawel und Fjodor schnitten zwei y-förmige Schößlinge und trieben sie mit der stumpfen Seite der Axt in den Boden. Sie schnitten eine Stange für den Topf und legten sie oben drüber. Darunter schichteten sie ein Feuer auf. Ihre Augen tränten vom Rauch, und ihre Bärte fingen Funken.

Torie sammelte das Eßbare ein, das jeder von uns bei sich trug. Sie schnitt den Laib Brot auf und die Tomate und schälte drei Eier.

Natascha setzte sich am Flußufer ins Gras. Sie wusch sich Gesicht und Hände und betrachtete ihr Spiegelbild. Nicht einmal für sich allein lächelte sie.

Tom begann eine Operation an Fjodors Rad. Es war eine Herzoperation, vorgeführt auf dem Felde. Er legte das Rad hin, rückte es bequem zurecht und legte die paar kleinen Werkzeuge, die wir hatten, auf einem öligen Lumpen aus.

Er war schnell drin, seine Hände wissend und fein und durchblutet. Er summte vor sich hin.

Tanja und ich sammelten einen großen Haufen Feuerholz und gingen dann über die Brücke ins Dorf. Eine klumpige Lehmstraße hinauf, vorbei an einer flügelschlagenden Gänseschar. Tanja rief zu einem krummen Mann hinüber, der ein krummes Dach mit Schindeln ausbesserte.

»Haben Sie Milch?«

Er zeigte über all die anderen krummen Dächer, und wir gingen in diese Richtung. Wir fanden eine Warzenfrau mit platter Nase, die nicht ans Fenster kommen wollte. Wir hörten Leute hinter geschlossenen Läden schlurfen und Hunde hinter Zäunen vorbeischieben. Dann kam ein Mann auf einem verdreckten Motorrad mit Seitenwagen langsam vorbei, eine kecke Kappe fast bis über die Augen.

»*Moloko?*« schrie Tanja.

Er stotterte zu einem Halt und stieg unsicher ab.

»*Da*«, krächzte er.

Er war betrunken und schwankte. Er verkaufte uns eine Kanne Ziegenmilch.

Als wir zur Insel zurückkehrten, hatte sich die Neuigkeit verbreitet. Kinder überall. Schmutzige, neugierige, furchtlose Kinder. Es waren Wilde. Barfuß oder gestiefelt, in kurzen Hosen, mit Hüten aus Zeitungspapier, schreiend um unsere Aufmerksamkeit bemüht, dann wie Kobolde hinter den hohen Bäumen versteckt.

Aber es waren nicht alles Kinder. Manche waren junge Männer. Diese seltsam gewalttätigen Satyrn, zu denen Jungen werden, knapp ehe sie Männer sind. Die jungen Männer hielten Abstand. Sie waren so groß wie wir und härter. Man konnte es in ihren Blicken lesen und erkennen an der Art, wie sie rauchten und spuckten und ihre Arme mit den großen Fäusten vor der Brust falteten.

»*Uchodite!*« schrie Fjodor. Weg mit euch! Er meinte, sie könnten uns etwas antun. Er war zornig, als wir zum Abendbrot ums Lagerfeuer hockten. Die Elfen und Satyrn beobachteten uns vom Wald aus. Er sprang auf die Füße, schwang seine Axt gegen den Himmel und heulte wie ein Berserker. Die Kleinen rannten weg – hielten plötzlich an, starrten zurück und liefen dann durch die Bäume weiter. Die jungen Männer gingen langsam, mit muskulösem Rücken, verstohlene Blicke über die Schulter werfend.

Nach dem Essen verließen Fjodor und ich die Insel und gingen ins Dorf zurück. Tanja und ich hatten etwas Außerordentliches entdeckt, ein Opernhaus. Es hatte vier weiße Säulen, eine breite offene Treppe und erhob sich hoch über die Hütten. Als wir ankamen, war der Himmel pflaumenblau geworden und die Säulen rosa.

Wir gingen die Stufen hinauf. Kinoplakate, schreiend und aufregend, waren an den Holztüren festgeklammert. Wir gingen hinein. Im Eingang war es kalt wie in einer Höhle. Die Platten auf dem Boden hatten Risse, und die Stangen an der Kasse waren verbogen. Früher ein Opernhaus, jetzt war es ein Kino. Gleich sollte ein Film anfangen.

Eine Frau, so breit wie hoch und unter einer Rüstung von Pullovern verborgen, stapfte auf uns zu. Fjodor zahlte, und sie führte uns bei den Ellbogen durch einen Vorhang in die Finsternis. Sie drückte uns in die Sitze.

Der Film ergoß Licht über die dunkelroten Wände und bis zur gewölbten Decke hinauf durch die Kandelaber auf die Galerie. Es zerriß den Raum, rollte über die Reihen hölzerner Sitze. Weit weg, auf der anderen Seite des Zuschauerraums, waren zwei Figuren.

Es war ein unklarer Film. Arabisch mit russischen Untertiteln. Er spielte in einem Bergdorf in einem kleinen Tal. Der blinde Mond segelte ein und aus. Es war ein berühmtes Kindermärchen. In den Bergen war eine Höhle, und in der Höhle war ein Schatz. Es gab das Gute und das Böse und Habgier und Fleischeslust. Krummsäbel griffen an, und Blut spritzte, aber ich war benommen vor Müdigkeit und mußte meinen Kopf nach hinten legen.

Ich schwamm weg und fiel dann, Kopf voraus, in die

Fabel. Ich hieb zu, versteckte mich und jagte. Ich war, wie man ist, wenn man zu begreifen sucht, daß man schläft, und es stimmt nicht und stimmt doch.

Dann kam das Ende. Wir warteten im Dunkeln. Einem so tiefen Dunkel, daß du entweder träumst oder vollkommen wach bist, und zwischen beiden ist kein Unterschied.

Ein Schatten näherte sich. Die Frau hielt eine Kerze, das Wachs tropfte auf ihre Knöchel, und sie schob uns durch eine Tür nahe der Bühne hinaus.

Mondlos. Die Erde wie ein Holzschwert in die Scheide der Nacht gesteckt. Die Dunkelheit machte uns stumm und blind und trunken. Wir stolperten zur Brücke zurück und fielen hinab auf unsere Insel. Wir konnten den Fluß murmeln hören.

Fjodor ging zu seinem Zelt. Ich fand mein Rad, band es an mein Zelt und kroch in meinen Sack. Alles war schwarz. Ich legte mich flach zurück. Als ich warm geworden war, entkoppelte sich mein Körper. Meine Augen versanken in meinem Kopf wie Steine auf den Grund eines schwarzen Wassers; ich schlief, und ich rannte und ritt und focht und kämpfte. Ali Baba war ich, und ich schlug die vierzig Räuber. Ich fand den Schatz. Ich gewann. Ich fühlte das gleißende Pfeifen von Triumph und Lust, aber, aber . . . etwas stimmte nicht. Ich konnte es nicht sehen. Ich war geblendet. Ein Krummschwert durch meinen Kopf und meine Augen voller Blut, aber ich konnte es fühlen. Etwas stimmte nicht. Flüstern. Schritte. Ein Messer. Ein Messer, aber ich konnte es nicht sehen. Ich konnte es blitzen hören und schneiden fühlen, aber ich war blind, konnte mich nicht rühren und hörte, wie es »klick« machte und das Laufen, und dann stand ich nackt im kalten Gras.

»Diebe!«

Mein Rad war weg. Unschuldig schien der blinde Mond. Lilarotes Licht fiel in den Wald.

Fjodor erschien, mit seiner Axt. Ich zog meine Shorts und Schuhe an, und wir wurden still. Rächer. Fahnder.

Wir zogen weite Kreise um mein Zelt. Rannten durch die Dunkelheit, über die Insel. Wir fanden die Spuren. Sie führten zur Brücke, über den Fluß und durch den Wald.

Ich war aufgelöst, heiß, schwitzte, und wir rannten und liefen, mit katzenhafter Grazie. Die Spuren waren im Mondlicht kaum sichtbar, aber wir waren erhitzt vom Instinkt und von der Jagd. Schnauzen dicht am Boden, Augen auf der Spur, rannten wir durch die dunklen Bäume, und wir wurden nicht müde. Wir wußten, es ging bis zum Ende. Wir hätten den ganzen Morgen, den ganzen Tag und die ganze Nacht bis in Ewigkeit jagen können.

Wir hielten an. Versteckten uns hinter Bäumen.

Vorsehen und kriechen und atmen, atmen mit dem Gedanken, sie haben ein Messer, sie sind gerannt, sie wußten, was sie tun, sie hatten uns beobachtet, verfolgt, schweigend, hart und gnadenlos.

Sie haben mich zum Invaliden gemacht. Ich fange an zu zittern. Ich fühle die Klaue. Da liegt mein Rad, nackt im Purpurwald. Da sind zwei rauhe Jünglinge mit glühenden Augen. Sie sehen uns. Sie drehen sich um und warten.

Fjodor tritt mit seiner Axt ins Mondlicht. Er bewegt sich nicht. Er schaut mich nicht an. Es ist mein Rad.

Ich greife an. Ich fühle es unter meiner Haut. Das Messer fliegt durch die Luft, aber der junge Mann fällt, und Blut spritzt, und der andere kämpft, fühlt aber die Hitze und den Haß und verliert, schreiend, fällt, gebrochen im Gesicht, und ich hebe ihn auf und schlage wieder zu, und purpurnes Erbrochenes bedeckt den Waldboden.

Eines Morgens geht die Sonne auf. Die Dunkelheit ist weg, als wäre sie nie gewesen. Die Polizei ist im Tal. Sie tragen schwarze Stiefel. Sie haben böse Polizistenaugen. Sie schlagen und treten die Diebe.

Zwei Frauen im Dreck und in Lumpen heulen und schreien um ihre blutigen, erledigten Söhne.

Im Licht sehe ich nur russische Jungen mit Müttern.

19

Wir verliessen die Insel und rollten friedlich über einen Berg und ins nächste Tal hinunter. Zwei Tage fuhren wir von Tal zu Tal. Oft folgte die Straße der Bahn. Es war keine gute Straße, aber wir fuhren, und das war genug.

Einmal, als wir einem matschigen Pfad durch dichtes Gehölz folgten, gerieten wir auf eine merkwürdige Wiese. Blumen bis zum Hals. Ein Wald von Blumen, deren gelbe Köpfe über blauen Stielen nickten. Ihr Duft umhüllte uns.

Tanja war zurückgeblieben, aber die Sowjets weigerten sich, zu warten. Tom, Torie und ich hielten an, wo der Pfad nahe dem Bahndamm eine Schleife bildete. Wir stiegen ab, schwankten auf müden Beinen herum und fielen in die Blumen. Wir schliefen rasch ein.

Etwas später weckte uns ein lautes Geräusch. Die Erde dröhnte, und wir sprangen auf die Füße. Es war das unverwechselbare Geräusch einer nahenden Eisenbahn. Ein riesiger, tiefbäuchiger Zug kam durch die Kurve in die Wiese gedonnert.

Der Zug kam auf uns zu, langsam, ächzend und immer langsamer, und hielt direkt neben uns, groß wie ein Schiff. Es war kein Güterzug. Alle Wagen hatten Fenster mit Läden, wie viereckige Augen mit schläfrigen Lidern. Jeder Wagen hatte auf der Seite einen roten Stern. Es war ein Zug der Transsibirischen Eisenbahn, des berühmten Reisezugs Moskau–Wladiwostok.

Er war größer als ein Dorf. Wir wußten, drinnen gab es mehr Essen als in einem Dorf und saubere Bettücher und sauberes Wasser und Klopapier und benebelte Reisende und daß der Zug in einer Woche schaffen würde, was wir in drei Jahreszeiten versuchen würden.

Wir starrten den Speisewagen an. Wir waren hungrig. Wir dachten alle dasselbe: Vielleicht könnten wir was zum Essen kaufen.

»Was glaubst du?« fragte Tom.

»Ich glaube, wir brauchen es nicht«, sagte ich.

»Das meine ich auch«, sagte Torie.

Also schauten wir bloß hin.

Der Zug war nah und still. Über den großen Blumenköpfen, durch die bläulichen Reflexe und Schatten konnten wir Leute beim Essen sehen. Sie benutzten Silberbesteck und tranken aus Porzellantassen. Sie fingen an, durch das Glas auf uns zu zeigen, als führen sie mit einer jener Miniatureisenbahnen, wie sie durch einen Zoo rollen oder vielleicht in der dunklen Halle eines dieser Marinemuseen, und wären gerade um die Ecke gekommen und hätten uns entdeckt, Tiefseeschwimmer in einem der Tanks. Wir winkten. Sie winkten zurück und lächelten. Wir hörten ein Knirschen, und eine Tür am Ende des Speisewagens wurde aufgehebelt. Zwei Köpfe streckten sich in die duftende Luft. Ein Mann und eine Frau. Für uns sahen sie unwirklich aus, wie Puppen, so sauber gewaschen und gut gekleidet, daß wir fast die Seife riechen konnten. Haare gekämmt, Zähne geputzt, Lippenstift, Schmuck.

»*Sdrawstwujtje, kak wy poschswajete?*« sagte der Mann.

Tom sagte auf russisch ebenfalls guten Tag, es ginge uns gut.

»*Tschto wy djelaete?*«

Tom lachte. »Er fragt, was wir machen. Was soll ich sagen?«

»Sag ihm, wir sind Eisenbahnräuber«, murmelte Torie. »Was sonst. Sag ihm, wir radeln durch Sibirien.«

Die Touristen schnappten nach Luft, und der Mann schrie: »Sie sprechen Englisch?!«

Wir sagten ja und gingen näher an den Zug heran. Tom und der Mann begannen eine Unterhaltung über das Radfahren. Der Mann war aus Holland.

Ich dachte, von allen Leuten, die wir je auf allen Personenzügen auf den Tausenden von Wiesen Sibiriens jemals treffen werden, treffen wir einen Holländer, einen Mann aus dem Land der Blumen und der Fahrräder.

»Aber wie haben Sie die Erlaubnis bekommen?« fragte der Mann. Tom erzählte es ihm.

»Aber es gibt doch keine durchgehende Straße?«

»Ja, wissen wir.«

»Na gut, aber wie werden Sie mit dem Sumpf fertig?«

Tom erklärte es ihm.

»Von Dorf zu Dorf also?« sagte der Mann. Tom nickte.

Das Gesicht des Holländers strahlte. Das gefiel ihm und erstaunte ihn.

Jetzt sprach die Frau. »Aber wo kommen Sie her?«

Sie war schön und jung, eine Brünette in einem feschen Kleid. Ihre Zähne waren blendend weiß. Sie war nicht aus Holland, ihr Akzent hörte sich anders an. Mir wurde klar, daß sie aus den Vereinigten Staaten war.

Wir sagten uns gegenseitig unseren Heimatort.

»Sie müssen verrückt sein! Mit dem Fahrrad durch Sibirien!«

Wir sahen uns an. Wir hatten vergessen, wie Amerikaner sind. Bevor einer von uns etwas bemerken konnte, sagte sie: »Was für eine lächerliche Strapaze! Was gibt es da für euch zu sehen, was wir nicht sehen?«

Toms Gesicht verfiel. Er konnte nicht antworten. »Mark, antworte du doch etwas!«

Ich konnte auch nicht. Torie flüsterte mir ins Ohr: »Wir hätten sagen sollen, daß wir Eisenbahnräuber sind. Das kennt sie vom Fernsehen. Sie ist in einem Zug. Das würde sie verstehen.«

Ich schaute hinauf. Die Frau wartete auf eine Antwort. Sie strich ihr Haar mit der Hand zurück. Sie trug mehrere Ringe.

Die Motoren unten an der Wiese setzten sich in Gang, husteten und keuchten. Der Zug kreischte und bewegte sich allmählich. Erst langsam, Meter um Meter, schneller und schneller.

Die Frau fing an, zu winken und »Viel Glück« zu rufen und so etwas, aber ich fing den Blick des Holländers auf. Er zog die Türe zu. Als er mich sah, lehnte er sich plötzlich verzweifelt weit heraus und schrie.

»Ihr seid nicht verrückt«, und er warf seine Hand in die Luft, »ihr seid großartig!«

20

An diesem Spätnachmittag radelten wir in ein anderes Dorf. Es war eigentlich eine Stadt. Man hatte die Holzhäuser zu einem Haufen zusammengeschoben und Mietshäuser errichtet. Die Mauern der Häuser zeigten rote Plakate mit Ihm leibhaftig als lederbehandschuhtem Schweißer. Jedes Haus hatte vorn ein großes Außenklo.

Ich mußte mal. Es gab zwei Türen. Ich ging durch eine hinein, während eine Frau mit ihrer Tochter die andere benützte. Auf der Männerseite gab es sechs Löcher und Scheiße an den Wänden. Ich konnte den schweren Atem der dicken Frau hören. Ich hörte, wie sie das Kleid hochhob mit dem üblichen knisternden Geräusch und das Pflatschen, wußte aber, daß sie nicht saß, denn überall war Kot. Ich saß auch nicht. Ich hielt mich aufrecht.

Ein Mann kam herein. Er trug einen breiten Schlips und schüttelte mir die Hand. Er breitete eine Zeitung über das Loch neben mir und stieß geübt ein Loch hinein und setzte sich.

»*Etot gorod stroil Stalin*«, sagte er. Stalin baute diese Stadt.

Ich wußte nicht, was ich sagen sollte.

»*Byl welikij tschelowjek.*« Stalin war ein großer Mann.

Ich betrachtete ihn auf der Schüssel neben mir. Er war ziemlich alt. Er blickte geradeaus.

Ich war fertig und bot ihm von meinem Toilettenpapier an. Er nahm eine Handvoll und bedankte sich. Ich ging hinaus, drehte mich dann um und klopfte an die Tür. Ich fragte ihn, wo das Lebensmittelgeschäft der Stadt sei.

»*Konetschno*«, rief er. »*Wy dolschni iti sewodnja w magasin. Magasin jest sachar.*« Natürlich. Sie müssen zum Laden gehn. Der Laden hat heute Zucker.

Das brachte mich zum Lachen.

»*Magasin jest sachar!*« schrie er wieder und trat gegen die Tür.

Wir fuhren schnell zum Geschäft. In keinem Dorf gab es Zucker. Zucker war kostbar. Zucker war wie Gold. Leute plünderten für Zucker.

Der Laden hatte Zucker. Wir standen in einer langen Schlange. Eine Frau in der Schlange sagte uns, diese Stadt sei von Stalin gebaut worden. Eine Frau hinter ihr sagte, es gäbe jemand in der Stadt, der jemand kenne, der jemand kenne, der tatsächlich jemand kenne, also gäbe es heute Zucker.

»Wir sind gesegnet«, sagte jemand.

Wir kauften sieben Drei-Pfund-Packungen, eine für jeden von uns, und Brot. Wir packten die Schachteln in durchsichtige Plastikbeutel und verließen die Stadt.

Wir fuhren an dem Tag fünfundachtzig Kilometer und am nächsten fünfundneunzig. Der Wald rundum stand fußtief im Wasser, aber das machte uns nichts. Wir hatten zu glauben angefangen, wir befänden uns auf einer Straße. Wir dachten, wir könnten die Eisenbahn vergessen. Wir waren auf einer Straße und waren in dem Glauben aufgewachsen, daß Straßen irgendwohin führen.

In dieser Nacht regnete es. Wir schliefen neben den Bahngleisen, und der Regen dämpfte das Geräusch der Züge.

Am Morgen regnete es immer noch. Kalter, grauer Winterregen. Wir bekamen kein Feuer zustande. Wir luden unsere nassen Besitztümer auf.

Wir stiegen auf und radelten etwa dreihundert Meter und um eine Biegung – und die Straße war zu Ende. Einfach zu Ende, als hätte man sie abgeschlagen wie einen Arm oder ein Bein.

Man möchte meinen, wenn jemand so nahe an einer Tragödie schläft, sollte man sie im Traum spüren, aber nicht wir. So stark ist die Hoffnung. Wir wurden Russen, aber wir wußten es noch nicht.

Wir schoben unsere Räder ins Wasser. Das Wasser war hüfttief, eiskalt und vom schweren Regen gekräuselt. Wir gingen direkt zu den Gleisen, wateten den Damm hinauf und fingen an, zu Fuß zu gehen.

Pawels hinterer Reifen platzte fast sofort. Es klang wie ein Gewehrschuß.

»Mudnja! Amerikanski welosiped«, brüllte er. Er schmiß es auf die Schienen.

Ich prüfte den Reifen. Er war nicht von dem Glas oder Draht explodiert, die es überall auf den Gleisen gab. Die Seitenwand war kaputt, nicht die Lauffläche: Pawels Bremsklötze waren aufwärts gebogen. Wann immer er in den letzten drei Tagen gebremst hatte, hatten sich die Bremsschuhe gegen die Seitenwand des Reifens geklemmt und nicht gegen die Felge.

»Pawel, du bist ein verdammter Idiot«, sagte Tom. Aber er sprach Englisch. Tom hatte Pawel wiederholt gesagt, er müsse seine Bremsen einstellen. Er hatte vorausgesagt, was passieren würde, wenn er es nicht täte.

Unsere Ersatzreifen waren in Tschita, wir wußten nicht mehr, wo das war, im Nirgendwo. Tom gab Pawel eine Nadel und Zahnseide. Pawel setzte sich auf die Schienen und flickte zornig den Riß in der Seitenwand. Er flickte sie dürftig. Wir stellten uns wie Regenschirme abwechselnd über ihn.

Dann fingen wir an, in dem schwarzen Regen unsere Räder wieder zwischen den gleißenden Schienen zu schieben. Wir waren nicht mehr als dreihundert Meter gegangen, als die Stiche aufgingen und der Reifen von neuem explodierte. Ich hörte den Knall. Ich hätte Pawel gern in den Bauch geboxt. Ich warf mich herum, und siehe da, da war ein fremder Mann auf den Gleisen. Er stand im Regen, in roten Hosenträgern und ausgebeulten, nassen Kleidern. Er schüttelte mir die Hand.

»Mokry djen, da?«

Tanja kam die Schienen entlang und sprach mit ihm.

»Er will, daß ich dir sagen soll: ›Nasser Tag, huh.‹« Sie lachte.

Der Mann hatte einen lockigen, braunen Bart und trug einen triefend nassen Filzhut. Er hatte den Reifen explodieren gehört und gedacht, es sei ein Schuß, und war die Gleise entlang von seiner Hütte hierhergegangen, um es zu prüfen. Er lud uns in seine Hütte ein.

Es war Winterregen, Sommerregen, so hart, daß der ganze Wald fortzuschwimmen schien. In drei Stunden hatten wir etwa einen Viertelkilometer zurückgelegt, was hieß, wir würden ungefähr neuntausend Tage oder fünfundzwanzig Jahre bis Leningrad brauchen, von dem wir ohnehin kaum noch ahnten, wo es lag. Wir nahmen an.

Die Hütte stand im Wald auf einem kleinen Hügel. Hinten war ein Schuppen angebaut. Eine Seite des Schuppens war offen. Drinnen saßen sechs Männer eng an einem mit einem rot-weiß karierten Tischtuch gedeckten Tisch. Es waren große Männer. Sie aßen. Als wir aus den Bäumen heraustraten, standen sie auf, stießen die Bänke um und traten in den Regen hinaus. Sie schüttelten uns die Hände und schoben uns in den Schuppen.

»Dobro poschalowat.« Willkommen.

Der Mann, der uns hierhergeführt hatte, quetschte das Wasser aus seinem Bart und trieb uns nahe an den Holzofen, ein glänzend schwarzes Gehäuse, das ein Drittel des Grasbodens einnahm. Ein Rohr schob sich durch das Dach des Schuppens.

Die Männer im Regen hoben abwechselnd die Füße, wie Pferde. Sie machten Scherze miteinander.

Wir hockten so nahe am Ofen, daß wir unsere durchnäßten Kleider brieten. Wir zogen uns aus und hängten sie an Nägel. Inzwischen hatte der Mann in Hosenträgern mit dem Filzhut und Gewehr einen von den Männern draußen das Geschirr im Regen waschen lassen. Er deckte selbst den Tisch neu und legte ein hartgekochtes Ei und eine Büchse Sardinen auf jeden Teller.

»Jetzt müßt ihr euch setzen und essen«, sagte er.

Das taten wir. Die Männer sahen zu.

Später nahm Pawel ein zehn Zentimeter großes Stück Ersatzreifen aus meinem Reparaturbeutel und brachte es innen in seinen schlechten Reifen, wo die Seitenwand geplatzt war: Er nähte es langsam mit engen Stichen und einer Menge Zahnseide fest. Tanja stellte dem Mann im Filzhut Fragen.

»Sie will wissen, wer wir sind«, sagte der Mann. Die Männer grinsten.

»Also, wir sind Goldgräber. Wir leben hier in den Bergen und suchen nach Gold und kümmern uns um fremde Radfahrer, wenn sie vorbeikommen.«

Uns überkam ein Lächeln.

»Wir servieren ihnen vergiftete Sardinen und Eier von kranken Hühnern und zwingen sie, an unserem Ofen zu sitzen, wenn es regnet.«

Einer der Männer schlug sich die Seiten und schüttelte den Kopf, daß das Wasser wie bei einem nassen Hund spritzte.

»Wir leben in dieser Hütte und kochen hier draußen im Schuppen. Wir spielen Karten, auch wenn der Schnee so tief ist, daß wir Wälle daraus bauen müssen. Und manchmal – rauben wir Züge aus.«

Er hatte uns auf dem Holzofen Tee gemacht. Er goß jedem eine Tasse ein. Er nickte einem der Männer zu, und der ging in die Hütte und kam mit einer kleinen, blauen Dose wieder heraus, auf die der Regen klopfte.

Der Mann im Filzhut machte den Deckel auf und stellte die Dose feierlich mitten auf den Tisch. Er sah uns an: Ich dachte, er würde etwas sagen, aber das tat er nicht.

In der Dose war Zucker. Es waren nur noch ein paar Brocken übrig. Wir nahmen sie alle für unseren Tee, dann war Zeit zum Aufbruch. Pawels Reifen war repariert, und wir waren wieder warm und trocken.

Wir traten in den Regen hinaus, und die Männer schüttelten uns die Hände. Wir hoben unsere Räder auf und warteten, bis die Sowjets zu den Gleisen zurückgekehrt waren.

Tom nickte Torie zu, und ich hielt ihr Rad. Sie trat in den Schuppen und legte eine von unseren durchsichtigen Plastiktüten oben auf die Blechbüchse. Dann fuhren wir ab.

21

Zurück auf den Gleisen. Wieder durch den Regen laufen, unsere dunklen Gedanken in unseren trüben Köpfen hätscheln, schieben und schieben, wie Ratten von den Schienen springen, wenn ein Zug kommt, dann weiter schieben und schieben, bis uns flau wird und wir stolpern und die Zeit sich dehnt.

Wie ein Herzschlag kurz vor dem Tod – dadam

dadam dadam

so verlangsamt, bis du nicht mehr weißt, ob eine Minute vergangen ist oder eine Stunde, oder eine Stunde ist eine Minute oder vielleicht ein Tag oder ein Tag eine Woche, eine Woche ein Jahr, und du betest, dein Kopf möchte sich enthaupten, ehe du anfängst, die Eisenbahnschwellen zu zählen, denn das macht dich verrückt, weil du weißt, du machst zwei in der Sekunde, wenn sie weit auseinander sind, und drei pro Sekunde, wenn sie eng beieinander sind, und ein Tag hat 86400 Sekunden, und was immer du tust, du darfst nicht anfangen, zu zählen, wenn du plötzlich vom Angesicht der Erde verschwunden bist und nicht herunterschauen willst und auch nicht kannst und es doch tust, nur eine Sekunde, und hörst »zweiundneunzig, dreiundneunzig, vierundneunzig« und beißt dir auf die Lippen, bis sie bluten, denn du weißt, Schmerz ist so einfach und so unstrittig, er wird deinen Verstand retten. Das hast du von den Russen gelernt.

Tage später hält ein Zug an. Nicht ein ganzer Zug, nur eine Lokomotive. Arbeiter in schmutzig-orangen Anzügen stehen auf den Stufen und halten sich am Geländer fest.

»Sollen wir euch mitnehmen?«

Wir stehen weit unten auf verbeulten Beinen.

»He, hört ihr schlecht? Wollt ihr mit?«

Als sie davontuckern, schleppen wir uns zurück auf die Gleise und laufen weiter, und in ein paar Stunden werden sie hundert Kilometer weiter sein, wo es vielleicht Straßen und Orte gibt, wie es auf der Welt sein sollte, und wir werden immer noch eine Woche weit weg sein, bloß ein paar Kilometer weiter den Schienen entlang, als wir jetzt gerade sehen können, die Zelte unter Birken, während sie in Holzhütten essen und eine unglaubliche Geschichte erzählen, wie sie Leute mit Fahrrädern in der *balota* gesehen haben.

Das bewegt uns alle, bis jemand, Fjodor oder Tanja oder Tom oder ich, zwinkert und antwortet.

»Nein, danke.«

Denn inzwischen haben wir etwas anderes von den Russen gelernt, und das sitzt tief drinnen und ist unser Geheimnis. Entfernung bedeutet nichts. Sie kann sich verflüchtigen wie Wasser und Zeit. Wir wissen jetzt, daß es auf Erden keine zu weiten Entfernungen gibt. Wir könnten jede Strecke laufen. Wir könnten ewig weitergehen.

Eines Tages treffen wir auf einen Mann im Heu. Seine Hunde heulen mit der Nase in der Luft. Da ist ein Hundeschlitten auf dem Heuboden einer Scheune. Der Mann ist untersetzt mit einem schmalen Kopf. Er hat einen handgemachten Rechen geschwungen.

Er lebt allein mit seinen Hunden. Sie toben bellend auf dem Dach seiner Hütte herum. Wir holen Wasser aus seinem Brunnen, und Fjodor entfaltet unsere Karte. Der Mann wird ganz aufgeregt und deutet auf dem Papier hierhin und dahin. Die Hälfte seiner Finger sind Stummel. Er sucht, wo wir gerade sein müßten. Er sieht diese Welt zum erstenmal vom Himmel aus, darüber muß er lachen. Die Karte steht auf dem Kopf.

»*Njet.*« Er kann nicht finden, wo wir sind. Aber er hat Neuigkeiten für uns.

»Es gibt eine Straße«, sagt er.

»Wie weit weg?« fragt Fjodor.

»Nicht sehr weit. Nur um den Berg herum. Gehe nur im Winter mit meinen Hunden hin. Fängt im Dorf an.«

»Waren Sie schon auf der Straße?«

»Nee.« Der Rechen hält den Mann aufrecht. »Weiß aber, sie geht zu einem großen Fluß.«

»Sind Sie sicher?«

»Ganz sicher.«

Wir kehren wieder auf die Gleise zurück. Wir vertrauen auf uns selbst und glauben ihm nicht. Wir glauben an die Täuschung. Wir glauben an die Verwässerung aller Dinge auf Erden.

Um den Berg herum ist aber ein Dorf. Die Gleise gehen direkt mitten durch. Und da ist die Straße, die aus dem Dorf heraus nach Süden führt.

»Keiner weiß, wohin diese Straße geht.«

Tanja spricht zu einer Babuschka, die Gurken erntet.

»Warum?« Die Babuschka wundert sich.

Wir finden im Dorf eine andere Babuschka. Sie melkt eine Ziege.

»Sie geht zum großen Fluß.«

»Was für ein Fluß?«

Die Babuschka wirft ihre Hände hoch. Wir kaufen die Ziegenmilch.

Wir finden einen Mann, der die Tür zu seiner Hütte anstreicht, und zeigen ihm unsere Karte. Er schaut sorgfältig darauf; von seinen Fingern tropft blaue Farbe.

»Wir sind nicht auf dieser Karte.«

»Wo sind wir?«

Der Mann lacht. Er deutet irgendwohin über die Karte hinaus ins Leere, wo alles möglich ist.

»Wir sind auf der Karte nicht drauf.«

»Wo führt die Straße dann hin?« fragt Tanja.

Er lacht wieder. »Weiter.«

Keine Diskussion. Nur um wieder zu radeln, würden wir die Straße nehmen, führte sie auch in die Hölle hinab.

Wir schreien, klatschen und sprengen aus dem Ort. Den ganzen Tag fahren wir schnell durch kleine Berge. Als es Abend wird, zelten wir dicht neben der Straße an einem kleinen Flüßchen, errichten ein großes Lagerfeuer, reden bis tief in die Nacht unter den klingenden Sternen und beschließen, wir seien die glücklichsten Reisenden auf der Welt, denn nur einen Nachmittag zu fahren hat die Hoffnung in unserem Innern wieder wachsen lassen, weil wir Menschen sind und weil das so ist mit der Hoffnung. Sie ist wie ein Samenkorn im Magen, ganz gleich, zu welchem blöden Glauben du dich bekennst.

Wir fuhren den ganzen nächsten Tag. Durch Kiefernhügel und Birkenland. Auf der Straße gibt es niemanden außer uns. Das ist uns gleich. Es ist bloß ein schmutziges Ding, nicht breiter als ein Fluß, aber es dreht und wendet sich rauf und runter und wieder rauf, und wir fahren, und das ist unser ganzer Wunsch. Wir fangen wieder an zu denken, denken, dies könnte eine echte Straße sein, wie jene Märchenstraßen, die wirklich irgendwohin führen.

Am Abend steigt die Straße in die Berge. Da waren keine Dörfer. Wir haben keine Leute gesehen. Es gab auch keine Abzweigungen, nur diese Straße, ganz allein, hoch durch den duftenden Wald ins Gebirge.

Das Licht wird lavendelfarben. Wir steigen immer noch, und die Straße beginnt mit Serpentinen. Schließlich kürzen wir durch die Bäume ab zu einem Paß, wo die Straße am Rand eines Kamms entlangläuft. Zwei Kilometer lang können wir auf beiden Seiten hinunterschauen. Es ist, als sähe man von einer Lavendelwolke auf die Welt hinunter. Wir können die Seite überblicken, wo wir herkamen, und die unbekannte Seite hinunter, wo wir hinfahren. Beide Seiten sehen gleich aus. Unbewohnt und grün und tief und diesig. Aber die Seiten empfinden wir nicht gleich, weil unsere Hoffnung ganz oben ist. Wir denken, wir werden davonkommen. Wir denken, wir haben gebüßt.

Dann fällt die Straße vom Kamm auf die unbekannte

Seite und fällt und fällt, anscheinend ins Bodenlose. Hinunter und hinunter. Wir wirbeln durch böse Korkenzieherkurven mit Rändern, die ins Dunkle abbröckeln. Wir fahren schnell und rutschen, die Bremsen kreischen, und die Straße geht immer weiter bergab.

Dann beginnt die Straße zu schwinden. Enger und weniger Bankett nach jeder Kurve. Es ist unaussprechlich.

Ich kann nicht alle sehen, aber ich kann sie hören.

»Nein.«

Die Straße ist finster, dreht sich und fällt, wird immer schmaler.

»Nein. Nein!«

Jetzt geht es bergab. Kurven und Kurven und Kurven, bis die Straße in ein Tal mündet und zu Morast wird. Sie windet sich durch ein gemeines Gestrüpp. Sie wird zu einem Pfad. Es macht uns krank. Bäume neigen sich über uns, Sumpf und Morast ergießen sich um uns, wir können einander nicht sehen, der Pfad schleppt sich so dahin, und wir leiden und lahmen, Schnitte im Gesicht, Zweige an der Kehle, es splittert in unseren Köpfen. »Nein!«

Wir kommen ins Freie.

Der Fluß.

22

Ich verlor mein erstes Rad, als ich fünf war. Die nächsten sechs Jahre war ich ein Krüppel und wußte es.

Aber Dad hatte ein Fahrrad.

»Pythagoras«, so wurde es von Dad genannt. Groß und schwer wie ein Kaltblüter. Glänzend schwarz mit Ballonreifen und weißen Felgen, die Lenkstange breit wie die Hörner eines Longhorns, Schutzbleche so stark, daß man darauf sitzen konnte. Phythagoras hatte seinen eigenen Kopf. Er war alt, älter als Steve und ich zusammen.

Es war uns nicht erlaubt, auf Pythagoras zu fahren. Dad fand, er sei zu groß für uns. Er wußte nicht, daß wir bereits auf dem Gras im hinteren Garten abwechselnd übten und auf dem mächtigen Ding langsam in großen Kreisen herumfuhren. Mom paßte dann hinter dem Küchenfenster auf und klopfte an die Scheibe, ehe wir ertappt wurden.

Steve und ich teilten ein Schlafzimmer im Erdgeschoß. Dort unten, in den stockfinsteren Nächten unserer langen Bubensommer, lagen wir nebeneinander unter der Decke und redeten. Wir sprachen immer von dem Riesen mit einem Auge. Er wohnte auf einer legendären Müllhalde weit draußen in der Prärie. Es hieß, er hätte nackte, geile Weiber auf der Brust und Haare auf dem Rücken und eine Schrotflinte, groß wie eine Kanone. Aber wovor wir Angst hatten, das war sein Hyänenhund. Ein unglaublich bösartiges Biest. Haare auf den Schultern gesträubt, geifernde, knochenbrechende Schnauze.

Eines Nachts, als wir uns gehörig Mut eingeredet hatten, beschlossen wir, da müßten wir hin.

Morgens fragten wir Mom, was für ein Tag heute sei. Sie mußte auf dem Kalender über dem Eisschrank nachschauen, denn ihr ging es mit dem Sommer genau wie uns.

»Freitag.«

»Morgen!« flüsterte Steve. Wir verschwanden in der Garage.

Morgen würde Dad fort sein. Jeden Samstag ging er früh am Morgen zum Fischen. Er war ein ernsthafter Angler. Für ihn, wie für alle ernsthaften Angler, war es ein feierliches und hochheiliges Geschäft. Wann immer Steve und ich vorbeikamen, mußten wir einen Drang, schlimm wie ein Juckreiz, bekämpfen, nicht einen Stein über das morgenrosa Wasser zischen zu lassen. Das fiel uns zu schwer, also gingen wir nicht mehr hin.

Pythagoras war in der Garage. Wir ölten seine Kette, bis es auf den Zementboden tropfte, und pumpten die Reifen so hart wie Pferdebeine auf. Aus Dads Werkzeugkasten stahlen wir einen Hammer, einen Schraubenzieher und Zangen. Wir schoben sie nervös in einen Turnbeutel und den eilig unter unser Bett. Wir zitterten vor Aufregung. Wir konnten es kaum erwarten.

An dem Abend hatten wir noch ein Gefühl wie Bauchweh in uns, das wir vergessen konnten, solange wir uns bewegten, das uns aber in der Minute überfiel, in der wir still unter den Decken lagen. Es war ein Verlangen, das in uns brannte. Es machte uns so heiß, daß wir die Decke zurückwarfen. Steve und ich waren normale Jungen, wir wünschten uns nur eins vom Leben: Abenteuer. Zu gehen, ohne zu wissen, wohin, und aus keinem anderen Grund, als zu gehen.

Natürlich hatten wir unseren Vorwand. Wie alle großen Forscher wollten wir Schätze zurückbringen. Aber sogar damals – ich war neun, und Steve war acht, und die Welt war größer, als sie jemals wieder sein würde – begriffen wir. Wir wußten instinktiv, was die zaghaften, grauen Autoren unserer Geschichtsbücher nicht wußten: Kein Forscher, halb seine Legende wert, ging irgendwohin auf Schätze aus – Gold oder Silber oder Ruhm. Nicht einer. Wir wußten, nur Schurken waren hinter solchem Blödsinn her, und außerdem überlebten sie sowieso nicht. Krankheit oder Speere oder eine schicksalhafte Schlange erledigten die mit den schwachen Herzen immer. Wir verstanden Odysseus und Kolumbus und Sir Richard Burton. Wir kannten Marco Polo. Wir wußten, sie hatten ihre kleinmütigen Wohltäter besänftigen müssen, aber ihr Verlangen war rein.

In dieser Nacht schien es mit dem Einschlafen ewig zu dauern. Flüstern, dann Ruhe, dann störte einer von uns die Dunkelheit und redete davon, was passieren würde oder passieren könnte, genau in dem Moment, in dem der andere am Weggleiten war, und machte uns beide wieder schaudern, als ob morgen größer wäre als Weihnachten oder der letzte Schultag.

Vielleicht gerade zwei Minuten nachdem wir endlich mit Reden fertig waren, hörten wir Dads knochige Füße knirschen und das Klo rauschen; nur wenig später knallte die Tür zu. Wir zerrten unsere Shorts an, steckten den Werkzeugbeutel ein und stahlen uns aus der Garage. Pythagoras schlief noch. Er wachte auf, als wir den Ständer zurückkikken ließen.

Unsere flache Präriestadt lag in einer dunklen, blau-rosa Dämmerung. Wolkenlos und leuchtend wie der erste Tag aller berühmten Reisen. Steve kletterte in den Sattel, ich schwang mich über die Stange in die Pedale, und weg waren wir.

Wir nahmen den rückwärtigen Weg. Niemand rührte sich oder atmete außer uns, leicht getragen an den Rand der Stadt. Zuerst fuhren wir Straßen entlang, die wir bereits kannten – die Gerüche, die Farben und wo Hunde frei liefen –, dann in fremdes Land ohne Bordsteine und dunkle Häuser. Wir fuhren durch den Parkplatz für Wohnwagen, wo alle Jungen und Mädchen zäh und sehnig waren und im Salbeigestrüpp spielten. Der Wohnwagen-Standplatz war die Grenze, der Saum der bekannten Welt.

Wir fuhren geradeaus in die Prärie.

Es war glühend heiß. Es war unerforscht, unergründlich

Tom Freisem

Torie Scott erhält Blumen in einem kleinen sibirischen Dorf

Der Autor in einem sibirischen Dorf

Tanja Kirowa

Natascha Trawijnskaja

Pawel *(links)* und
Fjodor Konjuchow

Tom Freisem am Ende
der Reise in Leningrad

Schieben durch die *balota*

Fahrrad vor einem sibirischen Haus *(Foto: Tom Freisem)*

Typischer Lagerplatz

Unten: Tom Freisem, Tanja Kirowa, Torie Scott und der Autor *(von links)* an der Baltischen See

Babuschka

Babuschkas *(Foto: Tom Freisem)*

Unten: Lea

Russische Mädchen

Unten: Russische Kinder

Russischer Cowboy

Unten: Russe

und weit. Wir galoppierten einen Hügel hinauf und hinunter, und die Stadt verschwand hinter uns. Wir fuhren durch ein Niemandsland, hetzten eine Antilopenherde. Sie stürzten in einer Staubwolke davon. Dann, oben vom nächsten Hügel aus, sahen wir sie: die Mülldeponie, Quadratkilometer von verrosteten Metallskeletten, in die Prärie versunken. Der Pfad führte zum Stacheldrahtzaun. Wir näherten uns ganz langsam, fast ohne Bewegung, und hielten.

Steve sprang ab, und ich legte Pythagoras sachte hin. Wir fielen flach auf den Bauch, griffen den Stacheldraht, zogen uns drunter durch und knirschten zwischen den Ungeheuern vorwärts. Ich wußte, Steve hatte solche Angst, daß es leicht in die Hose gehen konnte. Ich schaute an meinen Beinen entlang zurück und sah sein Gesicht zu meinen Füßen, und er lächelte, war aber weiß wie Milch. Aber wir krochen weiter. Dreck in den Hosen und Hemden, Klebstreifen an unseren Froschknien, die Fingernägel zitternd in kühler Erde.

Wir befanden uns auf dem Bauch in einem Friedhof, so heilig und gefährlich, daß wir es wie einen Penny im Mund schmecken konnten. Die Leichen waren nicht bestattet und riesengroß und in Stücke gerissen. Augen, groß wie unsere Köpfe, hingen heraus. Mäuler waren aufgerissen. Eingeweide und dergleichen überall verstreut.

Wir konnten kaum glauben, daß wir hier waren und wie leicht es gegangen war, einfach von zu Hause wegzufahren und, ohne sich was zu denken, immer weiter zu fahren und zu fahren, und schon warst du da, am Rand, und dann ging es eben weiter, und so schnell du wolltest, warst du da draußen, klar und einfach draußen, wo die Karte endet.

Ich bewegte mich schnell und sorglos und stieß zufällig gegen eine Kühlerhaube, die auf der Seite lag, und sie dröhnte. Das Blut stockte uns in den Adern. Der Atem stand still. Wir waren gefroren wie Eidechsen, lauschten, den Kopf geneigt, ein Auge in den blauen Himmel gebohrt und mit Ohren, so lang wie unsere Beine.

So blieben wir eine ganze Weile.

Nichts. Einfach nichts!

Wir bewegten uns weiter. Fette Beute überall. Spiegel, altes Werkzeug, riesige Schrauben und alte Kleider. Wir schauten durch die Knochen eines Kochherds, kletterten über einen orangen Bus und betätigten die Gänge in einem Kran mit gebrochenem Hals. Wir rissen Steuerräder herum, traten Pedale und sahen eine Fledermaus zwischen den Federn eines Autositzes verschwinden. In den Magen eines Riesen kletterten wir nur, um die Eingeweide zu inspizieren. Er erschien uns blöd. So groß und kompliziert, verglichen mit Phytagoras.

Dann erinnerten wir uns wieder an unsere Mission. Wir sprangen ab und krochen unter die Achse. Steve nahm das Werkzeug aus dem Gymnastikbeutel, und wir krochen an die Radnabe heran. Mit der Zange zogen wir am Metallgehäuse. Es sprang heraus. Wir spähten beide hinein, unsere Köpfe stießen aneinander.

Und da waren sie, die Kugellager. Alle fest in einem großen, schmutzigen Ring, wie schwarze Perlen in einer Halskette.

»Stahlhart«, keuchte Steve.

In der Schule gewannen alle damit, schleuderten die Murmeln einfach aus dem Kreis. Wenn wir nur mit diesem einen großen, schmierigen Ring nach Hause kämen, würden wir Helden sein und reich.

Der Ring mußte herausgeschlagen werden. Das würde Krach machen, aber wir hatten jetzt keine Angst mehr. Steve setzte den Schraubenzieher genau an die richtige Stelle und haute dagegen. Es gab einen lauten, scharfen Ton, und das Lager stieß schwarze Schmiere aus. Er schlug wieder zu, das Echo knatterte über die Prärie, und plötzlich, plötzlich hörten wir den schlimmsten Ton in all der fremden Welt: das Bellen des Hyänenhunds. Es schnitt durch uns durch, als ob die Schutzscheibe vom Lastwagen gefallen wäre.

Und wieder, tief und gespenstisch. Wir zitterten. Wir waren dem Heulen nahe. Steve nahm die Zange, zog das Lager heraus, es fiel in seine Hand, er wandte sich zu mir und wollte etwas sagen, brachte aber kein Wort heraus. Wir drehten uns rasch um und fingen an, zu kotzen und zu scheißen, alles auf einmal, denn ich wußte, wir waren verloren, und wußte, daß die stumpfköpfige Hyäne, nichts als Todesmuskel und geifernde Zähne, nach uns suchte.

Steve stand und konnte das Zittern nicht beherrschen, während ich auf die Kabine des Trucks stieg. Ich blieb auf dem Bauch und sah mich um. Haufen von geborstenem und verrostetem rotem Eisen und dann die gelbe Prärie, endlos weit überall bis zum Himmelsblau. Ich war benommen vor Schreck und schwitzte am ganzen Körper, mein Hals juckte, die Finger gefühllos, die Augen rollten aus dem Kopf und ich betete, bitte, BITTE!

Gerade als ich den Stacheldrahtzaun sah, riß ein kratzendes, heulendes, scharrendes Etwas das Fleisch vom Morgen, und da war der wütende Hyänenhund, schoß direkt auf ein Autodach und trampelte auf dem Eisen herum, und der einäugige, tätowierte Titan mit seiner Kanone war daneben, und ich sah nichts mehr, zerfiel innerlich in Stücke wie in einem Alptraum; Steve und ich, tonlos schreiend, rannten und rannten, die Kanone explodierte, um uns splitterte Glas wie Querschläger, wir rannten Seite an Seite, unsere Knabenköpfe zurückgeworfen und mit den Ellbogen pumpend, der Hyänenhund brüllte und sprang, und da war der Stacheldraht, wir waren unten durch, und Pythagoras drehte sich und bäumte sich und schnaubte.

Dann, wie in warmes Wasser tauchend, rutschten wir durch den Wohnanhängerplatz hinunter und mußten lachen. Hysterisch lachen, so wie zwei Brüder einander zum Lachen bringen können. Wir brüllten vor Lachen. Steve winkte mit dem schmierigen Ring von Kugellagern, und noch keiner von uns wußte, daß wir Dads Werkzeug vergessen hatten.

23

WIR KAMPIERTEN am Fluß. Der Rauch unseres Feuers zog über die schwarze Strömung, und wir schliefen ohne Hoffnung und ohne Furcht. Stille.

Am Morgen umhüllte fuchsienroter Nebel das Tal. Wir hatten keine Lebensmittel mehr, aber Essen war etwas geworden wie Entfernung und Zeit – wir brauchten es nicht. Wir fanden einen sandigen, unberührten Pfad den Fluß entlang und folgten ihm flußaufwärts. Nach Westen.

Blaue Berge erhoben sich zu beiden Seiten des Wassers wie an einem Fjord. Wir fuhren schweigend durch pechschwarzen Nebel, lange, schmale Weideflächen hinauf. Das Gras war naß und hoch, und der Pfad ging zügig voran. Nicht schnell oder hastig, bat er uns einfach vorwärts, und wir folgten.

Wir gerieten in einen bizarren Forst – ein Wald von Pflanzen, Marihuanapflanzen. Sie waren grün, buschig und zweieinhalb Meter hoch, Stämme wie ein männliches Handgelenk, große, stachelige Blätter strömten ihren Duft aus.

»Verdammt . . . Mark.«

Ich konnte Tom nicht sehen. Er glitt direkt vor mir durch den Nebel.

»Ich weiß.«

»Wo sind wir denn?«

»Ich weiß nicht.«

Spät am Tag durchschnitt der Fluß einen Berg und schuf eine Schlucht. Die Wände der Schlucht waren senkrecht und nicht zu durchqueren. Der Pfad schwang sich nordwärts, wanderte einen Kiefernwald hinauf. Fahren war leicht. Wir stiegen über den Nebel, und gelbes Licht strömte durch die Zweige. Wir hätten miteinander reden können, aber es gab nichts zu sagen. Der Pfad führte zu einem kleinen Paß hinauf und senkte sich in ein Gebirgstal.

Es war ein blaugrünes Tal. Ein Bach erschien in der Ferne aus den Wäldern, wand sich durch die große Wiese und gurgelte dann zurück in den Wald. Die Luft war leicht da oben. Warm und leicht. Weit weg konnten wir eine Hütte sehen. Dorthin dauerte es eine Weile.

Es war eine sorgfältig gebaute Hütte, alles recht und schlicht, die Fugen knapp wie Gelenke. Auf dem Gras auf einer Seite des Hauses standen Bienenkörbe, und auf der anderen war eine Umzäunung mit einer großen Scheune.

Weiter oben im Tal konnten wir ein großes Pferd und Leute bei der Arbeit sehen. Wir radelten durch das hohe Gras bis zu dem Pfad, den sie gemäht hatten.

Der Vater stand entschlossen von einer großen Leinwanddecke auf und kam auf uns zu, groß und leicht auf den Füßen. Er trug Lederstiefel bis an die Knie, ausgebeulte Hosen und ein weißes Hemd.

»*Dobro poschalowat.*«

Jedem von uns schüttelte er fest die Hand, als wären wir Tausende von Meilen weit hergekommene Verwandte. Sein Gesicht war bis auf die Knochen gebräunt. Ein bemerkenswerter schwarzer Schnurrbart ergoß sich bis auf seine Brust. Er bat uns, uns zu ihm hinzusetzen.

Die Leinwanddecke war neben einem kleinen Feuer ausgebreitet. Die Mutter, die uns aus einem schwarzen Schal heraus musterte, saß auf einem Schemel und kochte Tee über den Flammen.

Der Vater zog aus einem Leinensack einen runden Laib Brot. Der Laib hatte über einen halben Meter Durchmesser. Er ergriff ein Messer hinter seinem Rücken und begann, das Brot in dicke Stücke zu schneiden. Die Schneide des Messers war so breit, daß es aussah, als wäre sie aus einem zerbrochenen Schwert gemacht. Er gab die Brotstücke aus, dann reichte er einen Metallbecher Tee herum.

»Wo kommt ihr her?«

Fjodor sprach zuerst für uns, aber seine Antworten waren einsilbig. Der Mann richtete seinen Blick auf Fjodor. Wir waren Reisende. Er erwartete, daß wir ihm unsere Geschichte erzählten.

Tanja begann, alles einzeln zu erklären, und das Gespräch lief gut. Sie erzählte ihm, was wir machten, wie wir hierhergekommen waren, durch welche Orte wir gekommen waren, und er war ganz begeistert.

Ich hörte zu, aber am meisten interessierte mich das Pferd.

Es war ein marmorgraues Zugpferd, viermal so groß wie ein gewöhnliches Pferd. Es war das größte Pferd, das ich je gesehen hatte. Hufe groß wie Teller, Beine wie Säulen, der Hals dicker als der Stamm eines dicken Baumes und ein edler, schmucker Kopf.

Das Pferd war mit den zwei Söhnen des Vaters in unserer Nähe auf dem Feld. Ein Junge mähte das Heu in rhythmischen Schwüngen. Die Sonne gleißte auf der Scheide. Der andere Sohn saß auf dem Pferd, dessen Lenden so breit waren, daß seine Beine gerade zur Seite standen. Ein Schleppgestänge, aus jungen Birkenstämmen zusammengebunden, war an das Pferd gespannt.

Das Pferd und die beiden Söhne arbeiteten zusammen, sie schnitten das Heu und transportierten es zu einem Heuschober. Alle drei schwitzten. Es ging wie geschmiert. Alle drei schienen es zu genießen.

»Mark!« Tanja sprach zu mir. Ich drehte rasch den Kopf.

»Er möchte, daß ich dich frage, was du denkst.«

Der Vater schaute mich an. Sein Schnurrbart war prächtig, seine Augen glänzten. Er gab mir noch ein Stück Brot und den Teebecher.

»Ich glaube, das ist das größte Pferd, das ich je gesehen habe.«

Tanja übersetzte das. Dann lachte sie.

»Er sagt: ›Ja, das ist das größte Pferd, das du je gesehen hast.‹«

»Es ist so schwer«, sagte ich.

Tanja wiederholte das, und der Vater nickte mit dem Kopf.

Er saß mit gekreuzten Beinen da und zwirbelte seinen Schnurrbart. Er betrachtete mich. Irgendwie war die Sonne tiefer und näher gekommen, und es war warm. Seine Frau schlummerte auf ihrem Hocker. Die Luft war still, die Decke breit, und alle, bis auf Tanja, waren eingeschlafen.

Er begann, zu mir allein zu sprechen. Tanja übersetzte langsam.

»Du bist viel gereist.«

»Ziemlich«, sagte ich.

»Viele Länder, nicht?«

»Ja.«

»Aber ein Pferd wie das hast du nie gesehen.«

»Nein. Nicht so eins.«

Er nickte, als hätte er das bereits gewußt.

»Es ist mein Pferd. Einmal wird es meinen Söhnen gehören. Das Pferd heißt ›Swabodny‹.«

»Woher kam es?«

Er grinste. Er wartete einen Augenblick und ließ mich wieder zu dem Pferd hinüberschaun. Das Pferd stand da und wartete. Monolithisch. Es war einfach unbegreiflich groß.

»Es ist eine lange Geschichte . . .« Er machte eine Pause. »Es war während des Kriegs. Da fangen alle Geschichten in diesem Land an.«

Ich lächelte, aber er nicht.

»Ich war ein Junge. Fast ein Mann, aber immer noch ein Junge. Meine Mutter und mein Vater waren gestorben. Meine Brüder waren gestorben. Ich machte mich auf den Weg. Ich hatte nichts. Ich ging.«

Er hielt inne. Er sah auf seine Hände hinunter.

»Eines Tages kam ich zu einem Bauernhof. Der Hof war leer. Ich konnte erkennen, daß er viele Tage leer gestanden hatte. Dieses Pferd stand im Stall.« Er deutete hin.

»Ich war klein. Ich zog mich auf seinen Rücken hinauf und ritt weg. Ich wollte von allem wegreiten. Ich ritt nachts. Swabodny und ich, wir arbeiteten am Tag und ritten in der Nacht, immer ostwärts. Ich hörte, da sei nichts. Das war, was ich wollte, nichts. Also ritt ich. Ritt und ritt.

Ich sah furchtbare Dinge und ritt weiter. Viele Monate lang. Dann kam ich in dieses Tal und hielt an.«

Ich hatte nichts gesagt.

»Verstehst du diese Geschichte?« Sein Gesicht hatte sich verändert. Er lächelte.

»Ich glaube schon.«

Er stand auf und winkte seinen Söhnen. Sie machten den Rechen los, schwangen sich beide aufs Pferd und donnerten herbei.

Die Söhne glitten herunter und schüttelten mir die Hand. Sie schüttelten Tanja die Hand. Die andern waren aufgewacht, als die Erde bebte, also gaben sie auch ihnen die Hand. Dann standen die Jungen neben ihrem Vater.

Das Pferd wartete. Ruhig und majestätisch und unglaublich. Kolossal. Ich konnte Adern dick wie Stricke an seinem Bauch sehen. Ich sah in seine Augen, ruhig abwartend, und wie sich seine riesigen Nüstern blähten und sein muskelbepackter Rücken vor Schweiß triefte.

»Jedite werchom.«

Ich sah den Vater an. Er sah mich an.

Ich trat vor, griff hinauf, hielt mich mit beiden Händen an der Mähne fest und sprang los. Ich startete nach oben, weit über der Erde.

Ich nahm die Zügel, und wir ritten zusammen. Wir ritten über das Gebirgstal unter dem Himmel, und ich konnte sein ungeheures Gewicht spüren und die Hitze seiner Größe und wie sein Herz bis durch mich herauf klopfte.

24

»NATASCHA!«

Tage sind vergangen. Ich stehe in einer Wiese am Fluß und brülle. Bäume auf dem Gebirgskamm schlitzen den Himmel auf. Regen wäscht mir den Schmutz von den Beinen.

Wir haben Dörfer am Fluß vorgefunden. Der Fluß heißt Schilka. Jeden Tag fahren wir auf den Wildfährten durch die Wildnis zwischen den Dörfern nach Westen.

Letzte Nacht, vor dem Regen, als der Fluß schwarz war und zu leise für seine Größe und unser Lagerfeuer das einzige Licht auf Erden.

»Ich glaube, du machst es falsch herum«, sagte Tom. Er wußte, daß es so war.

»Nein, tu ich nicht.« Der Klebstreifen an ihren Griffen hatte sich gelöst. Schon zum drittenmal. Sie wand ihn wieder drum herum.

»Du mußt unten anfangen und ihn aufwärts winden.« Tom hatte ihr das schon jedesmal gesagt.

»Ich weiß.«

»Aber du tust es nicht. Du machst es falsch herum.«

Natascha gab keine Antwort.

Die Hände werden sehr strapaziert, wenn man den ganzen Tag radelt. Wenn sich die Klebstreifen an den Griffen lösen, verliert man die kleine Polsterung, die Hände werden taub. Sie werden gefühllos, und man kann nicht steuern.

»Natascha, ich habe keinen Klebstreifen mehr übrig.«

Tom hat eine kleine Rolle Kabelkleber in seinem Werkzeugkasten. Sie ist unentbehrlich. Wir brauchen sie für Zeltstangen, Fahrradpumpen, Fahrradkörbe, Pedale, Säume, Schuhe, Blasen, Schnittwunden. Wenn sich Nataschas

Klebstreifen wieder löst, wird sie Tom um Kabelkleber bitten, um ihn wieder zu befestigen, und Tom wird ihr ein bißchen geben.

An diesem Morgen wanden wir uns über dem Fluß einen Pfad auf eine Felsplatte hinauf. Der Pfad war gefährlich, weil es angefangen hatte zu regnen. Er war schlüpfrig. Man konnte seitlich hinunterschauen und weit unten das Wasser sehen.

Der Pfad endete unerwartet vor einem Abgrund, wo der Fluß die Flanke des Bergs weggerissen hatte. Wir schleppten unsere Räder in die Bäume hinauf. Auf dem Grat fanden wir einen Wildwechsel, der sich durch die Bäume an der Kante des Berges hinschlängelte. Wir fuhren durch das Geniesel, Tannennadeln klebten an unseren Reifen.

Nach ein paar Stunden senkte sich die Wildspur in eine große Wiese am Fluß. Die Wiese war vollkommen eingeschlossen. Zur Linken war der gewaltige Fluß, zur Rechten die Berge. Ein Flußarm stürzte sich aus einer Kluft und schnitt die Wiese entzwei. Es war ein unbedeutender Strom, aber an seinen Ufern war ein Dschungel von Nadelgehölz entstanden. Vor diesem Hindernis wandte sich unser Pfad nach rechts, weg von der Schilka, und lief die Berge zu. Er führte langsam in das Dickicht am Seitenarm und schließlich zu einer Hütte.

Die Hütte war moosbedeckt. Die Tür zur Hütte war anderthalb Meter hoch. Als wir darauf zufuhren, erwartete ich eigentlich, es würden Kobolde mit wilden Fuchsschnauzen und spitzen Ohren heraustreten. Aber sie war leer. Innen auf einem Regal fanden wir Becher, aus Streifen von Birkenrinde geflochten.

Fjodor fuhr zurück, auf die Mitte der Wiese hinaus. Die Hütte war eine Sackgasse. Er suchte nach einem Weg, der weiter der Schilka folgte. Die Dorfbewohner hatten uns gesagt, um eines Tages herauszukommen, müßten wir vor allem der Schilka folgen.

Wir hörten Fjodor pfeifen und fuhren wieder zurück zur Wiese. Natascha mußte anhalten. Gräser und Schmutz hatten sich so in ihre Speichen verwickelt, daß das Hinterrad blockiert war. Wir versammelten uns um sie.

Sobald Fjodor uns sah, radelte er weiter, diagonal hinunter und nahe an die Schilka. Er hatte eine Route über den Seitenarm entdeckt. Alle folgten ihm. Ich hielt und wartete auf Natascha.

Nachts, ein paar Wochen zuvor.

»Ich denke, du hast sie verkehrt herum«, sagte Tom. Er wußte, es war so.

»Hab' ich nicht.« Natascha versuchte, den Lenkstangenkopf an ihrem Rad zu reparieren. Sie hatte ihn im Birkenlaub am Lagerfeuer zerlegt.

Der Lenkstangenkopf ist Teil des Steuermechanismus eines Fahrrads. Darin stecken die Lenkstangen.

»Du hast das Kugellager verkehrt herum. Deine Lenker werden sich kaum drehen, wenn du sie so zurücksteckst.«

»Ich weiß.«

»Eben nicht, weil du sie verkehrt herum hast. Auf die Art kannst du dein Rad ruinieren.«

Keine Antwort.

»Naataascha!«

Meine Stimme ertrinkt im Wasser in der Luft.

»Verdammt, Natascha.«

Alle anderen sind Fjodor gefolgt und längst verschwunden.

»Du könntest allmählich hier sein.«

Ich warte noch eine kleine Weile.

»Du kommst vom Weg ab.«

Ich warte weiter. Regen trommelt mir auf die Schultern. Ich merke, daß meine Knöchel und Hände hellblau sind. Mein Hals ist steif.

»Los, los.«

Ich merke mir, wo die anderen außer Sicht geraten sind, und fahre zur Hütte zurück. Ich erwarte, daß sie mir entgegenkommt. Ich gleite ins Gehölz und suche die Hütte. Sie ist nicht da.

Ich suche nach Spuren und entdecke einen kaum wahrnehmbaren Pfad. Er wird nur von Tieren benutzt und führt von der Hütte den grausamen Strom hinauf, in die Schlucht in den unbekannten Bergen. Ich bin sicher, daß sie nicht in diese Richtung gegangen sein kann. Ich fahre in das Feld zurück, ich denke, daß sie vielleicht abgeschnitten und mich irgendwie überholt hat. Das hoffe ich. Ich finde die Stelle, wo alle verschwunden sind, und folge ihren Spuren durch das Dickicht bis zur zweiten Wiese.

Tom, Torie und Tanja haben angehalten. Ich schiebe mein Rad auf sie zu. Durch den Regen kann ich gerade Fjodor und Pawel erkennen. Sie fahren voran.

»Wo ist Natascha?«

»Wir dachten, sie wäre bei dir.«

»Ist sie nicht hier?« Panik in meiner Stimme.

Zu Beginn unserer Fahrt radelte Natascha mit dem Kopf nach unten. Ich schlug ihr vor, von Zeit zu Zeit aufzuschauen.

»Das tu ich doch!« Sie tat empört.

»Ich meine, vielleicht hebst du den Kopf und schaust dir dein Land an.«

Tanja übersetzte, ich wußte, daß die Unterhaltung gefährdet war.

»Mach ich doch!«

»Stimmt nicht. Du weißt nicht einmal, wohin du fährst.«

Tanja zuckte die Schultern und wollte nicht weiter übersetzen.

Beim Essen saßen wir alle neben dem Weg und aßen, und Natascha fuhr direkt an uns vorbei. Sie hörte nicht, was wir ihr zuriefen, Kopf nach unten und Rücken gebeugt, als handele es sich um ein Rennen.

»Naataascha!« Wir schreien alle zusammen und werfen die Arme im Regen hoch, damit die Brüder uns bemerken. Sie halten an. Sie schauen lange über die Schultern, ehe sie zögernd umdrehen und zurückfahren.

Wir beschließen: Tom, Pawel, Torie und Tanja werden bis zum nächsten Dorf an der Schilka entlangfahren – wo immer das ist und wie weit – und dort warten. Fjodor und ich gehen zur ersten Wiese zurück und suchen nach Natascha. Ich weiß, daß er hofft, was ich hoffe – daß sie dasein wird und wartet.

Sie ist aber nicht da. Wir fahren in die Mitte der Wiese und brüllen ihren Namen. Inzwischen sind mehr als zwei Stunden vergangen.

Als wir zur Hütte kommen, suchen wir pro forma, wissen es aber längst. Es gibt nur einen Ort, wohin sie gegangen sein kann. Einen so dunklen Ort, daß wir ihr dahin nicht folgen wollen.

»Ona swinaja idiot!« Sie ist ein verdammter Idiot, sagt Fjodor.

Der Weg ist finster und kriecht durchs Buschwerk in die Berge hinauf. Wir finden und verlieren ihn und finden ihn wieder. Wir brechen und stoßen uns durch Dornenbüsche, Ranken und Bäume mit Wurzeln wie Schlangen. Manchmal können wir fahren. Manchmal müssen wir schieben. Manchmal kriechen wir.

Über eine Stunde lang suchen wir nach Morast. Wir werden beinahe verrückt, denn wir haben noch keine einzige Reifenspur gefunden. Nicht eine Fußspur. Der Pfad macht so viele Arme und ist so undeutlich und tückisch, daß wir denken, Jesus, vielleicht ist sie gar nicht hier herauf, verdammt, vielleicht sind wir falsch, kann sein.

Als wir eine verdächtige Lichtung erreichen, gießt es immer noch. Wir finden eine Schlammbank den Fluß entlang, und siehe da: zwei einsame Spuren hin und her. Die Spuren führen ins Wasser hinunter und steigen auf der anderen Seite wieder auf.

»*Ona swinaja sumaschedschaja.*« Sie ist vollkommen verrückt.

Was ich glauben möchte, ist folgendes: Natascha muß einmal anhalten und begreifen, daß wir nicht vor ihr sein können, da es keine Spuren im Morast gibt. Dann muß irgendwo in ihrem Innern jede Faser klick machen, und sie wird wissen, daß sie auf dem falschen Weg ist.

Ich stehe im Regen, starre auf die Spuren, und sofort wird mir klar, daß sie nicht anhalten wird. Natascha ist eine Sowjetrussin.

Einmal, noch vor der Schilka, vor den Eisenbahngleisen und vor dem Sumpf, hatte Natascha zu Tanja gesagt:

»Er redet zuviel. Er kann nicht einfach was tun. Er liegt gern herum und redet vom Leben und von Religion und Philosophie. Das ist Scheiße.«

Ich weiß nicht, warum sie das zu Tanja gesagt hat. Das war vielleicht in einem jener seltenen Momente von Güte zwischen ihnen.

Ein paar Nächte nachdem Tom und ich bei weit offenen Fenstern im Hotelzimmer Wodka getrunken hatten. Wir befanden uns im vierten Stock und saßen auf der Fensterbank. Es war eine heiße, feuchte, dunkle ostasiatische Nacht in Blagoweschtschensk. Es war drei Uhr morgens, wir waren ohne Hemden und verschwitzt und betrunken.

»Schau mal da.« Tom deutete auf den Platz hinunter.

Natascha entfernte sich schnell. Sie ging allein, in einer Bluse so durchsichtig, daß man von so weit oben in dieser Dunkelheit ihren Busen hüpfen sehen konnte. Noch nie zuvor hatten wir sie mit hohen Absätzen gesehen.

Am nächsten Tag gab der Tonmann von Carls Filmcrew in seiner anzüglichen Weise an. Er war der einzige, der modisch gekleidet war. Er war zuvorkommend. Er sah aus, als sei er eher aus Frankreich als aus der UdSSR.

Am nächsten Tag sagte Natascha: »Wenigstens ist mein Freund ein Kommunist.«

Aber es war nicht von Dauer. Sie erzählte Tanja, er rede zuviel im Bett. Am schlimmsten sei sein Gerede über Philosophie. Und Religion! Natascha haßte Intellektuelle.

Später kreuzen wir den Fluß und finden ihre Spuren wieder. Sie führen durch den Morast in eine kleine Bucht hinunter, dann wird das Wasser tief und . . .

Wir halten an. Beide in der Strömung im Regen halten wir unsere Räder. Wir sehen dasselbe, denken genau dasselbe, bewegen unsere Köpfe nachdenklich hin und her, unsere Blicke prüfen das dichte Dickicht um uns und über uns und hinter uns und schnell noch mal und noch mal.

Weiter am Ufer sehen wir die Reifenspuren die Schlammbank hinaufgehen. Und neben ihren Fußspuren andere Abdrücke. Jeder Abdruck ist ein richtiges Loch, so groß. Die Löcher sind versetzt und eingesunken. Sie ziehen träge, aber genau neben Nataschas kindergroßen Abdrücken dahin.

Fjodor schaut mich an. »*Pjidjatina.*« Dieses Weibsbild.

Wir gehen weiter, aber langsam. Sehr langsam. Wir lauschen. Sind wachsam.

Als wir das nächste Mal den Fluß überqueren, ist es dasselbe: die Reifenspuren, ihre Fußspuren und gleich daneben die Riesenspuren. Ich beuge mich und breite meine Hand innerhalb eines Abdrucks aus und stecke meine Finger in die Spuren der Klauen. Ein Schauder läuft mir über den Rücken, ich schnelle hoch und werfe den Kopf herum, Fjodor steht da und dreht ebenfalls den Kopf, und wir wissen beide, daß das Tier weiß, daß wir da sind.

Wir gehen weiter. Wir sind auf der Jagd. Von neuem.

Wir überqueren den Fluß noch mehrmals, bis sich das Tal zu weiten beginnt. Nach einer Biegung sehen wir, was wir kaum glauben können: eine Hütte. Sie steht in der Kerbe eines Hügels. Neben der Hütte ist eine Wiese. Auf der Wiese sind drei Männer. Sie sehen uns, aber richten sich nicht auf und hören erst auf zu mähen, als wir näher kommen.

»Sucht ihr das Mädchen?«

Fjodor fragt, wann sie sie gesehen haben.

»Vielleicht vor drei, vier Stunden. Fuhr einfach vorbei. Wir schrien, aber sie hörte uns nicht, und sie war genau da, wo ihr seid. Sie fuhr einfach weiter.«

»Den Bären gesehen?«

»Keinen Bären.«

»Wo führt der Weg hin?« Fjodor zeigt das Tal hinauf. Erstaunlicherweise gibt es dort jetzt einen schlammigen Weg, der sich von der Mulde im Hügel herabwindet, um die Hütte herum und dann das Tal hinauf.

»Balota.« Die drei Männer lächeln.

Der Große zeigt auf ein klappriges Motorrad mit Beiwagen neben der Hütte. Es ist verrostet, Drahtstränge stehen heraus, als hätte es jemand auseinandernehmen wollen und dann aufgegeben. Ich versuche, mir vorzustellen, wie sie es hierherbekamen. Versuche, mir vorzustellen, wie sie hierhergekommen sind.

»Wollt ihr nachschauen?«

Der Mann läßt seine Sense fallen, geht zum Motorrad, wirft sein Bein hinüber und startet es mit einem Kick. Fjodor läßt sein Rad bei mir. Er setzt sich in den Beiwagen, und sie knattern los.

Vor drei Wochen, an einem morgendlich herabgebrannten Lagerfeuer, hatte Natascha Tanja eine *schalawa,* eine Hure, genannt.

Sie sprachen selten miteinander. Und wenn, dann stritten sie feindselig, kaum eine Minute lang.

»Er würde jetzt nicht daran glauben, wenn Er es sehen würde, wenn Er hier leben würde, jetzt.« Tanja war empört. Sie hatte ihre Schüssel *manka* ins Gras gekippt.

Manka ist Weizenmehl. Wir hatten es abends zuvor in einem Dorfladen bekommen. Der Laden hatte nichts als Weizenmehl und Champagner. Den Champagner wollten sie uns nicht verkaufen.

Zuerst dachten wir, die schwarzen Klumpen, die in den Flocken schwammen, wären Spreu vom Weizen. Wir waren hungrig. Wir hatten das meiste gegessen, bis uns fast gleichzeitig klar wurde, daß die Klümpchen Rattenkot waren.

»Jawohl, würde Er. Es mußte so sein«, sagte Natascha.

»Er sagte, es würde alles falsch werden, kurz ehe Er starb.«

»Du lügst.« Natascha sah aus, als wollte sie Tanja schlagen.

»Nein. Es war so. Kurz ehe Er starb. Er schrieb viele Briefe, in denen Er alles widerrief, aber sie haben sie geheimgehalten.« Bei so etwas kannte Tanja sich aus.

»Du hast ja keine Ahnung.« Natascha wurde inbrünstig.

»Die Dinge sind nicht besser, das würde Er sehen.« Tanja war eine Ketzerin. Natascha hätte sie gern auf dem Scheiterhaufen gesehen.

»Was für Sachen? Alles ist viel besser.« Natascha kreischte.

»Für einige.«

»Nicht für die Huren!?«

»Nicht für gewöhnliche Leute.« Ich konnte sehen, wie Tanja nachgab. Sie war schwach. Natascha hatte eine grenzenlose Verachtung für Schwäche.

»Du meinst, nicht für die Kapitalisten und die Huren.«

»Nicht für die Leute auf dem Dorf.«

»Aber sie haben zu essen!«

Die zwei Schnitter lassen mich auf der Flucht vor dem Regen in der Hütte auf ihrer Strohmatratze sitzen. Es ist dämmerig im Innern. Eine Zeitlang versuchen sie, mit mir zu sprechen. Sie wollen wissen, wo ich hergekommen bin. Sie geben mir ein Stück altbackenes Brot und ein Glas hausgemachtes Brombeergelee und gehen in den Regen an ihre Arbeit zurück.

Ich warte zwanzig Minuten. Eine halbe Stunde. Eine

Stunde. Ich ziehe mein Tagebuch aus dem Gepäck und beginne zu schreiben.

Ich kann Natascha sehen. Sie strampelt und strampelt und strampelt, blind. Ich sehe auch den Bären. Er hat viel Geduld.

Zwei Stunden, drei Stunden. Ich liege in der Hütte der Heumacher und schreibe diese ganze Geschichte in mein Tagebuch.

Es wird dunkel und regnet immer noch, als ich das Knattern höre und heraustrete, gerade als sie ankommen. Natascha sitzt im Beiwagen. Sie ist nicht bußfertig und unverändert, das glatte, junge Gesicht ganz ruhig.

Mir wird klar: Natascha ist eine Parabel.

25

Vor Einbruch der Dunkelheit erreichten Fjodor, Natascha und ich die Schilka wieder und folgten den Linien im Schlamm bei Regen den schwarzen Fluß entlang. Um Mitternacht kamen wir ins Lager. Pawel schlief schon, aber Tom, Torie und Tanja kauerten, Kapuzen hochgeschlagen, ums Lagerfeuer und warteten.

Natascha sagte nichts. Ihr Kinn war vorgestreckt wie aus Holz, und ihre Augen waren Holz. Sie aß den dampfenden Napf Kartoffeln, den Torie ihr gab, und ging dann zu ihrem Zelt. Ich erzählte die Geschichte.

Fjodor sank neben dem Feuer in sich zusammen. Er wollte nicht essen. Den Kopf zwischen die Knie gehängt, starrte er in die näßlichen Flammen. Er sah aus wie vergiftet. Seine Backen und Nase und Stirn waren grün, als hätte man ihn mit einer Schaufel ins Gesicht geschlagen. Er hatte Angst bekommen.

Nicht um sich selbst – von den tausend Ängsten im Innern jedes Menschen gehört die Angst um sich selbst zu den kleinen. Wenn die einzige Furcht, der du gegenüberstehst, die Furcht um dich selber ist, der einzige Schmerz, den du ertragen mußt, dein eigener Schmerz, dann ist das Leben bei Gott einfach. Du kannst dich stählen oder selbst belügen oder dich zu hartem Stolz aufblasen. Du kannst dich aufrecht hinstellen und deine eigene Sterblichkeit vergessen und lose und fließend sein, trunken von der eigenen Furcht und Entschlossenheit und etwas tun, was jemand eines Tages tapfer nennen wird.

Diese glückliche Furcht hatte Fjodor nicht empfunden.

Es gibt nur eine Angst, die dich innerlich querdurch zerschneidet, als hättest du ein Skalpell verschluckt: die Angst um einen anderen Menschen. Nimm jemand, den du liebst, dein Kind oder den Bruder oder die Mutter, und stelle dir vor, sie wären verletzt worden. Das ist Angst. Angst, bei der du nicht weißt, wo du den Mut hernehmen sollst. Angst, die dich nicht trunken macht.

Am Morgen wurde nichts gesprochen, und Natascha entschuldigte sich nicht einmal, aber alles war verziehen. Anders ging es nicht. Wir sieben mußten zusammen essen, schlafen und fahren. Wir würden jeder in des anderen Gesicht sein und in Blut, Scheiße und Träumen. Also spuckst du es aus, ehe es dich erstickt.

Wir brachen auf und fuhren durch ein weiteres Dorf am Fluß. Es regnete immer noch, und die Straßen waren aufgeweicht.

»Es war die Bürgermeisterin, die uns eingeladen hat«, sagte Torie. Die vier hatten den Abend in der Dorfbäckerei verbracht.

»Es war so heiß da drin«, sagte Torie, »diese triefende Hitze bei beschlagenen Fenstern. Der Fußboden war so warm, daß wir unsere Schuhe auszogen und barfuß herumliefen.«

»Nein, so was.« Etwas an meinem linken Bein tat weh. Es hatte schon seit einigen Tagen geschmerzt, aber ich hatte es ignoriert. Jetzt klopfte es, mir war übel, und ich konnte nicht viel sagen.

»Die Bürgermeisterin stopfte uns mit frischem Brot voll. Frisch aus dem Ofen mit Klumpen von Butter. Nicht zu glauben! Mein ganzer Körper wurde schließlich warm.«

»Versuche, es mir vorzustellen.«

»Sie sagte, sie backen Brot für alle Dörfer den Fluß entlang. Im Sommer liefern sie es mit dem Schiff.«

»Na.«

»Ich dachte an euch Jungens da draußen im Regen, während ich mit schwitzenden Füßen das Brot aß.« Torie sah herüber und lächelte.

»Sicher doch.«

Wir waren allen voraus. Zwischen den Hütten konnten

wir das graue Wasser strömen sehen. Der Anblick machte mich ganz krank. Ich versuchte, mich auf unsere Unterhaltung zu konzentrieren.

»Brot. Großartig. Hat eure Bürgermeisterin irgendwas von einer Straße gesagt?«

»Natürlich«, lachte Torie. »Eigentlich sagte sie uns, ihr Mann sei Lastwagenfahrer. Sie sagte, wir seien ganz nahe an der Straße und daß ihr Mann im Winter den Lastwagen mit dem Brot fahre.«

Die Idee einer Straße war mittlerweile ein Scherz. Oder ein Rätsel. Ein sibirisches Rätsel. Wenn wir einander zum Lachen bringen wollten, erzählten wir uns eine Geschichte von einem verrückten Homunkulus, den wir in einem Dorf am Fluß getroffen hätten und der sagte, die Straße sei gleich jenseits des nächsten Berges oder um die nächste Flußbiegung oder hier, genau unter unseren Rädern, und wir wären drauf. Wir nannten das sibirischen Existentialismus: Wo du auch hingehst, bist du schon, wahrscheinlich – wo du auch bist, dorthin gehst du.

Wir kamen ans Ende des Dorfs. Hütten und Straße hörten auf. Vor uns erstreckte sich eine Weide am Ufer entlang, bis der Wald aus den Bergen herunterdrang und sie ins Wasser schob.

Torie warf den Kopf auf wie eine Stute und sprang auf die Weide hinauf.

»Lastwagenfahrer im Winter also«, rief ich schwach. Ich war so schwindlig, mein Rad schien mich abwerfen zu wollen.

Unsere Mittagspause fiel mir schwer. Mir wurde schwindlig, als wir neben dem Pfad lagerten. Ich lehnte meinen Kopf an einen Baum zurück.

Wir waren oben auf einem Berg in einer Birkengruppe. Ganz gerade, astlose Birken. Sie erschienen mir so weiß. Leuchtend weiß. Ich befand, daß sie auf den Winter warteten wie Heilige auf die Weihe. Leuchtendes, heiliges Fallen in Schichten, Weiß auf Weiß, um den Schmutz zu verbergen, denn der Sommer war wie ein Buckliger oder ein Ungeheuer mit Karbunkeln, das man schmerzlich durchbohren muß und dann unter einem weißen Laken ersticken und beiseite schaffen und verbrennen . . .

»Du siehst eigentlich nicht besser aus als gestern abend.« Torie saß neben mir. Sie sprach mit mir. »Komische Farbe.«

»Geht mir nicht so gut«, sagte ich.

»Wieso?«

Ich schaute auf. Ich sah, daß ein paar Bäume bereits gelbe Blätter hatten.

»Ist es schon August?«

»Tu bloß nicht so.«

»Mir tut bloß das Bein weh. Du kannst dir die Beule mal anschauen, wenn du willst.« Sofort wünschte ich, ich hätte nichts gesagt.

»Eine Beule?« Torie flitzte herum. So etwas mochte sie. Beulen und blaue Flecken und ausgefallene Gebrechen. Ich hob mein linkes Bein. Sie schnappte nach Luft.

»Warum hast du nichts gesagt?«

»Ich dachte zuerst, es sei nur ein großer Mückenstich.«

»Stimmt ja auch. Seit wann hast du das?«

»Ein paar Tage.« Sie beugte sich herüber, hielt mein Bein in die Höhe und prüfte es genau.

»Du mein Gott, Mark, es ist so groß wie ein Ei. Tom, komm her.« Ihre Stimme war schrill.

Tom kam und sah es sich an. Ich schaute mein Bein mit ihnen zusammen an. Dicht unter meinem linken Knie auf der Außenseite der oberen Wade war eine harte, glänzend rote Geschwulst. Die Haut war angespannt und deformiert.

»Prähistorische Kuckucksvögel«, sagte Tom entschieden. »Große Schweinerei anscheinend.« Er drehte den Kopf seitlich. »Ja, das ist da drin. Flügel wie Fledermäuse, Zähne wie Nadeln. Sie werden ausgebrütet.«

Ich versuchte, zu lachen. Tom berührte es.

»Verdammt, Mark. Es ist heiß wie ein Eisen. Nimmst du

Antibiotika? Torie?« Aber sie stürzte auf der Suche nach der Reiseapotheke bereits ihre Sattelkörbe um. Sie kam zurück, mit dem grimmigen Gesicht einer Krankenschwester.

»Vier am Tag während fünf Tagen. Los.«

Ich konnte nicht glauben, daß eine Beule im Bein derart weh tun könnte. Ich konnte nicht glauben, wie krank es mich machte. Ich sagte etwas Derartiges zu Tom.

»Alle prähistorischen Kuckucks werden in solchen Vulkanen ausgebrütet«, sagte er. »Es muß weh tun.« Er fuhr fort mit einer langen Phantasiegeschichte, bei der ich mich sonst gekugelt hätte.

Danach tauchte alles auf und wieder weg. In meinem Kopf schwammen Sequenzen, Ereignisse und Stücke von Zeit auf und ab und wieder auf, im Dunkeln, wie Funken von einem Lagerfeuer.

Seit dem Beginn in Moskau hatte ich jede Nacht zwei Seiten in mein Tagebuch geschrieben. Für die nächsten sechs Tage finden sich nur zwei Wörter. Sie spreizen sich über die Seite in einer Schrift, die ich nicht erkennen kann.

So hurting

Es tut so weh. Ich weiß noch, wie der Pfad zu einem Weg wird und wir an Milchkühen, groß wie Elefanten, vorbeikommen und an einem Hirten auf einem Pferd mit einem Schwanz wie ein Alligator und im Galopp in ein Dorf, überall Menschen, und ich habe Angst, ich hätte die rote Vogeleibeule im Gesicht, und wir sind in einem Schulhaus, über mir hängt ein Bild von Ihm, das mir Angst einjagt, jemand schaut auf mich herunter, schaut auf mein Bein, ich schlafe ein, und während ich träume und versuche, wieder in Ordnung zu kommen, sagen sie *is balota is balota* mit wirbeliger Stimme

und Klinik und Straße, und ich lache und versuche dann, wach zu werden und zu sagen: Kein blödes Spital, mir geht's gut, aber die Sprache läßt mich im Stich, also bleibe ich in kaltem Schweiß da auf den Dielen auf der Seite liegen mit Seinen Blicken von oben herab wie heiße Eisen unter dem Ozean, und ich schwimme zur Oberfläche und erkläre, es sei nichts, wirklich, wirklich, und sage allen, sie sollen aufhören, keine Sorge, und lache über ein Spital und eine Straße, hört auf mit dem Getue,

als wir in der Dämmerung wie riesige Federn mit einiger Verzweiflung durch den wogenden, weißen Nebel fahren und Torie mich fragt, ob ich in Ordnung bin, und ich sage »Natürlich« mit fremder Stimme, dann schreit uns jemand nach, die Straße sei gleich hinter dem nächsten Berg, und alle lachen, sogar ich, wenn auch mein Lachen wie das eines andern klingt, hoch und albern, jemand benützt meine Stimme, listig und gemein, und behauptet, mein Gesicht wäre seins, während ich meinen Geist brennend auf den Schmerz konzentrieren muß, unmöglich, etwas anderes zu tun.

Jetzt fällt mir wieder ein: Ich lag im Gras, und alle fragten, ob ich in Ordnung sei, sogar Natascha, und ich sagte immerzu »Ja, ja«, denn ich muß zäh sein und kann kaum meine eigene Stimme hören, die gar nicht meine ist, und ich muß auf die große Beule starren, und jetzt sind meine Knöchel dick und schmierig und voll Flüssigkeit, und Tom reißt Witze: Jeden Tag müssen sie flügge sein, und die prähistorischen Kuckucksvögel werden – kuckuckkuckuck wie nachts in meinem Kopf – mit Zähneknirschen ausfliegen; die Wunde wird sich schließen wie eine Scheide, und alles wird gut sein, und ich sage immer »Ja, Ja« und »Schon gut«, weil ich die Geschichte mag und weil sie mich in Gang hält.

Dann sind die Wolken fort, und nur Tom und ich fahren voraus, immer weiter durch die Bäume hinauf, und Tom bleibt nahe bei mir, ich kann seinen Atem nämlich hören, hoch, hoch oben im blauen Himmel erscheint das Ende einer Straße, braun und planiert und geschottert, wir hüpfen leicht hoch wie zwei Korken vom Grund des Meeres, und Tom hat sein Rad hingeschmissen und tanzt herum, Mark, Mark, Mark, verdammt noch mal, wir haben es geschafft, wir sind da, wir

aber mein Geist ist Himmel, ist Bein, ist Schwimmen, streicht wie ein feuchter Finger und malt mich und mein rotes Fahrrad, wie ich fünf war, weil ich mein Bein bin, verdammtes Stück Bein, aber ich schau es nicht an, weil die Haut die falsche Farbe hat, also warten wir bloß, bis sie alle da sind und glücklich sich umarmen und sagen, wir haben es geschafft, was die uns nie zugetraut haben, diese Blödmänner auch: wir haben es geschafft, geschafft, geschafft.

Dann ist da noch ein Tag, an den ich mich gut erinnere, als wir auf dieser Straße fuhren, weiter und weiter, und alle zufrieden und glücklich waren. Auch die Sowjets, und ich dachte mir, ihr seid alle Narren, wißt ihr gar nichts, denn ich wußte es besser, ich wußte, die *balota* war um uns wie Elfen und Satyrn, jede Minute hinter uns her, und jeder fragte mich immer wieder: Schaffst du es, Mark? He, Mark, He, Mark, schaffst du es? Und ich sage: Sicher, kein Problem, wirklich kein Problem, und versuche, nichts davon zu zeigen, wie es in meinem Kopf schmilzt, brennt und schmort, im Sattel bleiben ist alles, so unglaublich schwer, sich zu konzentrieren, und bloß nicht sprechen und wenn, dann mit dieser fremden Stimme alle wissen lassen, es ist nichts Besonderes, wirklich, obwohl mein ganzes Bein inzwischen geschwollen ist wie ein geblähter Tierkadaver, und was man unter dem Hemd nicht sehen kann und was ich auch keinem zeigen will, ist mein ebenfalls geschwollener Unterleib.

Dann kommen wir zu einem Dorf an der Straße, es ist das, von dem der Mann im Schulhaus sprach, als ich schlief, und dieses Bild wird scharf, als betrachte ich jemandes Leben durch ein Fernglas. Alles gestochen scharf.

Ich sehe das Krankenhaus: eine Holzhütte. Männer in zerrissenen, vollgeschissenen Pyjamas wandern undicht im Dreck um das Spital. Eine Frau kommt die Holztreppe herunter. Sie ist sauber und attraktiv, trotz ihrer großen, weißen, aufgeblasenen Mütze, wie sie nur ein Küchenchef oder Doktor in Sibirien trägt. Aber sie ist kein Doktor, erklärt sie uns. Es gibt keine Ärzte hier, sagt sie. Ich bin kalt verschwitzt und brennend heiß mit einem geschwollenen Bein und einem Bauch, hart wie ein Eimer, und sie läßt mich über all meine stinkenden Kleider einen weißen Kittel anziehen und führt mich die Treppe hinauf in eine Kabine, durch einen geschlossenen Leinenvorhang in ein Zimmer.

In dem Zimmer steht ein Gebärstuhl mit ausgestreckten Metallklauen und eingetrocknetem Blut auf dem Leintuch, und Lappen und Papiertücher mit frischem Blut und Eiter und Schleim liegen in einem Abfallkorb.

»Entschuldigung«, sagt sie, »wir haben kein fließendes Wasser.«

Sie ist sehr hübsch mit ihrer Kochmütze. Klar, sie ist gar keine Krankenschwester. Sie ist eine Frau, der man gesagt hat, sie soll dieses Spital führen, und das Spital hat nichts zur Verfügung, und sie kümmert sich einfach um Leute, die jemand aufsuchen müssen, ehe sie sterben oder zum Krüppel werden oder verrückt.

Sie ist sanft und schaut mein Bein an. »So etwas habe ich schon gesehen. Es kommt vom Sumpf.«

Ich sage ihr, was zu tun ist. Ich gebe mir große Mühe, damit meine Stimme wie meine Stimme klingt und sie nicht denken soll, ich sei nicht tapfer.

»*Njet!*« Ihre Stimme zittert. Ich verstehe. Sie hat Angst.

Sie wäscht mein Bein mit Alkohol, der sich eiskalt anfühlt. Und findet dann in einem Metallregal ein kleines Glas mit grauem Dreck und bedeckt die Schwellung mit klebriger Salbe. Sie benützt Morast, um zu heilen, was ich vom Morast habe, und da ist was dran, ich weiß, aber was, fällt mir nicht ein.

»Das wird helfen«, sagt sie, und ich weiß, daß es nicht so ist, und lächle.

Dann wickelt sie weiße Gaze um und herum. Sie reißt die Gaze ein, macht einen Knoten über der Schwellung, ich zucke zusammen, und wir sind fertig.

»So, das wär's«, sagt sie.

Ich gehe hinunter, aus dem Spital, versuche, nicht zu hinken, sie klopft mir auf die Schulter, und mir wird klar, daß es ein Placebo ist, ich fahre nachmittags mehrere Stunden in der Sonne, versuche zu glauben, daß es etwas nützt, denke nicht an das, wovon ich bereits weiß, daß ich es zu tun habe, bis ein Stromschlag zu explodieren beginnt, jedesmal, wenn mein Bauch mein Becken berührt, und ich denke, morgen werde ich vielleicht ein Krüppel sein, ich werde nicht mehr fahren können und das kann einfach nicht passieren.

Wir kampieren auf einer Weide unter den Birken, wo die Sonne geradewegs hereinstrahlt, die Blätter leuchten läßt und die Bäume glühen und mich in meinem kalten Schweiß warm hält, während ich versuche, mein Zelt aufzubauen, aber das dauert lang. Es scheint kompliziert. Ich mache jede Bewegung einzeln. Und ruhe mich aus. Und bewege mich wieder und dann Pause. Ich lege meinen Schlafsack mitten ins Zelt und schlüpfe hinein und ziehe den Reißverschluß zu und starre auf die Stechmücken, die an mich heranwollen: Ich berühre meine Leistengegend und fühle meine Drüsen wie Walnüsse hervorstehen. Ich arbeite hart an der kleinen, großen Furcht, versuche, mich zu stählen.

Nach einer Weile krieche ich heraus und gehe zu Toms und Tories Zelt.

»Mark.«

Ich gebe keine Antwort.

»Mark.« Torie packt mich am Arm.

Ich finde den Rasierapparat im Medizinkasten und gehe zu meinem Zelt zurück. Jemand hat ihn benützt. An der

Klinge sind Haare und Seife. Ich klemme die Klinge in meine Zange, hinke zum Feuer hinüber und halte die Klinge in die Flammen. Haare und Seife zischen und verbrennen schwarz.

Ich kehre ins Zelt zurück. Ich sitze aufrecht, fühle den Schweiß heiß und kalt und heiß und kalt, fühle mich locker und angespannt und ängstlich und trunken vor Furcht, und mein Kopf wird leer, aber ich konzentriere mich ganz stark. Ich wickle die Gaze ab und wische die dunkle Salbe weg. Ich halte mein Bein mit einer Hand nach unten fest und bringe die Klinge in der Zange über dem erhobenen Fleisch in Stellung. Ich bewege mich langsam, ohne zu zittern, schneide tief, und Blut und graues Zeug und Eiter spritzen über meine Hand und mein Bein, und ich lege mich zurück.

26

Als ich die Augen aufschlage, ist es heiß in meinem Zelt. Ich öffne den Reißverschluß von meinem Schlafsack und setze mich auf. Ich fühle mich gut und verstehe nicht, warum mir dieses Wohlgefühl so fremd ist. Warmes Licht dringt durch das Dach von meinem Zelt. Ich schaue auf die Uhr. Es ist nach elf. Schnell schlage ich meinen Schlafsack zurück.

Dicker, bräunlicher Schaum ist in Pfützen unter meinem Bein festgetrocknet. Die Schwellung ist zurückgegangen. Eine scheußliche Kruste hat sich über dem Schnitt gebildet.

Ich werfe mich zurück und liege mit den Händen unter dem Kopf still auf dem Rücken.

»JA!« Meine eigene Stimme ist wieder da.

»Hast die Kuckucks rausgelassen, was?« Tom kniet neben meinem Zelt und schaut durch das Moskitonetz herein. Er strahlt. Er ist ganz ruhig.

Alle haben seit Stunden gepackt. Tom und Torie helfen mir, mein Rad zu beladen, und wir schieben die Weide hinauf auf den Asphalt.

Dann fahre ich. Gleite. Rolle.

»Eine Straße«, flüstere ich. Der Ton flattert im Wind weg. »Eine Straße!«

Tom fährt neben mir. Mir geht auf, daß er viele Tage lang dicht neben mir gefahren ist.

»Hab' dir das schon vor zwei Tagen zu sagen versucht.«

Ich falle wieder durch ein nebliges Gespinst zurück. Ich sehe alle auf einer Schotterstraße im Himmel auf und ab und auf und ab hüpfen.

Tom und ich. Wir strampeln einfach zusammen die Landstraße entlang.

Torie radelt heran und dann Tanja, und schließlich segeln

wir vier über den Asphalt über der Erde. Beide Frauen schauen immer wieder zu mir herüber.

»Was ist?!«

Dann schauen sie die Straße zurück und fangen zu lachen an.

Nach einer Weile bin ich wieder mit Tom allein. Die Mädchen sind zurückgefallen und fahren für sich. Sie schwatzen. Die Sowjets sind vor uns verschwunden, die Köpfe unten und die Füße in den Pedalen, so hart sie können.

Wir schweben durch bäuerliches Land. Felder und Weiden und Scheunen. Ich fühle mich, als sei ich lange fort gewesen.

»Eintausendzweihundertsechzig«, sagt Tom.

Wir fahren einen Hügel hinauf, und alles geht so leicht und einfach. Ich kann fühlen, wie Blut und Eiter aus meinem Bein spritzen und in meinen Schuh hinunterlaufen, und es tut weh und ist wundervoll.

»Was sagst du, Tom?«

Wir kurven um die Spitze, es gibt keine Zäune, und ich kann das schwarze Band über alle die grünen Hügel verfolgen, bis es schließlich verschwindet. Ich fühle mich wie in einem Gemälde. Von Grant Wood zum Beispiel.

»Weißt du noch – das kleine Mädchen auf dem großen Rad? Wo die Straße zu Ende war?«

Ich nicke.

»Von da bis wo diese Straße vor zwei Tagen begann, waren es eintausendzweihundertsechzig Kilometer.«

Am Tag danach fanden uns die Presse und die Knitteranzüge und Carl mit seiner Filmcrew. Sie zoomten über den Asphalt heran. Sie waren freudig erregt. Wir sind wieder auf der Karte, wieder in der Sowjetunion.

Am nächsten Tag, dem 2. August, radeln wir in einer orangefarbenen Abenddämmerung hinein nach Chita.

DRITTER TEIL

27

Zum ersten Mal nach einem Monat heiße Duschen. Dann Schlaf. Schlafen.

Schlafen, bis dich die Sonne durch das Hotelfenster die Leintücher durchschwitzen läßt, aber du bleibst dazwischen liegen, fabrizierst phantastische Morgenhitzeträume, denn du weißt, heute mußt du nicht fahren, und das kann dich so munter machen, daß es dich aufwecken könnte, aber nein, du bleibst einfach in deinen heißen, sicheren, feuchten Schlaf gewickelt.

Endlich auf den Beinen. Noch eine Dusche. Langer, langer kochend heißer Schauer, bis die Haut siedet und die Muskeln zart wie langgezogene Ballons sind und der Dampf so dick, daß du ihn einatmest wie Opium. Heraustreten, triefend und schwitzend und nackt in einen Sessel fallen. Chinesisches Bier trinken. Dann kommt der Dampf raus und macht die Zimmerdecke naß, und der Sitz hat sich in deinen Po eingedrückt, du gehst ins Badezimmer zurück und erschrickst vor deinem Spiegelbild, denn du bist jemand anders. Dünn. Dunkles Gesicht wie ein Stück Holz. Du rasierst dich, damit es besser wird. Geht nicht. Die Person, von der du annahmst, daß du sie wärst, kehrt nicht zurück.

Barfuß die Hotelhalle hinunter zum Büffett geschlichen, irgendwas gegessen, zurück in dein Zimmer. Magst wirklich keinen sehen.

Schlafen.

Bei Nacht ein Klopfen. »Fett und Schraubenschlüssel vor der Türe.« Tom will auch keinen sehen. Keiner will keinen sehen.

Jetzt einen Blick auf dein Rad im blanken Mondschein. Geh hin, heb es auf, und laß die Räder drehen. Dreh die

Pedale. Laß die Bremsen knirschen. Es ist schlimm dran. Es hat's getan, war stählern und nicht umzubringen, aber jetzt geht es ihm schlecht.

Du öffnest mit einem Krach die Tür und ziehst den Eimer mit der Schmiere, die großen Schraubenschlüssel und einen Karton zu dir herein. Das wird gut sein. Noch ein Bier.

Leg sie hin. Räder ab. Kette ab. Pedale ab, als zöge man eine Frau aus. Sich Zeit lassen, es geht nicht anders. Naben, Lenkstangenkopf, untere Gabel weg und abgestreift und über den ganzen Fußboden verteilt.

Lumpen? Du brauchst Lumpen. Runter mit den Kopfkissenbezügen.

Dann fingertief in das mondbeschienene Fett. Schmieren. Eine Öffnung nach der anderen. Die Innenseiten sauber reiben, bis sie glänzen.

Aber einige Sachen sind geschweißt. Aus Metall und doch ermüdet. Brauchst neue, glänzende Silberkugeln, neue Kette, neuen Freilauf, neue Transmissionsscheiben, neue Kettenringe, aber das hast du alles gleich da in dem Karton, denn von genau diesen Sachen hast du erwartet, daß sie sich abnützen würden, und hast sie damals auf die Serviette geschrieben, als ob das wirklich alles wäre, was du brauchtest.

Schlafen.

Auf dem Fußboden schlafen mit der Decke vom Bett gezogen und dem Mondlicht auf deinem Gesicht und deinem Rad, das wie ein Hund neben dir schläft.

Früh aufgewacht, nach dem Mond, aber vor der Sonne. Duschen, bloß aus Spaß. Dann zurück zum Rad.

Wickle die schicken Kettenzapfen in die hübschen Flaschenzüge, spann die Kettenringe an, und überbrause die ganze, schöne Veteranin mit dem Blut des Öls, bis es auf den Teppich tropft. Dann mach eine Runde mit ihr, die Diele hinunter.

Nimm die neuen, schwarzen Reifen, die an deiner Tür

lehnen, und zieh sie ihr über wie ein Kleid, zwicke hier, kneife dort, und ab auf die Diele, diesmal so glatt und geräuschlos, daß du fast unsichtbar bist – aber nicht ganz, denn die Stockwerksdame sieht dich und droht mit dem Finger, du lachst, und sie schreit, also rollst du in dein Zimmer zurück und stürzt aufs Bett und in den Schlaf und schreibst schon beim Aufwachen ins Tagebuch und machst dich, endlich, zu einem Spaziergang auf.

Tschita ist eine große Stadt. Industriestadt, mit Bussen und Läden. Ich lief in der Innenstadt herum, bis ich eine Buchhandlung fand. »Er« überall, die Auswahl beschränkt auf seine politischen Abhandlungen, Dostojewski und auf Karten – alles die gleiche Karte, bloß in verschiedenen Größen. Ich kaufte eine große und ging ins Hotel zurück.

Ich breitete sie auf dem Bett aus und entdeckte Tschita. Auf der Karte sah es nicht wie eine große Stadt aus. Es war deutlich nach Asien verschoben, bloß ein kleiner Punkt gute 300 Kilometer nördlich der Mongolei und vielleicht knappe 3500 Kilometer südlich des Nördlichen Eismeers und dem Augenschein nach gute 8500 Kilometer östlich eines Orts namens Leningrad.

Ich schlug über dem Bett gegen die Wand und schrie.

»He, Thomas. Ein Drittel haben wir hinter uns.«

Die Wand bumste zurück. »Nächste Station: Baikalsee.«

Drei Tage lang sah ich weder die Sowjets noch Tanja. Auch sie waren im Schoß des Hotels verschwunden.

Am Abend vor unserer Abfahrt traf ich mich mit Torie in Toms Zimmer. Er hatte die Fenster weit aufgerissen. Die Nacht war warm. Er bastelte immer noch an seinem Fahrrad herum, nachdem er die ersten beiden Tage über Tanjas verbracht hatte. Er saß in Shorts auf dem Fußboden. Wir freuten uns über unser Wiedersehen.

»Ich habe mit Carl gesprochen.« Tom stand auf und gab eine Runde beschlagenes Bier aus.

»Was hat er gemacht?« Torie fiel in einen Sessel. Sie war entspannt. Sie saß seitwärts mit übergeschlagenen Beinen.

»Er filmt alle möglichen verrückten Sachen. Sibirische Feuerwehr, Busfahrer, Dorfszenen. Er sagt, er plant, uns unterwegs alle paar Wochen zu treffen. Er hat dafür gesorgt, daß wir den Nachschublaster in den großen Städten vorfinden.« Tom gab mir eine Liste. Ich las sie laut vor.

»Irkutsk, Krasnojarsk, Nowosibirsk, Omsk, Tscheljabinsk. Moskau . . .«

»Er wird sicherstellen, daß wir überall ein Hotel und eine heiße Dusche vorfinden.«

»Das ist nett von ihm«, sagte Torie.

»Wißt ihr, was er noch gesagt hat?« Tom machte eine Pause. »Sie haben uns im Sumpf verloren. Alle. Die Polizei. Der KGB.«

»Vielleicht ist ihnen endlich aufgegangen, daß Radfahrer kein Sicherheitsrisiko sind«, sagte ich.

»Vielleicht«, Tom grinste von einem Ohr zum andern.

»Was ist so komisch?«

»Heute morgen hatte ich ein Meeting mit Carl und einem hohen Tier von Polizeichef aus Moskau.«

»Was!?«

»Wir müssen Papiere unterschreiben, in denen steht, daß sie nicht für uns verantwortlich sind.«

»Tatsächlich? Keine Polizei mehr?«

»Tatsächlich.«

Wir stießen mit den Bierflaschen an.

»Aber . . .« Tom grinste. »Sie sagten, wir würden es nicht schaffen. Sie sagten, die Straße sei schlecht und es gebe keine Verpflegung.«

Wir fingen alle zu lachen an.

»Wir sind frei«, flüsterte ich.

Tom zuckte die Achseln. »Wir werden sehen.«

28

Am Morgen eskortierte uns die Polizei aus Tschita, hielt an, und wir fuhren westwärts, Richtung Baikalsee. Berüchtigter Baikalsee, der tiefste See der Welt.

Zuerst war es kalt und neblig. Wir bewegten uns durch das Auf und Ab wie kleine Segelboote, sahen uns gegenseitig kaum. Gegen Nachmittag fing es zu regnen an.

Es regnete drei Tage. Das dunkle Wasser ließ unsere Köpfe schrumpfen, machte Pfähle aus unseren Hälsen und steifte unsere Knie. Es brannte unsere Hände blau und bleichte unsere Lippen und zog unsere Genitalien zusammen. Die Landschaft war bewohnt und mit Wäldern bepelzt, aber uns erschien alles wüst, weil wir so froren.

Wir fuhren von Dorf zu Dorf und suchten herum und fanden Eßbares. Wir fanden genug, um uns weiterzuhelfen. Wir waren es so gewohnt. Die Dörfler waren es so gewohnt.

Unterwegs stand eine Frau mit einem Eimer am Rand der Straße. Wir kauften den Eimer, hockten uns im kalten Regen hin und aßen die Erdbeeren, bis uns allen der Magen weh tat.

Die *stalowaja* im Dorf war zu. Eine Frau sah uns durchs Fenster spähen. Sie war warm, plump und rauchte. Das Schild besagte »Geöffnet«. Die Tür war zugesperrt. Die Frau sah uns und lachte so, daß wir sie durch das regennasse Glas hören konnten. Sie blies Rauchringe.

Im Dorf befand sich ein Zementgebäude mit einem kleinen Käfigfenster. Eine Menge drängte sich um das Fenster mit einer dicken Schlange auf die Straße hinaus. Es sah aus wie eine Riesenratte mit einem langen, grauen Schwanz, Schnauze und Zähne und Klauen durch das Loch im Gebäude geschoben. Männer schlugen sich.

»Auf was warten die?« fragte Tanja. Wir rauschten nebeneinander durch das trübe Wasser.

»Ich weiß nicht.«

»Du solltest es wissen. Inzwischen solltest du es wissen.«

»Ich weiß nicht.«

Wir rauschten in den Wald zurück.

»Auf Wodka.«

Im nächsten Dorf hatte die Bäckerei kein Brot und der Lebensmittelladen nichts Eßbares. Die *stalowaja* war geschlossen, aber eine Frau sah uns durch das Fenster spähen, schloß die Tür auf, trieb uns schnell hinein, und wir waren drin, raus aus dem Regen; warm wurde uns, sie fütterte uns mit dampfendem Rindereintopf – mit Servietten –, berührte unsere Gesichter, ließ uns zurück nach draußen schlüpfen, sperrte die Tür hinter sich ab und winkte durch das überströmte Glas.

Einen Tag 95 Kilometer, einen Tag 170 Kilometer, einen Tag 120 Kilometer. Jede Nacht kampierten wir in den von Gräben durchzogenen nassen Wäldern, und jeden düsteren Morgen rangen wir dem Regen ein Feuer ab.

Eines Tages näherten wir uns den Rändern von Ulan-Ude. Wir konnten es über eine Biegung des Selenga sehen. Kilometer von Behausungen, mittelalterlichen Fabriken und schwarzen Schornsteinen. Wir fuhren über eine Brücke von der Stadt weg.

Wir froren und waren hungrig, aber unsere Lektion hatten wir inzwischen gelernt. Besuche eine sowjetische Stadt, und du weißt alles, was du jemals über die Sowjetunion wissen wolltest. Und nichts über Rußland.

Als wir zum Baikalsee kamen, regnete es immer noch. Das Wasser war rauh und schwarz. Keiner von uns schrie hurra oder rannte das Ufer hinunter. Wir schüttelten uns nicht die Hände. Der Baikalsee war ein großes Ziel gewesen – einer der Traumorte aus der Kindheit –, also hätten wir uns heroisch fühlen müssen, aber wir hatten seit drei Tagen gefroren.

Keiner sagt es einem, aber das heldenhafte Gefühl ist ziemlich schwach. Fast jede Art normaler Schmerz wird es einem austreiben. Kälte, Hitze, Hunger, Ohrenentzündung, Verdauungsstörung. In Wirklichkeit stellt sich das heldische Bewußtsein erst hinterher ein. Stunden oder Wochen oder Jahre später schleicht es sich ein, nachdem sich die unleugbare Ehrlichkeit der Schmerzen aufgelöst hat und du dich warm und glücklich fühlst, mit einem Drink zur Hand und einer trunkenen Zunge im Kopf, und wenn die Lügen alle Augen zum Leuchten bringen.

Wir fuhren in ein leeres, oben auf der Küste verstreutes Dorf. Nichts als verregnete Hütten, Lehmstraßen, Stücke von Weideland und die schwarzen Brüste der Sturmwolken drückend über allem. Wir fanden einen Lebensmittelladen und drängten uns hinein. Es gab Schaufeln und Nägel und Weizensäcke mit Mäusekot und Seile und Dosen mit Fisch, von dem man Würmer bekam. Der Besitzer stand beleibt und trocken in seinem trockenen Laden. Wir zitterten. Er sagte, der nächste Laden sei viele Meilen den See entlang. Eine Zigarette hüpfte zwischen seinen Lippen. Wir fragten, ob er jemand im Dorf kenne, der uns irgendwas zu essen verkaufen könne. Keine Antwort. Er war betrunken. Wir gingen wieder in den Regen hinaus.

Fjodor starrte auf den See. Schweres, schwarzes Wasser stürzte gegen die Küste, ließ kleine Segelboote tanzen. Sein Gesicht wirkte gealtert, und seine Finger waren gebogen und blau, als wären sie gebrochen. Er zitterte.

»Moja strana bolnaja.« Mein Land ist krank.

Es war das erste Mal, daß Fjodor etwas über sein Land sagte. Es war das einzige Mal. Er fuhr weiter, die Straße am See entlang, und Pawel und Natascha folgten ihm.

Sie waren außer Sicht, als auf einer Klippe im Dorf eine Frau erschien. Sie trug einen blauen Regenmantel mit einer Art spitzer Babykapuze. Von ihrer einen Hand hing ein großer Eimer. Die andere Hand lag hohl vor ihrem Gesicht, bedeckte ihre Nase, als ob sie weinte oder lachte.

Regen floß an ihr herunter. Sie stand sehr still und starrte ins schwarze Wasser hinab, als könne sie darunter sehen.

Tanja rannte zu ihr hin. Sie standen still auf der Klippe in den schwarzbrüstigen Wolken, dann hakten sie die Arme unter und gingen wieder hinunter.

»*Kartofel!*« schrie Tanja entzückt.

Die Frau hatte einen schönen, runden Kopf. Ihre Backenknochen waren wie rote Kugeln. Mit dem Eimer in der Hand stand sie da und schaute uns an. Ihre Wimpern waren blond und gerade und der Blick aus ihren braunen Augen fest. Keine Ahnung, wie alt sie war. Vielleicht dreißig, vielleicht sechzig.

Sie hielt uns den Eimer hin. Ich war ganz erschlagen, wie sie ihn mit einem Arm hinhalten konnte. Die andere Hand behielt sie in der Tasche. Im Eimer waren riesige, rote Kartoffeln. Sie waren voll Erde und glänzten im Regen.

Wir wollten ihr den halben Eimer abkaufen. Sie wollte nur den ganzen verkaufen. Mit ihren dicken Fingern wies sie uns die Kartoffeln vor.

Ich wußte, sie lebte in der Nähe dieses Dorfs neben dem tiefsten See der Welt. Sie war morgens um fünf aufgestanden und hatte ihren Garten umgegraben. Um fünf war sie aufgestanden und hatte ihre Setzlinge gepflanzt. Jeden Morgen war sie früh aufgestanden, damit ihre Kartoffeln wuchsen, und heute morgen hatte sie sie ausgegraben und war in Richtung Dorf gegangen und hatte den ganzen Tag im Regen gestanden und gewartet, für drei Rubel.

Tom gab ihr drei Rubel. Torie verlud die Hälfte der Kartoffeln, eine nach der anderen, in Plastiktüten. Den Rest ließ sie im Eimer.

»Aber es ist Essen«, schrie die Frau.

»Es ist zu schwer«, sagte Tanja.

Die Frau schüttelte den Kopf.

»Wir können es nicht tragen«, sagte Tanja.

Die Frau nickte kurz und trat zurück auf den Rand des Felsens. Es regnete immer noch.

Ein Motorrad mit Beiwagen kam um die Hütte herum. Hinter dem Lenker saß ein Mann mit einer Baskenmütze, und hölzerne Rechen waren oben auf dem Beiwagen festgebunden. Die Maschine hatte die Farben eines Salamanders. Der Motor gluckste, die Räder bockten, und die Maschine stotterte neben der Frau ins Gras.

Die Frau hob ihren Regenmantel, schob die Rechen zur Seite und stieg in den Beiwagen. Sie setzte sich mit dem Eimer im Schoß, drehte sich zu uns um und lächelte.

Ich sah aufs Wasser hinaus. Es war so ungeheuer, es erschien mir wie ein Ozean, nicht wie ein See. Ich starrte es an und versuchte, zu sehen, was sie sah, versuchte, auf den Grund zu sehen. Das gelang mir nicht recht. Vielleicht fror ich zu sehr. Ich sah nur die rauhe, schwarze Oberfläche.

Ich packte meine Kartoffeltüte auf mein Rad und winkte der Frau zu. Sie hatte meine Blicke auf den See beobachtet.

Sie winkte zurück. Dann stand sie auf und trat aus dem Beiwagen heraus. Sie ließ den Eimer auf dem Sitz und kam auf mich zu. Sie kam so nahe, daß ich ihr in die Augen schauen konnte, wenn ich wollte. Sie blinzelte nicht.

Sie zog eine Faust aus der Tasche und hielt sie mir ruhig vor. Mit der anderen Hand schnappte sie sich mein Handgelenk und drehte meine Handfläche nach oben. Sie öffnete die Faust über meiner Hand, ließ etwas in die Hand fallen und schloß meine Finger darum. Es war etwas so Gewichtsloses, daß ich es in meiner Hand nicht fühlen konnte. Sie stieß mir die Hand vors Gesicht und öffnete meine Finger. Etwas Zartes, naß und warm, fiel gegen meine Nase. Über meinen undeutlichen Daumen und die Finger konnte ich ihr Gesicht sehen. Sie lächelte. Sie hatte ihre eigene Hand zur Nase hochgehoben, um es mir zu zeigen. Dann ging sie zum Beiwagen zurück.

Ich atmete tief ein. Der Duft kroch mir durch die Nüstern bis in den Kopf. Er füllte meinen Kopf. Er war stark und süß und feucht und warm. Es war Minze. Eine Gabe. Mein Fahrradgott.

29

Manchmal triffst du jemand, den du bereits kennst.

Ihr habt Nächte zusammen verbracht. Nacht um Nacht, jahrelang, und geredet und geredet. Ihr habt euer Lager unter dem Himmel gemacht, Lieder zusammen gesungen und beim andern zu Hause Bier getrunken. Ihr habt euch umarmt und zusammen geweint und gelacht. Und ihr habt euch nie getroffen.

Es gibt wenige solche Menschen, aber sie sind es, die du immer erkennen wirst und die dich stets erkennen werden. Sie existieren in Teilen der Welt, wo du nie gewesen bist. Sie führen ein Leben, das du nicht kennen kannst. Sie haben Schwestern, die du nie getroffen und mit denen du auf der Terrasse getanzt hast, und unbekannte Brüder, mit denen du dich im Gras gebalgt hast. Sie haben Küchen mit hellen Fenstern, unvorstellbar, wo du tausendmal Kaffee getrunken hast. Das sind die Menschen, die du triffst und kennst, ehe ein Wort gesprochen wird.

Ich traf Saulius Kunigenas und fünf andere Litauer unter den Bäumen am Baikalsee. Es regnete, und wir froren, und wir sahen den Rauch und rollten von der Straße über das nasse Laub auf ihr Lagerfeuer zu.

Wir schüttelten uns die Hände und umarmten uns fest. Sie waren Blutsverwandte. Fahrradfahrer. Nomaden. Sie teilten gleich ihr Mittagessen mit uns, und wir steuerten unsere Kartoffeln bei und waren voller Geschichten.

Die Sowjets wechselten mit keinem ein Wort, und nachdem sie gegessen hatten, fuhren sie weg.

Die Litauer waren zusammen Tausende von Kilometern durch viele Länder gefahren: Estland, Litauen und Lettland,

Georgien, Armenien und die Ukraine, Kasachstan und Tadschikistan und Usbekistan und Moldawien. Auf ihren schrecklichen Kesselmetall-Fahrrädern überallhin gefahren, wo man sie ließ. In Rußland waren sie zum ersten Mal.

»Warum?« fragte ich Saulius. Wir fuhren inzwischen Seite an Seite den tiefsten See der Welt entlang.

»Weil das hier gar kein Land ist. Merkst du das nicht?« Saulius' Nase war gebogen und hübsch wie ein Schnabel. Seine Augen durchbohrten alles, worauf seine Blicke fielen.

»Warum bist du dann hierhergekommen?«

Er gab keine Antwort.

Dann tauschten wir die Räder. Ich auf seiner schweren, scheppernden Maschine, er auf meinem leichten, starken Roß. Zusammen flitzten wir über dem Baikalsee dahin. Die Straße war einfach ideal.

Saulius überließ sich meinem Fahrrad. Ich sah, er verstand, wie man es fliegen ließ. Er überließ sich dem Rad, lächelte, segelte und tauchte, und ich quälte mich auf seinem Rad, hoffnungslos; er flog dahin, schrie wie eine Eule, als wäre es ein Wunder und er wieder ein Kind.

Plötzlich hörte er auf zu treten und wartete auf mich.

»Ich bin hergekommen, weil ich an diesem See etwas von meiner Frau verloren habe.«

Saulius sah zu mir herüber. Sanft glitt er auf meinem Rad. Er sah, daß ich so gut wie möglich mit seinem Rad zurechtzukommen versuchte.

Dann erzählte er mir die Geschichte.

Der Mann war nicht groß. Sein Rücken war muskulös gekrümmt und seine Brust voller grauer, drahtiger Haare. Er lag nach siebzig Jahren in schwerem Schlaf auf einer Strohmatratze. Nachts bearbeitete er seinen Boden, das Blut pochte unter der Haut seiner Unterarme, die Finger zuckten. Er hatte sein Land bearbeitet, seit er laufen konnte. Fünf Kinder hatte er großgezogen.

Sein jüngster Sohn war dageblieben. Er wollte Bauer sein. Er war groß und knochig, mit abstehenden Ohren wie Kartonlaschen. Er war zwanzig. Er lag ganz still, wie zusammengeschlagen, das rote Haar auf eine Seite gezaust. Er konnte noch nicht die ganze Nacht arbeiten.

Eine Tochter war zu Hause auf Besuch. Sie schlief in ihrem alten Zimmer hinten an der Hütte, wo sie und ihre Schwestern mit Geflüster und Gekicher zusammen aufgewachsen waren. Ihr dunkles Haar lag auf dem Kissen ausgebreitet. Ihr Gesicht war bleich, die Adern ihrer Schläfen wie blaßblaue Spinnweben. Sie war müde. Den ganzen Tag hatte sie ihren beiden Kindern gezeigt, wie sie auf dem Hof gelebt hatte. Auf den hohen, sonnigen Feldern und in der Scheune im Heu und Küken gescheucht und auf Großvaters Riesengaul geritten. Sie war eine junge, starke, elegante Frau. Ihre Kinder waren klein, der kleine Junge zwei, seine ältere Schwester drei. Sie waren alle zusammen in ihrem Bett, so wie sie einst mit ihren älteren Schwestern. Tief im Schlaf.

Es war Frühling. Die Nacht trug einen starken, süßen, feuchten Geruch von der Weide herüber. Er kam durch das Fenster herein.

Der Hof gehörte dem alten Mann. Drei Hektar gepflegt wie ein Garten. Er hatte ihn sein Leben lang selbst bestellt. Ein Jahr säte er Weizen, Mais im nächsten. Ließ dieses oder jenes Stück Land brachliegen und bepflanzte es mit Latschen, wo er in einem schlechten Jahr ein Stück Wild fangen konnte. Verkaufte Eier und manchmal ein Huhn, Ziegen, jedes Frühjahr fast die Hälfte der Schafe. Fluchte selbst in Gegenwart der Enkel, wenn er sich geschnitten hatte. Roch nach Stall, außer sonntags.

Es war eine kühle, ländliche Nacht, und er schlief fest, baute von Hand mit einer Schaufel einen Entwässerungsgraben.

Die Tochter kam oft zu Besuch. Sie wollte ihren Kindern zeigen, wie ihr Vater arbeitete. Wie er seine Arbeit liebte. Sie wußte, sie waren jung, aber er war plötzlich, wie mit einem Atemzug, alt geworden. Und sie wollte mit ihrem Bruder sprechen. Ihm sagen, er solle vergessen und still sein und, bitte, einfach vergessen, denn manchmal ging er ins Dorf, und jemand würde hören, was er sagte, und das schlug ihr immer wieder auf den Magen, bis sie nichts mehr hinunterbrachte. Aber vor allem wollte sie im Hof geborgen ihren eigenen Schlaf schlafen. Die Nächte waren immer kühl, die Sterne sangen für ihre Kinder, sie würde traumlos schlafen und tief den Duft ihrer Hoffnung atmen.

In jenem Frühjahr geriet etwas in ihren Schlaf. Sie wachte nicht auf, aber ihr Vater war schon auf, seine Hosen offen und seine Hände noch um die unsichtbare Schaufel wie um eine Waffe. Es war sein Hof, und er konnte die Eichhörnchen am anderen Ende schlafen hören. Er wußte, wie die Schweine schnarchten und was sein Riesenpferd nachts sagte. Dies hier war nicht sein Pferd.

Sie kamen langsam. Zu langsam, versuchten, leise zu sein.

Er zog die Stiefel an und das selbstgebügelte Hemd und ging durch das Zimmer zum Bett seines Sohnes. Sein Sohn war wach.

»Sowjets«, flüsterte der Junge. Er sprach litauisch. Es war der 22. Mai 1948.

»Weck Ada auf. Zieh die Kinder warm an. Führ ihn hinten aus dem Stall heraus. Reitet alle zusammen auf ihm. Nimm den Weg am Hügel den Wald entlang bis zur Hütte hinten. Dann über die Straße zur zweiten Weide. Über die drei Felder. Nach Königsberg.«

»Königsberg? Das sind achtzig Kilometer.«

»Ums Frühstück herum seid ihr da.«

So hatte der Sohn die Stimme seines Vaters noch nie gehört. Er trat in seine Hosen und ging rasch ins Hinterzimmer. Er berührte Adas Haar, und sie öffnete die Augen. Der kleine Junge wachte auf und fing zu babbeln an. Palmira, das kleine Mädchen, wollte nicht aufwachen. Der

Sohn versuchte, sanft zu sein, aber Palmira fing zu weinen an. Die Mutter preßte ihre Hand über Palmiras Mund, aber Palmira schlief noch halb und hatte Angst und begann zu kreischen wie in einem Alptraum.

Das Pferd fiel in Galopp. Der Großvater rannte durch die Hütte zurück und schrie flüsternd: Raus! Raus! Raus! Heiser und leise und verzweifelt, und da war ein Gewieher und Stimmen, die Vordertür krachte und sprang auf, sie konnten weder laufen noch denken, noch sprechen, der Großvater stand auf und ging zu schnell auf sie zu, sie machten vom Gewehrkolben Gebrauch und rissen ihm den Schnurrbart aus und seine Schneidezähne, noch zwei hielten ein Gewehr gegen die Kehle des Sohns und hielten ihn am Genick gegen die Wand hoch, bis er würgte und weiß wurde, und die Mutter hielt ihre Kinder unter dem Arm und biß sich die Zungenspitze ab.

Sie wurden auf den Pferdekarren verladen, des Vaters bewußtloser Kopf krachte gegen die Bretter und der Sohn, betäubt und bleich und am Hals verletzt, und die Mutter, die ihre Kinder festhielt. Es war tief in der Nacht, und die Sterne schienen so still. Wenn sie aufsah, begann sie zu weinen. Ihre Kinder weinten in der Nacht, und die Soldaten schämten sich und lachten um so lauter.

Man brachte sie zu einer Bahnstation. Es war immer noch nicht hell. Unten auf dem Kopfsteinpflaster waren Hunderte ihresgleichen, und dunkle Männer gebrauchten ihre Gewehrkolben. Einmal ging in einem Haus neben dem Platz ein Licht an und wurde dann ausgeknipst.

Einen Monat verbrachten sie auf dem Zug in einem frostigen und überhitzten Viehwaggon. Es gab Tränen noch und noch, Blut trocknete, und dann Erbrechen, Demütigung, Prügel und menschlicher Kot.

Man brachte sie an die Küste des tiefsten Sees der Welt. Man sagte ihnen, sie würden für den Rest ihres Lebens dableiben. Man sagte ihnen, sie würden eine Straße rund um den See bauen.

Sie lebten im Wald in Baracken. Bruder und Großvater wurden in ein Lager geschickt, wo sie mit dem Vorschlaghammer Steine für den Unterbau der Straße brachen. Die Mutter machte Holzarbeit. Mit einer Axt schlug sie einen Pfad durch den Wald. Frühmorgens und spätnachts kochte sie über einem Feuer.

Einmal war Palmira schwach mit großen Augen und heiß vor Fieber. Die Mutter trug das Mädchen fünfzehn Kilometer durch Nacht und Schnee, um den Kommandanten zu bitten, nach Irkutsk zum Arzt gehen zu dürfen. Er sagte nein. Sie trug Palmira zurück, und dann war es Morgen, und sie mußte zur Arbeit antreten. Sie war schwach und sah, wie leicht sie sterben könnte, einfach ihr Herz anhalten und die Augen schließen und in den Schnee sinken.

1957 ließ Chruschtschow sie nach Litauen zurückkehren.

»Also bin ich hergekommen«, sagte Saulius.

Wir waren immer noch über dem Baikalsee auf der tadellosen Straße.

»Aber das Lager wird es jetzt wohl nicht mehr geben.«

»Vielleicht.«

»Was könntest du tun, wenn du es finden würdest?«

»Ich werde gehen, wo sie mit ihrer Mutter ging. Palmira ist meine Frau. Ich werde zu diesem Ort fahren und anhalten und durch den Wald gehen.«

Diese Nacht schlugen wir gemeinsam das Lager auf. Nach dem Abendessen gingen Saulius und ich am Seeufer entlang. Der Regen hatte aufgehört.

»Mark, am 21. Juli 1940 wurde Litauen von der Sowjetunion annektiert.« Saulius sprach langsam. Er schaute über das Wasser hinaus.

»Hunderte von Jahren waren wir eine souveräne Nation gewesen. Wir waren älter als Rußland. Wir waren ein ebenso fortgeschrittenes und fortschrittliches Land wie Finnland . . . Wir haben unsere eigene Sprache. Wir haben unser eigenes Alphabet. Euer Alphabet, das römische Alphabet.

Von jenem Tag an wurden unsere Kinder gezwungen, in der Schule Sowjetrussisch zu sprechen. Ich war gezwungen, Sowjet zu sprechen. Unsere eigene Sprache zu sprechen, selbst außerhalb des Unterrichts, war verboten.

Am 14. Juni 1941 begann die Deportation. Lehrer, Universitätsprofessoren, Minister, Ärzte, Ingenieure, Architekten, Autoren, Künstler, Priester. Mit ihren Familien. Vierzigtausend Menschen verschwanden in den ersten drei Monaten. Von den meisten sah und hörte man nie wieder etwas.«

Wir gingen an der Küste weiter. Das dunkle Wasser war zu hören.

»Während des Krieges gingen die Deportationen weiter. 1946 begann die Deportation von Bauern und deren Familien und die Vergewaltigungen und die Morde und ...«

Saulius konnte nicht weitersprechen.

Am nächsten Morgen regnete es, und Schlamm hatte sich über die Erde ergossen, und Saulius und ich hatten unser Leben gemeinsam verbracht.

Wir versuchten, »Auf Wiedersehen« zu sagen, aber kein Wort kam heraus.

Er fuhr in einer Richtung den See entlang und ich in einer anderen. Er auf seinem schrecklichen Fahrrad und ich auf meinem guten. Ich versuchte, mein Rad so zu fahren, wie Saulius es getan hatte, aber es gelang mir nicht.

Ich drehte mich um und winkte, und er winkte zurück. Dann steckte ich die Hand in die Tasche und fühlte das Stück Papier mit seiner Adresse und rieb die Minze zwischen den Fingern.

30

DIE LANDSCHAFT um das Südende des Baikalsees ist wild und schön. Dicht bewaldete Berge steigen unmittelbar aus dem Wasser. Die Straße ist wie ein Spiegel. Die Straße ist absolut vollkommen.

Irkutsk liegt an der Westküste, tief in einer schmalen Bucht. Wir erreichten es in zwei Tagen und begaben uns in ein Hotel. Tom und ich baten um Einzelzimmer, aber man sagte uns, es gäbe keine. Sie sagten, das Hotel sei für Wochen ausgebucht, also teilten wir ein Zimmer. Es war klein und eng mit zwei krummbeinigen Betten an jeder Wand. Wir brachten unsere Räder im Lift nach oben.

Der Regen hatte die Schmiere von Toms linkem Pedal gewaschen, es tickte wie eine Grille. Meine Fußbremse schleifte. Wir beschlossen, den Tag mit der Überholung unserer Räder zuzubringen. Tom ging ans Büffett und kam mit einem muskelverknoteten Hühnchen wieder. Ich ging auf die Straße auf die Suche nach Bier. Als ich zurückkam, war Tom im Badezimmer.

»Hast du das schon probiert?« Er schrie durch die Tür.

»Was hast du erwartet?«

»Unbrauchbar wie die Hölle. Jemand wollte die ganze Sache so unbequem wie nur möglich machen.«

Es war kein altes Hotel. Äußerlich erschien es wie jedes andere sowjetische Hotel, und das war es auf komische Art – kein Klopapier und keine Seife, gehässig krumme Badezimmerfliesen und nur gelegentlich heißes Wasser. Aber tatsächlich war dieses Hotel einzigartig. Man hatte die Klos in all den Zimmern auf allen Stockwerken in der Ecke eingebaut, Gesicht zur Wand, man konnte seine Beine nicht dazwischenbekommen und mußte verdreht seitwärts sitzen.

Den ganzen Nachmittag tranken und aßen wir und arbeiteten an unseren Fahrrädern. Wir redeten nicht viel. Die Arbeit machte uns Spaß. Die Sonne erwärmte unsere Bierflaschen, und das vollgestopfte Zimmer roch stechend nach Schweiß. Wir benutzten die Hotelhandtücher als Lumpen und die zwei Bürsten, um den Dreck von unseren Rahmen zu entfernen.

»Was wir brauchen, ist ein Eisschrank«, sagte Tom. Sein Gesicht triefte.

»Warum?«

»Schlechtes Bier schmeckt besser kalt.«

»Die Zimmer haben alle keinen Eisschrank, ich hab' schon gefragt.«

»Das sagen sie immer.«

»Schlechtes Bier ist wie schlechte Absichten, Temperatur spielt keine Rolle.«

»Wer bist du? Mark, der Scheißphilosoph und Fahrradmechaniker?«

Als es dunkel wurde, waren wir fertig mit den Rädern und mit dem Bier. Wir stellten unsere Rösser an die Enden unserer Betten, legten uns mit gefalteten Drecksfingern hin, starrten an die Decke und warteten auf den Mond.

»Tom . . .«

»Jaa.«

»Da müssen überall Gauner gewesen sein.«

»Muß wohl so sein.« Tom fing an, zu pfeifen. Eine alte Kriegsmelodie. Er pfiff langsam. Die Töne schwebten wie Blasen durch das Zimmer.

»Ich meine überall. In den Kirchen, den Läden, den Schulen. Eine ganze gräßliche Welt von Gaunern.«

»Jawohl.«

»Hast du Saulius' Gesicht gesehen? Gott, der Haß.«

»Ich weiß.«

Unsere Augen waren jetzt die einzigen hellen Flecken im Zimmer. Wir sprachen matt mit großen Pausen. Nachtluft kam durchs Fenster herein.

»Jesus. Wem kannst du da vertrauen? Mit wem ehrlich sprechen?«

»Mit der Familie. Mit Freunden.«

»Und wo?«

»Weiß ich nicht. Die Wände haben Ohren.«

»Mag sein. Mag sein.« Tom hörte auf zu pfeifen.

»Es ist nicht mehr so.«

»Das glaubst du? Oder willst das glauben?« sagte Tom.

»Ich weiß nicht.«

»Tanja hat mir was gesagt. Sie sagte, dies sei das einzige Land, wo Dissidenten das System nicht ändern wollen. Sie wollen bloß weg. Darum beten sie.«

»Weißt du, was Saulius gesagt hat? Hast du bemerkt, daß es auf den Dörfern keine Männer gibt?«

»Ja.«

»Zwischen dem Zweiten Weltkrieg und Stalin wurden fünfzig Millionen Menschen umgebracht. Fünfzig Millionen. Litauer, Armenier, Russen, alle.«

Eine lange, stille Pause starrten wir ins Dunkel. Wir waren dabei, einzuschlafen.

»Tom, gefällt es dir hier?«

»Ich bin sehr gern hier.«

Am Morgen lag eine Notiz für Tom unter der Tür. Ein Zimmer war frei. Er ging zur Rezeption hinunter. Der Empfangschef gab ihm einen Schlüssel, ohne etwas zu sagen.

Ich half ihm, seine Ausrüstung zu packen, und wir trugen sie den Gang hinunter in sein neues Zimmer. Ich schob sein Rad, und er trug seine Tragetaschen und den Schlafsack.

Die Tür ließ sich nicht leicht aufsperren. Der Schlüssel paßte schlecht. Diesen Kampf mit Türschlössern kannten wir schon aus der ganzen Sowjetunion. Es war, als hätte der Hersteller das Schloß absichtlich so gemacht, daß die Tür schwer zu öffnen, aber leicht zu schließen war.

Tom brauchte eine ganze Weile. Endlich. Wir trugen

seine Ausrüstung hinein und ließen sie aufs Bett fallen. Ich schob sein Rad an die Wand.

Tom ging zum Fenster, um die Vorhänge aufzuziehen, das Zimmer war heiß und stickig. Auf halbem Weg blieb er stehen, drehte sich um und lächelte. Dann legte er den Hotelschlüssel oben auf den Eisschrank und riß die Vorhänge auf.

31

»KOMM DOCH HER. Komm, du kleine, schäbige Ratte.« Tom hockte auf der Landstraße. Er hatte seinen Arm ausgestreckt und eine Brotkruste in der Hand.

»Schau ihn dir an! Angst und nochmals Angst.«

Um uns waren Nebel, Wiesen und kaputte Zäune, drei Tage westlich von Irkutsk, zwei Tage östlich von Krasnojarsk. Tom saß praktisch mitten auf der Straße.

»Nee, kein Vertrauen zu euch Burschen. Nee, nee, nee.« Die Stimme klang angeregt, tief und sprudelnd wie Kinderfürze unter Wasser.

Der Hund hatte wäßrige Augen und zerbissene Ohren. Er trottete davon, blieb stehen, schaute zurück, unterwürfig, ausdauernd, dreckfressend. Schwanz gegen den Bauch gedrückt, Rippen deutlich.

»Ach, ich weiß nicht. Weiß wirklich nicht.« Das Tier hatte auf der Gegenseite der Straße angehalten, den Körper abgewandt, aber den Kopf rückwärts verdreht.

»Komm doch her, kleine Hunderatte. Geh zu, Bursche.« Tom hockte auf den Fersen. Er winkte sanft mit dem Brot.

»Oh, oh, oh. Versuch nicht, mich reinzulegen. Sie haben mich getreten, weißt du. Getreten, getreten, getreten. Das weiß ich. Ich weiß, ich weiß, ich weiß.« Der Hund sah Tom mit elendem, gedemütigtem Hundeblick an. Er bellte nicht. Rattenhunde konnten nicht bellen. Man hatte ihnen die Stimme aus dem Leib getreten.

»O. k.« Tom war entmutigt. »Du meinst also . . .« Er stand auf und ging rückwärts.

»Schon gut, schon gut, schon gut. Aber ich komm' zu spät. Zu spät, zu spät, zu spät.« Der Hund senkte den Kopf und trottete tapfer vorwärts, den Blick auf das Brot, das Tom in der Hand schwenkte.

»Hast gar nicht so viel Angst, wie du dachtest, nicht, kleine Hunderatte.« Tom blieb stehen, knurrte zum Scherz und kniete sich dann nieder, immer noch mit dem Rücken zu dem Tier.

»Nee, nee, nee. Überhaupt nicht. Ihr Burschen seid in Ordnung.« Der Hund schnupperte geduckt an der Kruste, schnappte sie dann und floh.

Wir saßen alle auf dem Geländer. Tom sah Fjodor an.

»Gibt eine Menge hier«, sagte Tom.

Diesen Abend wurden wir von einem Dorfbürgermeister eingeladen, in der Turnhalle zu übernachten. Es war ein ungewöhnlicher Holzbau. Zwei ganze Basketballfelder von einem Ende bis zum anderen, beide ostereiergrün gestrichen, ein enormes, lederbezogenes Sprungpferd, Seile, eine Sprossenwand und sieben Matratzen – eine für jeden. Wir breiteten uns aus, jeder für sich.

Nach ein paar Stunden lud mich Fjodor auf seine Matratze ein. Ich setzte mich in einen Würfel warmen, kitschigen Lichts. Staubteilchen erhoben sich langsam und schwebten wie kleine Sterne um unsere Köpfe.

»*Klutschewskaja Sopka*«, sagte Fjodor, sein stacheliges Gesicht berührte fast meines. Er hatte in das Ende seines Tagebuchs einen Berg gezeichnet. Er sah wie ein Vulkan aus.

»*Kamtschatka!*« Er nahm seinen Bleistift.

Die Halbinsel Kamtschatka ist ein schwertförmiger Landstrich in Ostsibirien. Er erstreckt sich südlich durch den Pazifik und trennt das Ochotskische Meer vom Beringmeer. Er ist sägeförmig gezackt durch das Sredinny-Gebirge. Der höchste Berg in diesem Kamm ist der Klutschewskaja Sopka, ein ferner, eisiger Gipfel, der sich knappe 5000 Meter über der See erhebt. Fjodor wollte auf diesen Gipfel klettern, mit mir.

Er kritzelte wild, er zeigte, wie er für einen Militärhubschrauber sorgen könnte, um uns an den Fuß des Berges zu bringen, und wie sie Ausrüstung und Nachschub ebenfalls einfliegen könnten und daß eine unbekannte Anzahl früherer Versuche gescheitert waren und soundso viele Sowjets dabei gestorben waren und wie er und ich (in sternenübersäter Lumineszenz schlug er erst sich und dann mir an die Brust) mit unserer Kraft als Männer die ersten, die Eroberer sein würden. Er malte viele Bilder, er schwelgte im Unglück – Eiszapfen von mehreren Metern Höhe, Lawinen, Stürme, unvorstellbare sibirische Kälte.

Das war Expeditionsgerede. Es war die einzige Art, wie Fjodor und ich jemals verkehrten. Auch ich hatte noch nie eine Tour beendet, ohne mein Tagebuch hinten mit Notizen für die nächste vollgeschrieben zu haben.

Lange Reisen haben etwas Besonderes. Wenn einem im Leben eine gelingt, hat man Glück, und wenn man am Ziel angekommen ist, schwört man: Bei Gott, nie wieder! Nie wieder werde ich das machen. Aber dann, eines Abends, Monate oder Jahre danach, während du im Atlas blätterst, pfeifst oder summst oder beim Essen, schwups! Wenige Wochen später bist du unterwegs. Und selbst wenn du dich noch auf einer hübschen, langen Reise befindest, dringt etwas in dich ein wie ein Wurm, durch die Füße aufwärts. Von da an, während irgendeines unerträglichen Trips (denn einer wird nach dem anderen kommen), wirst du hoch und heilig schwören: Das war's, gottverdammt, das war's endgültig, Punkt. Aber dann gelangst du in dein eigenes warmes Bett und sauberes Badezimmer und die schöne Welt zurück und findest, sie seien genauso wie bei deiner Abreise, und einen oder zwei oder sechs Monate später wird dieses Ding in dir anfangen, zu schwellen und zu pochen. Du wirst rastlos und gereizt, als wäre dein Bett zu weich, dein Badezimmer zu hell, und plötzlich ist deine schöne Welt muffig vor Mittelmäßigkeit. Also ziehst du den Atlas heraus, stürzt dich darauf, und am nächsten Morgen kaufst du ein Flugbillett, und gerade wenn alle denken, jetzt wärst du endlich schlauer geworden, bist du weg.

Fjodor litt arg daran. Für ihn war es tödlich. Er hatte mir gesagt, er sei weniger als drei Monate des Jahres zu Hause. Er hatte eine Frau und drei Kinder.

Fjodor hatte das Licht nicht gesehen. Er konnte nicht, er war nicht da. Er war nie da. Es gab kein Hier-und-Jetzt für Fjodor. Keine Gegenwart. Sein Leben lag in der Zukunft. Gerade eben erklomm er die Hohe *Klutschewskaja* auf der Kamtschatka-Halbinsel über dem Ochotskischen Meer. Wenn er auf Kamtschatka herumstiege, wäre er mit Skiern zum Nordpol unterwegs. Wenn er auf Skiern zum Nordpol fuhr, segelte er um die Erde.

»*Moschet byt*«, sagte ich. Vielleicht.

»*Moschet byt, potschemu? Klutschewskaja gora – muschtschinskaja gora ...*« Warum »vielleicht«? *Klutschewskaja* ist der Berg für Männer.

Ich wollte es ihm noch nicht sagen: Trip-Gerede war unsere einzige Unterhaltung. Sonst hätten wir einander nichts zu sagen gehabt.

»*My dolschni sdelat!*« sagte Fjodor. Wir müssen.

Fjodor glaubte, er und ich hätten dieselbe Krankheit. Das stimmte nicht. Wir hatten dieselben Symptome, aber verschiedene Würmer in uns. Ich war unterwegs, um zu sein. Fjodor, um nicht mehr zu sein.

»*My dolschni?*« sagte ich. Müssen wir?

»*Konetschno, da!*«

In der Dämmerung führte uns die Bürgermeisterin durch ihr staubiges Dorf zur *stalowaja.* Dort wartete eine Überraschung auf uns.

»Pfannkuchen!« Torie war hingerissen.

Das Frühstück war Tories Lieblingsmahlzeit. Viele Tassen glühender, schwarzer Kaffee und Pfannkuchen, einen schlappen Fuß hoch aufgehäuft. Sie glaubte ans Frühstück.

Die *stalowaja* war von unglaublicher Sauberkeit, die Fenster klar, und die Fußbodenfliesen glänzten im gelblichen Morgenlicht. Frisch geschnittene Blumen standen in Vasen auf den wackeligen Tischen. Das Dorf hatte seit Monaten keinen Kaffee gesehen, aber die Pfannkuchen, groß und glühend heiß mit Klacksen frischer Marmelade, die waren da. Torie war euphorisch. Wir setzten uns und stürzten uns darauf.

»Herrgott. Wenn wir das nur jeden Morgen haben könnten«, sagte sie. »Morgen und übermorgen. Und jeden Morgen danach.« Sie streckte die Zunge aus und leckte einen Tropfen Sirup von ihrem Kinn auf.

»Das wäre mir recht«, sagte ich.

»Sawtra«, wisperte Torie. *»Sssaafftrrraa.* Ein wunderbares Wort für ›morgen‹.«

Natascha mischte sich plötzlich ein.

»Njet, tolko, sewodnja.« Nein, nur heute.

»Was?« sagte ich.

»Morgen keine Pfannkuchen«, sagte Natascha. Sie sprach Englisch, unglaublich.

»Warum?« sagte ich.

Natascha kehrte zur sowjetischen Sprache zurück, und Tanja fing an, zu übersetzen.

»Es ist verschwenderisch, an morgen zu denken«, sagte Natascha.

»Warum?«

»Wir sind heute hier. Nur heute sind wir hier.«

»Wenn schon. Also kann man keine Hoffnung auf morgen haben?«

Torie verfolgte die Unterhaltung. Sie aß ihre Pfannkuchen. Ich sprach für sie, sie wußte es, und das gelbe Licht, riesige Pfannkuchen und saubere Wände waren um uns, und das wollte sie sich durch nichts verderben lassen.

»Nein, nur heute.«

Pawel saß neben Natascha. Er sah leer und gelangweilt drein.

»Was heißt das?« fragte ich.

»Morgen ist erst morgen, und es kommt, und du kannst nichts dran ändern«, sagte Natascha.

»Dann denkst du nie an morgen, Natascha?«

»Ich warte auf morgen. Ich sehe nur das Heute.« Natascha schwieg und zuckte die Schultern zum Zeichen, was für ein Idiot ich doch sei.

Weißt du, Natascha, du kannst gar nicht nur das Heute sehen. Heute ist das schlüpfrigste Ding, das du dir vorstellen kannst. Es ist unsichtbar. Schau hin, und es verschwindet. Du kannst »Heute« nur sein, es nicht sehen. Versuchen, die Gegenwart zu sehen, ist, als wolle man sich selbst beim Blinzeln im Spiegel beobachten. Du kannst die Gegenwart nur sehen, wenn sie vertrocknet ist, wie die Emulsion auf einer Fotografie oder die Tinte auf einem Blatt Papier, erstarrt und tot und bereits Vergangenheit geworden.

Tanja sah plötzlich auf, als hätte sie mir zugehört.

»Mark«, und sie lächelte. »Weißt du, daß es in unserer Sprache keine Gegenwartsform für das Verb ›sein‹ gibt? Du kannst nicht sagen ›ich bin‹ oder ›sie ist‹ oder ›ihr seid‹. Im Russischen gibt es ›sein‹ nur in der Vergangenheit oder in der Zukunft.«

Natascha schaute mich finster-vertraulich an, dann sagte sie:

»Tolko sewodnja.«

An dem Nachmittag fuhren Tanja und ich zusammen. Ich mußte auf sie aufpassen. Sie wußte immer noch nicht, wie man radelt. Ihr Rad blieb ihr ein Rätsel. Sie hatte mehr als zehnmal Schiffbruch erlitten.

Einmal versuchte sie, zu scharf zu wenden, flog über den Lenker und rutschte böse durch den Kies. Sie riß sich die Haut von der linken Schulter und schlug sich den Ellbogen bis auf den Knochen auf. Sie hatte einen Schock und mußte genäht werden. Der einzige Ort in unserer Nähe hatte kein Spital. Torie stillte die Blutung und war imstande, die Wunde mit Schmetterlingsbandagen aus unserer Reiseapotheke zu schließen.

Ein andermal stürzte Tanja irgendwie auf dem nassen Pflaster und war bewußtlos. Sie lag mitten auf der Straße, und ein Bus kam. Tom und ich zogen sie gerade noch an den Rand.

Jedesmal, wenn Tanja auf ihr Rad stieg, wirkte sie wie betrunken oder narkotisiert. Ohne Fahrrad fand sie in den verlassensten Dörfern Lebensmittel und dolmetschte die gewundensten Gespräche und ordnete die atemberaubendsten Empfindungen richtig ein. Tanja und ich fuhren aber oft zusammen, denn sie wußte immer eine Geschichte.

»Ich erzähl' dir, wie es mir in Amerika ergangen ist.«

»Bitte.«

»Ich komme nicht aus einer reichen Familie. Man hat Geld, das ist alles. Geld bedeutet in diesem Land nichts.«

Ich glaubte ihr nicht. Früher hatte sie mir erzählt, daß sie mehrmals im Jahr zur Erholung ins Baltikum flog. Sie hatte mir gesagt, irgendwie sei es ihr immer gelungen, den Pflichtmonat zum Kartoffelsetzen, der alle Studenten am Institut für Architektur betraf, zu schwänzen. Sie stammte aus einer wohlhabenden Familie. Zu ihrer Familie gehörten keine Mitglieder der Kommunistischen Partei. Das meinte sie damit.

»Letztes Jahr fuhr ich im November auf den Flughafen in Moskau. Ich hatte mein Ticket. Ich hatte es seit Mai. Eine Flugkarte für Amerika muß man ein Jahr vorher kaufen. Mein Flugschein lautete auf Mai nächsten Jahres, dieses Jahr.«

Tanja erzählte mir gern Geschichten, aber nicht am Lagerfeuer oder in einer *stalowaja.* Natascha oder Fjodor oder Pawel würden versuchen, ihr mit Gesten den Mund zu verschließen. Wenn sie weitersprach, schrien sie: »Sei still, Tanja. Er muß das nicht alles wissen.« Manchmal drohte Fjodor ihr Prügel an.

»Ich trug ein teures Kleid. Aus Seide, vorn sehr tief ausgeschnitten. Und Parfum.« Sie wandte sich mir zu und strich mit den Fingern zwischen ihre Brüste.

»Paß auf die Straße auf!« schrie ich. Unsere Lenker verhakten sich fast. Einen Moment war sie ruhig und bemühte sich ernsthaft, einen geraden Kurs zu steuern.

»Man konnte meine Beine sehen. Ich hatte die Haare hochfrisiert und trug Diamantohrringe. Ich wollte unbedingt nach Amerika. Ich hatte nur eine Handtasche bei mir. Keine Koffer.«

»Ich ging zum Büro des Flughafenleiters. Der Leiter sagte, es wäre unmöglich. ›Ihre Karte ist für nächstes Jahr, nicht für heute!‹ schrie er. ›Nein, nein, nein!‹ schrie er. Ich flehte. Ich weinte. Ich trug ein teures Kleid und hielt mich so, daß er darunter schauen konnte. Er war ein unangenehmes Biest. ›Unmöglich, unmöglich, unmöglich‹, sagte er.

Ich ging ganz nah an ihn ran. Langsam nahm ich meine Diamantohrringe ab. Einen Augenblick hielt ich sie fest in der Hand. Meine Mutter hatte sie mir geschenkt.

Dann legte ich ihm die Diamantohrringe in die Hand und flog nach Amerika.«

Ich schaute sie an und lächelte. Sie lächelte zurück, dann fuhr sie fort. Immer kam da noch etwas. Manchmal sprach sie es aus, manchmal nicht.

»In Amerika hatte ich keine Diamantohrringe. Ich hatte keine Dollars. Es war kalt in New York. Meine Freundin war in Los Angeles. Mein Ticket war immer noch für März. Ich weinte. Ich sprach nur noch Russisch. Am selben Tag schaffte ich es bis Los Angeles.«

Wir rollten eine Weile, dann warf sie mir einen Blick zu.

»Du siehst, Mark. Hier in Rußland sind die Preise einfach höher.«

Diese Nacht saßen wir alle sieben um das Lagerfeuer.

»Torie, wie heißt dein anderes Fahrrad? Das zu Hause.«

Sie schaute auf zu mir, lächelte geheimnisvoll, machte aber den Mund nicht auf. Ich wußte, sie hatte ein zweites Fahrrad. Ich wußte nicht, ob sie einen Namen dafür hatte.

Ich vermutete bloß. Alle großen Räder haben große Namen.

»Ein Name für ein Rad . . .«, sagte sie zögernd, »ist etwas Besonderes. Wie der Name von einer Persönlichkeit in einem Buch. Er macht viel aus.«

»Ja, ich weiß.«

Sie starrte ins Feuer. »Dilsey. So heißt mein gewöhnliches Rad zu Hause. Weißt du, warum, Mark?«

»Ich glaube schon«, sagte ich.

Torie wartete.

Ich starrte ins Feuer. »›Dilsey: Sie harrten aus.‹«

Bis wir in Krasnojarsk einzogen, hatten wir alle unsere Räder getauft. Wir fanden etwas Silberfarbe und malten die Wörter auf die Rahmen.

Tom nannte sein Rad *Blagorodnaja Sobaka.* Edler Hund.

Fjodor taufte seines *Konetschno, Da!* Natürlich, Ja.

Tories hieß *Sawtra.* Morgen.

Natascha nannte ihres *Tolko sewodnja.* Nur heute.

Tanjas hieß *Moj Monster.* Mein Monster.

Pawel nannte seines *Wdochnowenije.* Inspiration.

Und ich, ich taufte mein Rad *Swobodny.* Frei.

32

Wir wohnten in dem monolithischen Hotel Krasnojarsk. Es war düster und unergründlich. Wir waren die allerersten Amerikaner in Krasnojarsk – seit zweiundsiebzig Jahren war es eine geschlossene Stadt gewesen –, daher erschien morgens ein Reporter.

Tom, Torie und ich saßen auf einem Sofa in der Halle. Der Reporter war verstaubt, mit dicker, undurchsichtiger Brille. Ich glaubte kaum, daß er uns wirklich sehen konnte. Er trommelte mit einem Bleistift auf seinem Notizblock und fing an, uns durch seinen Dolmetscher zu befragen.

Der Übersetzer war groß und schlank wie ein Rohr. Er trug einen sauberen Anzug und eine Krawatte. Er sah aus wie ein Mensch, der schon immer einen sauberen Anzug und eine Krawatte getragen hatte. Sein Name war Alexander Tarasow, Sascha.

Schon als Junge hatte Sascha illegal die Voice of Amerika und den BBC abgehört. Er hatte jeden Fetzen Englisch gelesen, den er kriegen konnte. In seinem langen, schmalen Kopf existierte eine konfuse Bibliothek amerikanischer Romane vom Schwarzmarkt, verbotener Radioberichte und entstellter Regierungsmonologe. Sascha hatte geduldig und feierlich darauf gewartet, drei Jahrzehnte lang, einen Amerikaner zu treffen. Er zog Grimassen, während er die Fragen des Reporters übersetzte.

»Wie gefällt Ihnen das Hotel Krasnojarsk?«

Wir nickten. Nach einer durchschlafenen, langen Nacht waren wir immer noch müde.

»Es ist das größte Hotel von Sibirien.«

»Hm, *bolschoi*«, sagte ich.

»Da, bolschoi!« schrie der Reporter. *»Wy goworitje porusski?«*

»*Njet*«, sagte ich. »Ich weiß nur, was das Wort *bolschoi* bedeutet.«

Der Reporter war verblüfft. Sascha übersetzte es ihm. Der Reporter begann, in einen Block zu kritzeln.

»Wie ihr wißt, meine amerikanischen Freunde«, Sascha sah auf uns herab, »hat Mütterchen Rußland den größten Mikrochip erfunden.«

Wir lachten, Sascha blickte über seine schwarzen Brillengläser und versuchte es mit einem Lächeln.

»Es tut mir wirklich leid. Dieser Reporter ist ein Esel.«

»Schon gut«, sagte Tom.

»Darf ich Sie etwas fragen?«

Wir wußten es noch nicht, aber die Neugier hüpfte und klopfte im Innern Saschas wie eine Grille in einem Glas.

»Klar«, sagte ich.

»Tragen alle Amerikaner eine Waffe; ist es wahr, daß junge Leute tatsächlich Autos besitzen; ist es wahr, daß jeder zu jeder Zeit Fleisch kaufen kann; stimmt es, daß Amerikas Straßen voller Abfall sind; stimmt es, daß es keine allgemeine Wehrpflicht gibt und keine Rationierung und ...«

Seine Fragen kamen so schnell, daß ihm die Luft wegblieb und er verstummte. Der Reporter starrte ihn mit einem leeren Walroßblick an, steckte den Block in die Tasche und ging.

Wir antworteten abwechselnd auf Saschas Fragen. Unsere Antworten verwirrten ihn. Das Bild entsprach nicht dem, das er sich im Kopf ausgemalt hatte.

»Ich sehe, es ist nicht so, wie ich dachte«, sagte er. »Das hätte ich wissen müssen.«

»Uns geht es mit Sibirien genauso«, sagte ich.

Sascha erlaubte sich ein Lächeln, sorgenvoll.

Wir sprachen über drei Stunden. Dann entschuldigten sich Tom und Torie. Sie brauchten ein Nickerchen. Sascha lud mich zum Mittagessen ein.

»Wir gehen in das netteste Restaurant von Krasnojarsk«, sagte er.

Ich schüttelte den Kopf. Mir war nicht nach Restaurant zumute.

»Bitte«, sagte er. »Ich bin ein Russe. Ich weiß, wie das geht.«

Der Türsteher stand vor den Glastüren. Seine Schultern waren in einen abgetragenen Frack gezwängt. Sein Haar war mit Schmalz eingerieben. In einer Lücke zwischen zwei Zähnen steckte eine Zigarette.

»Hallo«, sagte Sascha.

Der Türsteher stand vor seinen Türen, die Hände in den Taschen.

»Entschuldigung«, sagte Sascha.

»Das Restaurant ist geschlossen«, sagte der Türsteher.

Sascha erspähte über ihn hinweg das Schild an der Tür: Offen 1.00 bis 10.00 Uhr.

Sascha schaute auf seine Uhr. Die Augen des Türstehers wurden schmal. Seine Taschen wölbten sich wie Säcke mit Schlangen.

»Es ist jetzt zwei Uhr«, sagte Sascha höflich.

»Das Restaurant ist geschlossen.«

»Warum ist das Restaurant zu?«

»Es ist geschlossen, weil es geschlossen ist«, sagte der Türsteher. Seine Hände sprangen aus den Taschen und klammerten sich an die Griffe an den Glastüren. Seine Zähne waren spitz. Rauch strömte aus seinen Nasenlöchern.

»Wann macht das Restaurant auf?«

»Können Sie nicht lesen?« schrie der Türsteher.

»Doch, ich kann lesen«, sagte Sascha.

»Das Restaurant ist geschlossen.« Der Türsteher hielt den Kopf schief wie ein Nagetier. Er hatte eine scharfe Nase und schwarze, ölige Augen.

»Ich möchte gern den Manager sprechen.«

»Es gibt keinen Manager.«

»In diesem Fall werde ich mit dem Hotelmanager sprechen.« Wir wandten uns zum Gehen.

Die Zigarette des Türstehers war bis auf seine Zähne abgebrannt. Er spuckte sie aus und trat von der Tür zurück. Wir gingen hinein.

Es war ein höhlenartiger Saal. Die Lampen waren aus und die Vorhänge zu. Der Maître de saß hinter einem Pult. Er war sehr fett. Zur Seite gelehnt, flüsterte er in das steife, blaue Haar einer Kellnerin. Die Kellnerin, immens vollbusig in einer offenen Bluse, lehnte sich gerade weit genug vor. Sie hielt ein rosa bemaltes Auge auf uns, mit Glitter im Blick. Sie sah aus wie ein fleischfressender Fisch.

»Könnten wir bitte einen Platz haben?« fragte Sascha.

Wir warteten.

»Entschuldigung, könnten wir bitte einen Platz haben?«

Der Maître de zog sein Gesicht aus dem blauen Haar. Die Kellnerin trat busenwackelnd zurück. Sie schwenkte ihr Haar herum und schwänzelte schwergewichtig hinweg. Ihr Rock war kurz, ihre Strümpfe hatten Laufmaschen bis zwischen die Beine.

Der Maître de sah durch uns hindurch. Seine Augen waren geschwollen. Sein Kopf hatte ein großflächiges, blasses Gesicht, und sein Hals trug einen großen Kopf. Seine Hände, groß und rot, lagen mit der Handfläche auf dem Pult wie zwei kleine Schweine auf ihrem Bauch.

»Könnten wir uns setzen«, sagte Sascha. »Ein Tisch für zwei.«

Die Kellnerin kam zurückgeschwommen und schob ihre enormen Brüste vor. Aus ihren weißen Händen sprossen glänzend-rosa Fingernägel. Ihre Hände sahen wie tote Kaninchen aus. Sie legte eine auf das Pult und eine auf die Hüfte. Sie schien zu versuchen, aus einer Entfernung von einem Meter in das Ohr des Maître de hineinzuschauen. Der Maître de sah immer noch an uns vorbei.

»Sie sind der Maître de, nicht wahr?« sagte Sascha. »Könnten wir bitte Platz nehmen?«

Der Maître de starrte durch uns durch. Die Kellnerin starrte in sein Ohr.

Wir warteten.

»Entschuldigen Sie. Könnten wir bitte Platz nehmen?« sagte Sascha. Er sprach höflich, als wären wir gerade erst hereingekommen.

Der Maître de wandte sich zur Kellnerin, zog sie mit einem seiner roten Schweinchen zu sich und steckte seine Nase in ihr blaues Haar. Sie beugte sich, die Tote-Kaninchen-Hände über den Tisch gespreizt, und blinzelte uns zu.

Wir warteten.

Etwas später stöhnte der Maître de und zog seine Hand aus dem Haar der Kellnerin. Sie wackelte sich zurecht und schwamm fort.

»Nehmen Sie irgendeinen Tisch.« Glitzer klebte an seinen Lippen. Er hustete, etwas kam in seinen Mund herauf, und er begann zu kauen.

Ungefähr die Hälfte der Tische waren besetzt. Auf allen stand in der Mitte dieselbe Matrioschka-Puppe. Die Leute aßen schweigend oder warteten und redeten oder warteten und redeten nicht und warteten. Sascha und ich setzten uns an einen kleinen Tisch.

Wir warteten. Niemand kam an unseren Tisch. Wir schauten zum Maître de zurück. Er lächelte. Wir warteten. Sascha rief einen Kellner herbei.

»Ich bin nicht Ihr Kellner«, sagte der Kellner freundlich. Er hatte die Hände um eine runde Platte gekrallt. Sie waren grün und sahen wie Eidechsen aus.

»Wer ist unser Kellner?« fragte Sascha.

»An Ihrem Tisch wird nicht serviert«, sagte der Kellner.

»Warum wird an unserem Tisch nicht serviert?« fragte Sascha.

»Weil an dem Tisch, an dem Sie sitzen, nicht serviert wird, tut mir leid.«

»Aha. Ich würde gern mit dem Manager sprechen.« Sascha lächelte.

»Tut mir leid, ich bin nicht Ihr Kellner«, sagte der Kellner und ging weg.

Der Manager kam nie: Sascha winkte wieder einen Kellner heran. »Ich möchte den Manager sprechen«, sagte er. Der Kellner nickte. »Ich bin nicht Ihr Kellner«, sagte er und ging, die Platte fest in seinen Eidechshänden.

Sascha zog einen anderen Kellner heran.

»Ich möchte den Manager sprechen«, sagte er. Dieser Kellner ruckte mit dem Kopf vor und zurück, wie eine Taube, und flog fort. Sascha lächelte mir zu.

Als dieser zweite Kellner wieder vorbeihuschte, packte Sascha ihn am Ärmel und wirbelte ihn herum wie eine flatternde Taube mit einem Haken durch den Schnabel.

»Bitte bringen Sie uns den Manager.«

Nach einer Weile kam eine große Frau in einem grünen Glitzerkleid an unseren Tisch gerollt.

»Hallo«, sagte Sascha höflich.

»Hallo«, gab sie zurück. Ihre Lippen waren blaßgrün.

Sascha breitete seine Finger auf der Tischdecke aus.

»Ist diese Tischdecke dieselbe wie die Tischdecke auf dem Tisch da drüben?« Sascha deutete auf einen leeren Tisch in unserer Nähe.

»Ja«, sagte sie.

»Und die Puppe?« Sascha berührte die runde, heiter dreinblickende Matrioschka. »Ist sie dieselbe wie die Puppe auf dem anderen Tisch?«

»O, ja.«

Sascha nahm seine Gabel. Er zwirbelte sie zwischen den Fingern. Er ließ den Griff in seine Handfläche fallen und beförderte mit einer Drehung des Handgelenks die Zinken der Gabel auf seinen Teller. Er ließ die Gabel über den Teller kreischen.

»Ist diese Gabel dieselbe wie auf dem anderen Tisch?«

Der Frau hatte das Geräusch, das Sascha auf dem Teller machte, Spaß gemacht. Sascha sah zu ihr auf, stieß seine Faust vor und ließ die Gabel noch einmal über den Teller kreischen. Sie lächelte hingerissen. Er gefiel ihr. Sie schwang ihren Kopf wie einen Geschützturm.

»Ja, sie sind dieselben. Alles hier ist gleich.«

»Wir hätten gern zweimal das Menü, bitte«, sagte Sascha.

Die Frau entfaltete ihre Arme und zog zwei Speisekarten unter ihren Achselhöhlen hervor. Ihre Hände waren rund und gepolstert. Sie sahen wie Schildkröten aus. Die Speisekarten waren unter ihren Achseln feucht geworden.

»An diesem Tisch wird nicht serviert«, sagte sie.

Sascha und ich wählten nach der Speisekarte. Wir warteten, und kein Kellner kam. Sascha rief den ersten wieder zu sich.

»Tut mir leid, ich bin nicht Ihr Kellner.« Er lächelte verzweifelt.

»Könnten Sie bitte, wer immer unser Kellner ist, ihm sagen, daß wir warten und bestellen wollen.« Sascha sprach tonlos, mit einer Hand berührte er das Schlüsselbein des Kellners.

»An Ihrem Tisch wird nicht serviert«, sagte er und machte sich los.

Als es sich ergab, versuchte Sascha den zweiten vorbeischwebenden Kellner zu greifen, aber diesmal wich ihm der Bursche aus, flatterte mit den schwarzen Ellenbogen und kreischte zornig: »Ich bin nicht Ihr Kellner!«

Sascha wollte gerade aufstehen, da kam die Frau zurück. Sie rollte zu unserem Tisch herüber, Bleistift und Block in ihren kopflosen Schildkröten.

»Was möchten Sie haben?« Sie lächelte.

Wir bestellten. Sie schrieb es auf und rollte davon.

Wir warteten und unterhielten uns. Wir warteten, redeten, und unser Essen kam nicht.

Sascha rief den Kellner, der nicht unser Kellner war, und verlangte wieder den Manager und schob ihn dann weg, ehe er irgend etwas sagen konnte. Die Frau kam.

»Unser Essen ist nicht gekommen«, sagte Sascha höflich.

»Bei wem haben Sie bestellt?«

»Sie haben unsere Bestellung aufgenommen.«

»An diesem Tisch wird nicht serviert. Sie müssen hier

sitzen.« Sie ließ eine Schildkröte auf den benachbarten Tisch plumpsen. Wir wechselten die Plätze. Sie lächelte und sagte: »Ich schicke eine Kellnerin.«

»Wir sind jetzt an einem anderen Tisch«, rief Sascha dem Kellner-nicht-unser-Kellner zu.

»Ich bin nicht Ihr Kellner.« Er fuhr zusammen.

Wir warteten. Wir beobachteten alle andern, die ebenfalls warteten. Einige Zeit später erschien eine Kellnerin. Es war die vollbusige, fleischfressende. Ich bemerkte jetzt, daß sie Goldzähne und ein angenehmes Lächeln besaß. Nur für uns lehnte sie sich weit über den Tisch. Ihre Tote-Kaninchen-Hände bumsten auf die Tischdecke. Wir machten unsere Bestellung.

»Das gibt es nicht.« Sie schüttelte den Kopf mit der blauen Hochfrisur. Der Glimmer auf ihren Wagen funkelte wie Schuppen.

Sascha deutete auf den Gegenstand auf der Speisekarte.

»Das ist nicht möglich«, sagte sie.

Wir wählten etwas anderes.

»Das geht nicht«, sagte sie und lächelte. Ich konnte ihre zerrissenen Nylons und ihre Brüste riechen.

»Was geht dann?« sagte Sascha.

»Bœuf Stroganoff und Suppe mit saurem Rahm.« Das war gar nicht auf der Karte.

»Das nehmen wir gern«, sagte Sascha.

Sie schwamm zum Pult des Maître de hinüber. Wir sahen ihr nach, und sie zwinkerte uns zu und hob für uns ihren Po in die Luft. Etwas später ging sie in die Küche und brachte zwei kleine Teller mit Gurkenscheiben.

»Entschuldigen Sie, wo ist die Suppe?« fragte Sascha.

»Es gibt keine Suppe.«

»Aber Suppe sollte sein.«

»Mit wem haben Sie gesprochen?«

»Mit Ihnen.«

Sie ließ die goldenen Zähne blitzen.

»Gibt es Salatsauce?«

»Keine Salatsauce, nur saure Sahne.«
»Könnten wir bitte saure Sahne zu den Gurken haben?«
»Es gibt keine saure Sahne.«
»Sie haben gerade gesagt, es gibt saure Sahne.«
»Die saure Sahne ist für die Suppe.«
»Aber es gibt keine Suppe.«
»Ja.«
»Danke«, sagte Sascha. Wir fingen mit den Gurken an. Sie waren nicht schlecht.

Als sie wiederkam, waren wir mit den Gurken fertig. Sie stellte unsere Teller ineinander und ging weg. Eine Zeitlang schwänzelte sie um das Pult des Maître de, ging dann in die Küche und kam mit zwei Suppenschalen wieder heraus. Kohlsuppe. Sie setzte uns die Schalen vor. In jeder Schale schwamm ein großer Klacks saure Sahne.

Die Suppe war ausgezeichnet. Als das Bœuf Stroganoff kam, war das Fleisch kalt und das Fett geronnen. Wir waren noch nicht fertig, als sie wiederkam, um unsere Teller zu holen. Sie nahm sie einfach. Sascha bestellte Tee.

Sie brachte die Rechnung: Sechs Rubel und siebzig Kopeken. Der Tee war auf der Rechnung. Den Tee brachte sie nicht. Ich gab ihr eine Zehnrubelnote, und sie schwamm davon. Sie kam nie wieder.

Es war inzwischen nach fünf, also gingen wir. Der Maître de lächelte reizend, als wir vorbeigingen. Er schwenkte seine kleinen Schweinchen. Die Kellnerin blinzelte und schwenkte ihre blutenden Kaninchen. Der Türsteher schien die ganze Zeit auf uns gewartet zu haben. Er lächelte ebenfalls reizend und riß die Türe auf.

Diesen Abend kam Tanja in mein Zimmer. Sie brachte harte Brötchen und Bier. Wir wollten einen Anruf in die Vereinigten Staaten versuchen. Sie machte es sich auf dem Bett bequem. Auf ein Bett paßte sie besser als auf ein Fahrrad. Sie wählte die Null. Das Telefon am anderen Ende klingelte und klingelte, dann wurde abgehoben.

»Hallo, hallo!« schrie Tanja. Keine Antwort.

»Hallo, hallo!« brüllte Tanja.

Das Telefon zischte, dann war die Leitung tot. Sie wählte wieder. Sie versuchte es noch dreimal. Sie versuchte, den Hoteltelefonisten zu erreichen. Der saß in einem Zimmer zwei Stockwerke unter uns.

»Hallo, hallo!« brüllte Tanja.

»Ja, ja«, kreischte die Stimme am anderen Ende. Ich konnte sie aus zwei Metern Entfernung hören. Sie klang wie ein Vogel mit gebrochenen Flügeln.

»Ich möchte einen Anschluß in den USA.«

»Sie müssen eine Vorbestellung machen.«

»Dann hätte ich gern eine Vorbestellung.«

»Sie müssen eine Vorbestellung bei der internationalen Vermittlung machen. Ich bin die Hotelvermittlung.« Bsssss.

Tanja wählte nochmals.

»Ja, ja.«

»Ich möchte einen Anschluß in den USA.«

»Ich habe Ihnen gesagt«, kreischte der Vogel, »Sie müssen eine Vorbestellung bei der internationalen Vermittlung machen.«

»Könnten Sie mich bitte mit der Zentrale in Krasnojarsk verbinden?« Bssssss.

»Ich mach' das falsch«, sagte Tanja zu mir. Sie biß in ein Brötchen.

Die nächsten zwei Mal verstellte Tanja ihre Stimme und bat einfach um Verbindung mit der Zentrale in Krasnojarsk. Etwas anderes gab es nicht. Alle Anrufe gingen durch die Vermittlung des Hotels Krasnojarsk. In der Sowjetunion gibt es keine Telefonbücher.

»Ja.« Wunderbarerweise war es die Vermittlung von Krasnojarsk. Sie hatte die Stimme eines plattschnäuzigen Hundes.

»Könnten Sie mich bitte mit der internationalen Vermittlung verbinden?«

»Nein.« Keine internationalen Gespräche von Krasnojarsk. Bsssss.

Tanja strich sich die Haare zurück und setzte ein Bier an die Lippen. Sie lag auf dem Bett auf dem Rücken. Sie versuchte es noch einmal.

»Könnten Sie mich bitte mit der internationalen Vermittlung verbinden?« Sie war wieder bei der Vermittlung von Krasnojarsk angelangt, und ihre Stimme klang hoch vor soviel Glück.

»In Krasnojarsk gibt es keine internationale Vermittlung«, sagte die nasale Stimme.

»Könnten Sie mich dann bitte mit der internationalen Vermittlung in Moskau verbinden?« Tanja dachte schnell. Ein Pfeifgeräusch.

»Ja, ja, ja.« Es kreischte durch das Kratzen. Es war die internationale Vermittlung. Sie hatte eine Stimme wie eine Katze, die in den Rasenmäher geraten ist.

»Ich möchte einen Anschluß in den USA.«

»Sie müssen eine Voranmeldung machen.«

»Mit wem mache ich die Voranmeldung?«

»Mit der internationalen Vermittlung.«

»Sind Sie die internationale Vermittlung?«

»Ja.«

»Kann ich die Voranmeldung bei Ihnen machen?«

»Nein.«

»Warum?«

»Hier ist die internationale Vermittlung in Moskau.«

»Mit welcher internationalen Vermittlung muß ich die Voranmeldung machen?«

»Mit der internationalen Vermittlung von Krasnojarsk.«

»In Krasnojarsk gibt es keine internationale Vermittlung«, sagte Tanja.

»Ja, ich weiß. Krasnojarsk ist eine geschlossene Stadt.«

»Kann ich die Voranmeldung bei Ihnen machen?«

»Ich bin die internationale Vermittlung in Moskau.«

Tanjas Stimme klang beherrscht. Man erlaubte ihr, die

von mir gewünschte Nummer in den Staaten und meine Zimmernummer im Hotel Krasnojarsk anzugeben. Die Katze sagte, sie würde in einer Stunde zurückrufen.

Wir warteten und redeten. Zwei Stunden gingen vorüber.

Durch einen zweiten Streich von besonderem Glück kam Tanja direkt zur internationalen Vermittlung in Moskau durch.

»Ich warte auf einen Anruf wegen eines Gesprächs in die USA.«

»Wer sind Sie?« kreischte die Katze. »Mit wem haben Sie die Voranmeldung gemacht?«

»Mit Ihnen.«

»Ich habe keine Voranmeldung.«

»Ich würde gern eine Voranmeldung machen.« Tanja unterzog sich wieder allem. Die Katze sagte, sie würde in einer Stunde zurückrufen.

Das Telefon klingelte nicht nach einer Stunde. Tanja kam wieder durch.

»Ich würde gern eine Voranmeldung für einen Anruf in den USA machen.«

»Wer sind Sie?« Tanja gab an, wer sie sei.

»Sie müssen eine Voranmeldung machen.« Tanja machte ganz ruhig noch eine Voranmeldung. Es kreischte, in einer Stunde würde es sich in meinem Zimmer melden. Nach einer Stunde klingelte das Telefon, und Tanja nahm ab.

»Sie möchten einen Anschluß in den USA?«

»Ja.«

»Aber Sie sind in Krasnojarsk. Nein?«

»Ja.«

»Sie machen diese Voranmeldung für einen Amerikaner. Nein?«

»Ja.«

»Das ist unmöglich. In Krasnojarsk gibt es keine Amerikaner.«

Tanja versuchte, zu erklären.

»Es gibt keine Amerikaner in Krasnojarsk, und es hat nie Amerikaner in Krasnojarsk gegeben, also ist wohl klar, daß es unmöglich ist, eine Voranmeldung für einen Anruf in den USA von Krasnojarsk zu machen.« Bsssss.

Es war schon fast Morgen und sehr dunkel. Bier und Semmeln waren alle. Tanja wollte eben gehen, als mein Telefon klingelte.

»Sie sollen anrufen und eine Voranmeldung machen«, kreischte es.

»Ja, ich würde gern eine Voranmeldung für einen Anruf in den USA vom Hotel Krasnojarsk in Krasnojarsk für einen Amerikaner machen.«

»Bitte rufen Sie in einer Stunde an, und machen Sie eine Voranmeldung.«

Eine Stunde später rief Tanja an. Wie ein Speer ging sie durch Vogel und Hund in die Katze und machte eine Voranmeldung. Dann hieß es, es sei natürlich unmöglich, die Staaten von Krasnojarsk aus anzurufen, der Anrufer müsse Amerikaner sein und es gäbe im Hotel Krasnojarsk keine Amerikaner, weil Krasnojarsk eine geschlossene Stadt sei, und also müsse sie morgen zurückrufen und eine Voranmeldung machen. Bssss.

Ich bedankte mich bei Tanja, und sie ging.

Etwas später, als ich schlief, klingelte das Telefon, und weit weg konnte ich eine Stimme schreien hören und wußte, das war jemand aus Amerika, und ich schrie zurück, und sie konnte mich nicht verstehen, und sie sagte, sie könne mich nicht hören, und wir brüllten und brüllten und hängten schließlich beide einfach auf.

Am nächsten Abend lud mich Sascha zu sich nach Hause zum Abendbrot ein. Er hatte kein Auto. Er bestach einen Knitteranzug. Wir wurden gefahren. Auf der Fahrt durch die Stadt erzählte ich ihm, wie Tanja versucht hatte, in den Vereinigten Staaten anzurufen. Er lachte.

Sascha lebte mit Luda, seiner Freundin, und ihrer Mutter im winzigen Appartement der Mutter. Als wir kamen, war klar, daß Luda und ihre Mutter den Nachmittag mit den Vorbereitungen des Abendbrots für uns verbracht hatten. Liköre und Vorspeisen wurden sofort serviert.

Luda war eine korpulente Frau. Sie war Englischlehrerin und sprach tadellos. Auch sie hatte sich ein kunstvolles Bild von Amerika ausgemalt.

»Wir hören so viel von eurem Aids. Euer Aids hat sich überall ausgebreitet, nicht? Stimmt es nicht, daß die Hälfte der Bevölkerung von New York City Aids hat? So hieß es heute im Radio.«

Ich versuchte, zu erklären. Sie hörte aufmerksam zu.

»Wir glauben nicht, was wir hören. Aber wir wissen nicht Bescheid«, sagte Luda.

Ludas Mutter erschien, und zusammen veranstalteten sie ein Festmahl. Es gab so viele Spezialgerichte, daß die Kerzen und Blumen vom Tisch mußten. Wir aßen und sprachen über dies und jenes. Dann begann Sascha zu sprechen.

»Also sehen Sie, ich glaube nicht, daß Sie wissen, wie es hier ist.«

»Ich möchte wissen, wie es hier ist«, sagte ich.

Sascha hielt einen Moment inne. Keiner sprach.

»Also, schauen Sie. Da gibt es diese Gruppe von Leuten, denen alles gehört. Dieses Zimmer, in dem wir essen, es gehört ihnen. Dieser Wohnblock, er gehört ihnen. Ihnen gehören die Busse, die Züge, die Schiffe. Und die Flüsse.«

Ich beobachtete ihn. Er war zornig, aber beherrscht. Er beobachtete mich.

»Ich glaube immer noch, Sie verstehen mich nicht.«

Ich antwortete nicht.

»Mark, mein Freund, lassen Sie es mich so sagen.« Sascha hatte nur wenig gegessen. Er war zu groß und hager, um zu essen. »Alles in diesem Land ist Privatbesitz. Uns gehört nichts. Jeder besitzt nichts.

Erlauben Sie mir eine weitere Erklärung. Diesen selben Leuten gehören die Fabriken und die Kirchen und die Schulen. Alle Schulen. Und alle Bücher, die die Kinder lesen. Sie haben die Bücher geschrieben, die die Kinder lesen.

Ihnen gehören Kunst und Musik. Die Radiostationen und die Fernsehstationen und jede Zeitung und jede Zeitschrift. Und«, Saschas Stimme brach, »ihnen gehört die Sprache. Die verdammte Sprache.

Also. In allen Zeitungen, in jeder Schule und in allen Fabriken sprechen sie diese Sprache und sagen dasselbe. Was sagen sie? Wir sind das größte Land der Welt. Jedes andere Land auf der Welt ist arm und gefährlich und häßlich, und wir sind das größte.« Sascha hatte die Brille abgenommen und die Augen geschlossen. Er weinte.

»Verstehen Sie?«

Ich nickte.

Er schüttelte den Kopf. »Nein, ich fürchte, das können Sie nicht. Wenn ihnen die Sprache gehört, gehören ihnen die Menschen.«

Ich hatte aufgehört, zu essen. Ludas Mutter forderte mich wieder auf.

»Es gibt nur eine Stimme in diesem Land, und das ist nicht unsere. Es ist nicht unsere«, sagte Luda. Sie deutete auf Sascha und dann auf ihre Mutter und dann auf mich. Plötzlich schien sie das Thema zu wechseln.

»Stimmt es, daß man in Amerika Kondome in der Drogerie kaufen kann?«

Ich lächelte schwach. Ihr Ausdruck änderte sich nicht.

»Wir haben das bloß von Freunden gehört. Es stimmt also nicht.«

»Nein, nein, es ist wahr«, sagte ich.

Luda und Sascha waren starr.

»Kondome kann man hier nicht finden«, sagte Sascha. »Sie sind sehr, sehr teuer. Man muß sie auf dem Schwarzmarkt kaufen.«

»Andere Formen von Geburtenkontrolle gibt es hier nicht«, sagte Luda und sah Sascha schmerzlich an. Sie biß sich auf die Lippen.

Ich wollte Luda noch mehr fragen, konnte aber nicht. Sie wußte das.

»Abtreibung. Abtreibung ist die einzige Form von Geburtenkontrolle. Und die Ärzte sind sehr schlecht. Und die Instrumente sehr alt. Viele Frauen werden verletzt.« Ludas Stimme senkte sich.

»Und, natürlich, Sterilisation«, flüsterte sie. Ihr Gesicht war tief betroffen.

Eine lange Zeit saßen wir alle um den Tisch, ohne zu sprechen.

»Du siehst, Mark«, Saschas Augen waren immer noch geschlossen, »wir sind hier sehr verwöhnt.«

33

AN DEM ABEND, als ich bei Sascha zum Essen war, wurde Tom bestohlen.

Er war in Tanjas Zimmer gegangen und hatte vergessen, abzuschließen. Tanja und er hatten sich vielleicht eine Stunde unterhalten. Als er in sein Zimmer zurückkam, waren alle Rubel aus seinem Geldgürtel verschwunden.

Es war ein kleiner Betrag, keine hundert Dollar. Tom erwog, ob er es jemand sagen sollte. Schließlich beschloß er, den Diebstahl anzuzeigen. Er rief den Empfang an, der Empfangschef rief die Polizei. Die Knitteranzüge kamen.

Zwei riesige, stumpfnäsige Männer wurden vor Toms Türe stationiert. Sie nahmen Tom zum Verhör in sein Zimmer. Sie befragten ihn fünf Stunden lang.

Als Sascha mich zum Hotel zurückbrachte, war überall Polizei. Sascha wurde gesagt, er solle in der Halle warten. Ich rannte hinauf. Tom wurde gerade entlassen. Er sah verstört und erschöpft aus. Sein Gesicht war grau.

Dann nahmen sie Tanja in Toms Zimmer. (Mir sagten sie, ich würde am Morgen befragt.) Sie sprach Englisch und kannte Tom, daher war sie eine Hauptverdächtige. Sie verhörten sie zwei Stunden. Sie weinte, als sie herauskam, und wurde in ihr Zimmer gebracht.

Dann führten die stumpfgesichtigen Männer Sascha in Toms Zimmer. Er war der erste aus Krasnojarsk, der mit einem Amerikaner gesprochen hatte, also auch ein Hauptverdächtiger. Sie verhörten ihn viele Stunden lang. Als er entlassen wurde, etwa um fünf Uhr morgens, ging er direkt in Tanjas Zimmer. Er dachte, sie könnten sie bedroht haben.

Er fand Tanja auf dem Fußboden, hysterisch weinend, Blut am Kopf.

Irgendwann im Lauf der Nacht hatte Fjodor von dem Diebstahl erfahren. Er war zu Tanjas Zimmer gegangen und hatte sich gewaltsam Eintritt verschafft und ihr vorgeworfen, das Geld gestohlen zu haben. Er hatte sie am Genick hochgehoben und ihren Kopf gegen die Wand geschlagen.

Die Knitteranzüge fanden den Dieb nie.

Ehe wir aus Krasnojarsk wegfuhren, trafen Tom und ich uns mit Fjodor. Wir versuchten, ihm zu erklären, daß das, was er getan hatte, falsch war und daß wir nicht weiter mit ihm fahren könnten, wenn er Tanja jemals wieder anrühren würde.

»Das ist untragbar. Du mußt dich entschuldigen«, sagte Tom.

Fjodor war beleidigt. Er weigerte sich, sich zu entschuldigen.

»Du Arschloch«, sagte ich. »Du bist ein richtiger Scheißkerl.«

Fjodors Gesicht war gleichgültig. Er verstand nicht, weshalb wir uns so aufregten.

Tom schüttelte sich, seine Kinnmuskeln bebten. »Um Gottes willen! Das hier ist bloß eine Radtour!«

34

NACH KRASNOJARSK traf uns der Wind. Das hatten wir erwartet. Wir drangen auf die Westsibirische Ebene vor.

Im Osten vom Sibirischen Bergland und im Westen vom Ural begrenzt, ist die Westsibirische Ebene größer als drei Nebraskas aneinander. Von Nord nach Süd mißt sie dreitausenddreihundert Kilometer, von der Karasee bis Kasachstan. Das Land, trostlos eintönig und flach, wird Tag und Nacht von Westwinden durchtobt.

Es gibt nur eine Straße durch die Westsibirische Ebene.

Tagelang konnten wir die Köpfe nicht heben. Tage- und tagelang. Die Monotonie war unsagbar, der Wind so heftig, daß Bewegung überhaupt hieß, zu einer möglichst kleinen Zielfläche zusammenzuschnurren und die Pedale bis zur Erschöpfung zu treten.

Eines Nachmittags, als der Wind so bösartig geworden war, daß wir mit weniger als Schrittgeschwindigkeit fuhren und unsere Lungen und Beine gelähmt waren, suchten wir hinter einem Heuschober Schutz.

»So fliegen die Gänse«, sagte ich und ließ eine Hand vor der anderen schweben. Meine Mittelfinger deuteten nach vorn und stellten zwei Gänsehälse dar, meine Daumen und kleinen Finger streckten sich als Flügel.

»Zusammen«, sagte ich und bewegte beide Hände im Takt. Ich ließ sie im Wind fliegen, steigen und fallen, eine hinter der anderen.

Torie lag auf der Seite, ihr Rücken warm gegen mein Bein. Ihre Augen waren geschlossen. Tom war neben mir, und Tanja, neben Tom, war ins Heu vergraben. Sie guckte wie eine Maus aus ihrem Loch. Natascha schlief auf der anderen Seite von Torie. Pawel und Fjodor waren neben Natascha, die Rücken gegen die Strohwand.

»Ich denke, wir sollten es versuchen.« Ich nickte über meinen in Formation fliegenden Händen.

»Das haben wir schon mal versucht«, sagte Tom. Er schrieb in sein Tagebuch.

»Ich denke, wir sollten es nochmals versuchen. Ernsthaft, diesmal.«

»Komisch, wie man es nicht sehen kann«, sagte Torie plötzlich. Ihre Augen waren geschlossen. »Der unsichtbare Moloch.«

Über meinen Händen sah und hörte ich die Birkenstämme sich heftig verbeugen und krachen, sich aufrichten und wieder beugen. Das Feld bäumte sich auf und rollte. Wolken waren verzerrt und flüchtig. So war es schon viele Tage gewesen.

»Ich finde auch, daß wir es noch einmal versuchen sollten«, sagte Tom sarkastisch. »Möchtest du es nochmals erklären?« Er lächelte höflich und deutete mit seiner Füllfeder auf die Sowjets.

»Vielleicht.«

Am Baikalsee hatte ich alles in allen Einzelheiten ausgebreitet, und wir hatten es versucht, und es war völlig schiefgegangen.

»O. k.«, sagte Tom.

Ich stand auf und ging zum Graben hinüber. Der Wind traf mich. Ich ging auf Hände und Knie hinunter und suchte sieben kleine Steine und brachte sie hinter den Heuschober. Ich drängelte mich an meine alte Stelle, wischte einen Platz auf dem Boden frei und legte die Steine in eine Linie. Ich kratzte einen Pfeil in den Boden. Der Pfeil deutete direkt in die Linie der Steine.

Tom sagte: »Ich glaube, ehe wir gehen, möchte Mark etwas sagen.«

Alle wandten sich mir zu. Sie sahen müde und durcheinander aus.

»Ich hab' das schon mal gesagt«, sagte ich.

Ich deutete auf den Pfeil. »*Weter.*«

Ich deutete auf die sieben aufgereihten Steine. »*Nas.*«

Alle nickten. Ich fing an, zu erklären, und Tanja übersetzte.

»So fährt eine Mannschaft. Man nennt das im Windschatten fahren. Wir sind eine Mannschaft und sollten das so machen. Einer für alle und alle für einen, sozusagen.«

Tom und Torie grinsten. Sie fanden mich naiv, weil ich es nochmals zu erklären versuchte.

»Der Fahrer an der Spitze zieht und führt alle anderen. Der Spitzenfahrer schneidet den Wind, und der Rest fährt hinterher, Vorderrad an Hinterrad. Wie Elefanten Nase an Schwanz schieben oder Enten Schnabel an Bürzel schwimmen.« Tanja mußte lächeln.

»Es ist blödsinnig, wenn jeder von uns für sich gegen den Wind kämpft.«

Keiner sagte etwas. Ich erinnerte mich an ein paar Punkte, als wir uns mit der Physik des Radfahrens auf dem College beschäftigten.

»Bei 50 Stundenkilometern braucht ein Fahrer fünfundachtzig Prozent seiner Energie, um mit seinem Körper ein Loch durch die Luft zu bohren. Zur Zeit bohren wir alle unsere eigenen Löcher.«

Alle nickten. Das war ein schlechtes Zeichen.

»Wenn man es richtig macht, vermindert sich die Anstrengung jedes Fahrers in der Kette fortlaufend, bis der am Ende fast mühelos dahinsaust, fortgezogen von dem Keil von Fahrern vor ihm. Solidarität.«

»Mark, erklär uns doch, wie das geht, bitte«, sagte Tom.

»Der Spitzenfahrer zieht, sagen wir, fünf Kilometer, dann schwingt er nach links weg, läßt die Linie rechts an sich vorbeigleiten und ordnet sich dann nach dem letzten Fahrer wieder ein.« Ich schob den vordersten Stein ans Ende der Linie.

»Der neue Führer zieht wieder fünf Kilometer, und der

Kreislauf beginnt von neuem.« Ich schob einen zweiten Stein zurück. »Und so weiter.«

Alle nickten.

Wir stiegen auf die Straße zurück. Der Wind peitschte die Straße entlang. Wir fuhren an, formierten uns, flogen vielleicht einen Kilometer dahin, und es war wunderbar, funktionierte, und wir waren ein Flügel, der glatt und kräftig und unbezähmbar die Luft durchschnitt; dann gaben die Sowjets auf. Tanja war erste und pflügte vorwärts, und Fjodor schwang um sie herum und schoß zurück, Pawel und Natascha hinter ihm.

Beim nächsten Heuschober, nach einer langen Ruhepause, versuchte ich es nochmals. Ich legte die Steine aus und zeichnete einen Pfeil.

»Wenn man im Windschatten des Vordermannes fahren will, ist es notwendig, zusammen zu fahren. Die Entfernung zwischen dem Hinterrad des einen Fahrers und dem Vorderrad des nächsten Fahrers sollte weniger als 30 Zentimeter betragen. Dort befindet sich das Windloch.« Ich versammelte meine Steine eng zusammen.

Die Sowjets sahen lustlos drein. Sie wußten, daß ich sie meinte. Ich versuchte, noch ein paar Sachen zu erklären, dann gab ich auf.

Wir versuchten es nochmals. Fjodor zog zu schnell, Pawel wollte keine gerade Linie halten, und Natascha weigerte sich überhaupt, Zugpferd zu sein. Sie fuhr direkt hinter Fjodor. Er war der beste Windbrecher, weil er sich nie über der Lenkstange krümmte. Er fuhr mit seinem Rücken aufrecht wie eine Anzeigentafel. Natascha blieb seinem Rad auf den Fersen. Es war klar, daß sie genau wußte, wie man den Windschatten ausnützt. Sie fiel zurück, wenn er zurückfiel, und fiel als Zugpferd einfach aus.

Bei der nächsten Pause sprach Tom mit ihnen. Er sprach etwas beschönigend von Feigheit, aber sie verstanden ihn nicht. Der Tag war ein Reinfall. Schließlich fuhren wir alle einzeln gegen den Wind.

In dieser Nacht schwankten wir erschöpft von der Straße und fielen wieder hinter einem Heuschober ein. Der Wind biß sich durch die Zelte in unsere Träume, der Morgen kam heraufgeblinzelt, und die Erde war immer noch braun und schwankend und unscharf gegen das Stroh, das wie Pfeile aus dem Schober sauste. Das Feuer blies sich selbst aus, und die Zelte rissen sich beim Aufbruch fast von unseren Händen.

Wieder ein Tag des Solosegelns gegen Wind und Wellen, alles war so flach, man hätte glauben können, die ganze Erde sei flach.

Und noch ein Tag, noch einer, noch einer, noch einer.

Eines Abends legten wir uns mit dem Wind nieder, inzwischen waren wir daran gewöhnt, aber irgendwann während der kompakten Ofenschwärze hörte er auf. Wir erwachten, weil unsere Zelte nicht mehr knatterten. Am Morgen war es Herbst.

Reif lag schwer wie Schnee auf dem Feld. Frostiger Nebel hing über dem Boden. Torie und ich brachten Wasser vom Bach, das Eis krachte unter unseren Füßen. Unsere Nasen liefen, die feuchte Kälte stieg vom Boden unter unsere Kinnladen, die Sonne war anders, nicht hoch oben und grell und vergeblich, sondern tief am Himmel und gelbsüchtig.

»Es ist Herbst«, sagte ich. Es war Mitte August.

»Nee«, sagte Torie.

»Es ist jetzt Herbst«, sagte ich, zurück am Lagerfeuer, zu Tom. Er ließ schweigend Kartoffeln in den Wassertopf plumpsen, der über dem Feuer hing. Er schüttelte den Kopf. Torie und Tom waren aus Seattle.

Tanja und die Sowjets wußten instinktiv, daß der Herbst in Sibirien im August kam. Ebenso wie in Wyoming.

An dem Morgen zogen wir wollene Socken über die Hände und lösten uns im beißenden Nebel auf. Unsere Zehen froren steif, unsere Hälse und unsere Augen glitzerten. Feuchtigkeit drang durch die Socken, und unsere Hände wurden so taub und unbeholfen wie Hummerscheren. Die ganze Wärme sammelte sich in den Mägen, wir fuhren ohne Hände, ohne Füße und ohne Köpfe. Wir fuhren, lüstern nach der Sonne, bis sie schließlich herauskam, die buschige Weiße wegbrannte und die Straße in glänzendes, nasses Schwarz getaucht war.

Gerade als uns Finger und Zehen und Ohrläppchen kribbelten, kam der Wind wieder. Und die Straße hörte auf.

Die Straßenbaumaschinen waren am Ende der letzten Pflasterstrecke festgefahren. Hagere Männer standen in windgeblähten, schmutzverkrusteten Overalls drum herum. Jenseits der toten Maschinen führte eine Lehmstraße weiter in die Ebene. Es war eine einspurige Straße, die in Staubwolken verschwand.

Tom zog unsere Karte heraus. Auf der Karte war die Straße eine trügerisch dicke, rote Linie.

Wir fielen in den niedrigsten Gang, ließen unsere Köpfe sinken, warfen uns auf die Straße und verschwanden in einem Ungewitter von Dreck.

Dreck zwischen den Zähnen, Dreck in den Haaren, Dreck so dick in den Ohren, daß wir nichts mehr hörten. Dreck in den Augen, der die Augäpfel scheuerte, und Dreck in den Falten unserer Haut und Dreck bis in unsere Hintern und Penisse und Vaginas.

Wir fuhren jeder für sich.

Eines Tages begegneten wir einem Hirten zu Pferd.

In dem Geheul saß er auf einem schwarzen Pferd. Wir hatten keine Lebensmittel mehr und kein Wasser und keine Ahnung, wie weit das nächste Dorf war. Der Hirte trieb halb schlafend, halb wachend sein Vieh über die Straße.

Er beugte sich aus dem Sattel, um uns richtig anzuschauen. Er trug eine Pelzmütze mit den Klappen über den Ohren und einen schweren Mantel. Seine Hände hielten die Zügel und lagen auf dem Horn des Sattels, und der Dreck quoll um ihn und um uns, und mir war klar, so war es immer gewesen, bei den Mongolen und den Hunnen und Hunderten anderer. Alle Nomaden der Hölle trieben ohne ein Wimpernzucken sich und ihre Rinder oder Schafe oder Ziegen über die ungeheuren Ebenen, mit allwissender Gnade und Gnadenlosigkeit.

»Weißt du, wo das nächste Dorf ist?« schrie Tanja.

Er nickte und hob die Augenbrauen.

»Wo?«

»Geht zurück. Geht zurück, bis ihr rechts ein Feld seht mit einem Weg dran entlang. Der Weg führt zu einem Dorf.«

Sein Pferd entführte ihn in den Strom der Tiere.

Wir warfen uns herum. Der Wind griff uns auf und warf uns so hart die Straße entlang, daß wir den Weg fast verpaßten. Er wand sich durch ein Kornfeld. Die Halme neigten sich seitwärts und kratzten Arme und Beine. Jenseits des Kornfelds lag das Dorf.

Mitten in der Straße war ein Brunnen. Kleine, hölzerne Häuser, deren Läden wie gebrochene Arme schlugen, standen einander über dem Morast gegenüber. Die Blechdächer kreischten. Roter Staub bewölkte den Himmel, als ob die Felder und Wälder rund um das Dorf brennen würden.

Wir sammelten uns unter dem Dach des Brunnens, ließen den Eimer ins Loch fallen und zogen Wasser herauf. Das Wasser drang in uns wie elektrischer Strom. Es war ein Schock, so kalt. Wir waren gefahren, so schnell wir überhaupt konnten, und hatten geschwitzt, nun standen wir da, im Wind, mit eisigem Wasser in uns. Wir begannen zu frösteln.

Tanja rannte mit verkrampftem Rücken durch den Morast. Sie klopfte an die Türen der Hütten im Sturm. Sie sahen verlassen aus, aber das täuschte. Sie bereiteten sich auf den Winter vor. Sie brachte Brot und Milch.

Wir aßen unter dem Dach des Brunnens, mit dem Rükken gegen den Sturm. Als wir gerade wieder aufbrechen wollten, erschien ein Militärlastwagen aus dem Schlammregen. Er rumpelte bis zum Brunnen, und der Motor starb.

Drei Männer sprangen aus der Kabine. Sie trugen grüne

Uniformen aus Wolle und hohe, schäbige schwarze Stiefel. Ihre Uniformen waren staubig, die Hälse gerötet, sie lachten und scherzten und lächelten. Sie waren jung, schlugen uns auf den Rücken und schüttelten uns die Hände.

Vom eisigen Wind merkten sie nichts. Sie bespritzten sich gegenseitig mit dem Eiswasser, und Schmutzstriemen liefen ihnen die Hälse hinunter. Sie waren nicht kalt oder dünn. Sie wirkten stark und robust.

Einer war Offizier. Er hatte uns im Fernsehen gesehen. Er bestand darauf, daß wir Autogramme in seinen Paß schrieben. Dann wollten auch die anderen beiden, daß wir uns in ihre Pässe einschrieben, direkt neben ihren Schwarzweißfotos. Unsere Namen waren tinteverschmiert mit Klecksen von herumfliegendem Schmutz, darin gefangen wie Fliegen im Honig, aber sie schlugen ihre Pässe zu, schoben sie zurück in die Brusttaschen und zogen den Wodka heraus.

»Wir feiern Ihr großes Abenteuer!« sagte der Offizier.

Sie reichten die Wodkaflasche herum und sagten: Keine Angst, da sei noch mehr, und das war natürlich auch so, sie waren jung, brachten soviel wie möglich durch, bevor sie in ihr eigenes Lehmdorf zurückmußten. Keine Angst, wir haben noch mehr, sagten sie, aber nicht deshalb wollten wir nichts. Wir waren schwach. Das Brunnenwasser hatte allein schon wie Wodka gewirkt.

Dann schrie der Offizier: »Ich habe ein Geschenk für Sie!«

Er war begeistert, weil ihm eine Idee gekommen war. Er rannte durch den Wald zum Hinterteil des Lastwagens. Er kam mit dem Geschenk zurück.

»Dlja was. Ot nas.« Für Sie. Von uns.

Feierlich überreichte er es Fjodor.

»Wir haben es mit dem Lastwagen erwischt. Es flog ganz allein.«

Es war ein Verkehrsopfer. Sein Kopf war flachgequetscht, blutig, mit Dreck im Blut festgebacken, Knochen und Hirn drangen heraus, aber der Körper war unberührt. Glatt, elegant und kräftig, man hätte ihn für lebendig gehalten, hätte man den Kopf nicht gesehen.

Fjodor nahm seine Axt. Er nahm die Gans beim Hals, hackte Kopf und Flügel ab und rupfte sie dann. Am Abend gab es Gänsebraten am Lagerfeuer.

35

Am Morgen verhüllte Frost die Erde. Wir kippten den Topf aus, pickten die Gansreste aus dem Gras und fuhren los in den Wind.

Tom, Torie, Tanja und ich ließen den Sowjets die Spitze, dann begannen wir, zusammenzuarbeiten. Wir formten eine straffe Linie und fuhren gemeinsam. Wir schwangen zurück, die nächste Person ergriff die Führung, und dann schwangen wir wieder zurück. Wieder und immer wieder. Um die Mittagszeit gelang uns das *pacelining* fließend. Wir überflügelten die Sowjets. Sie schlossen sich unserem Ende an. Jetzt waren wir zwei getrennte Mannschaften, für immer.

Mittags hielten wir im nächsten Dorf an. Wir hatten nichts zu essen, also reihte ich mich in eine lange Schlange ein, die in den Morast hinaus führte. Die anderen gingen auf die Suche nach Wasser.

Ich war der einzige Mann in einer Schlange dicker Frauen. Einige waren alt und gebrechlich und waren von ihren Hütten hierhergelaufen. Die anderen waren aus der Fabrik gekommen, sie standen gedrängt hinter einem Lastwagenanhänger, die Augen geschlossen und die Hände vor dem Mund wegen des Staubs. Man konnte nur um diese Zeit kommen, wenn man etwas wollte. Es waren alles stämmige Bauersfrauen. Wir standen zusammen Schlange, und sie sprachen miteinander, wie es Frauen tun, wenn sie unter sich sind, und ich fühlte mich fremd, weil ich keine Frau war. Frauen standen um Lebensmittel an, Männer um Wodka. Das war klar, deshalb musterten mich die Frauen über ihre runden Backen hinweg genau. Nach einer Weile fingen sie an, ihre schweren Körper zu wenden und mich direkt anzusehen und zwanglos zu lächeln, also fühlte ich mich allmählich wohl. Sie wußten, daß ich ein Ausländer war. Sie hatten gesehen, wie ich auf einem Fahrrad in ihr Dorf gekommen war. Sie versuchten, mit mir zu sprechen, was nicht allzugut ging, aber das machte nichts. Ich gehörte zu ihnen, nicht als Mann akzeptiert, das wäre nicht erträglich gewesen, aber als ein Fremder, der Essen brauchte. Schließlich gelangten wir durch die Tür. Drinnen war ein kleiner, dunkler Raum mit einem Holzpult in der Mitte. Auf dem Pult stand eine große Kiste, dahinter eine Frau, eine Angestellte. Hinter ihr war ein Bild von Ihm. Drinnen redeten und lachten die Frauen nicht so viel. Ich spürte den breiten Rücken der Frau vor mir und die breite Brust der Frau hinter mir. Wir bewegten uns alle in kleinen Schritten. Als ich dran war und vor dem Pult stand, gab ich der Angestellten mein Geld und verlangte vier Laibe Brot. Sie schüttelte den Kopf. Das war zuviel. Sie wollte mich gerade anschreien, als die Frau, die vor mir gewesen war, zurückkam und einen Laib von ihren aus ihrem Netz nahm und ihn in die Kiste zurücklegte. Die Angestellte gab ihr ein paar zerlumpte Scheine zurück. Dann fing die Frau hinter mir an, der Angestellten etwas zu erklären, und ich verstand einiges davon. Die Angestellte lächelte mir zu. Sie schob das Geld, das ich ihr gegeben hatte, in ihre Schürzentasche und ließ mich die Arme wie eine Wiege aufhalten. Dann schichtete sie sorgfältig vier Laibe gegen meine Brust auf.

Ich kam heraus, und die anderen warteten auf mich. Sie hatten Wasser gefunden. Wir aßen das Brot, tranken das Wasser und strampelten und strampelten bis zu einem besonderen Abend.

Wir hielten im schimmernd grünen Umfeld einer Kathedrale. Die Kathedrale erhob sich über dem Dorf wie ein Traum. Groß wie ein Traum. Groß wie eine große rosa Sturmwolke geradezu aus dem Boden des Dorfes. Sie erhob sich so hoch in den Himmel, daß wir sie schon kilometerweit gesehen hatten. Kilometer um Kilometer fuhren wir darauf zu, mahlten gegen den Wind und schauten nicht auf, da sie nicht näher zu kommen schien. Wir mahlten und mahlten und wanden uns endlich zwischen die Holzhäuser und die Kathedrale. Dann hörte der Wind auf, als wären wir mit unseren Rädern einfach durch die Bogentüren gefahren und weiter ins Innere und hätten auf den von vielen Knien abgenutzten Stufen angehalten, so winzig fühlten wir uns, die Gewölbe hoben sich höher als der Himmel, und das Licht kam durch die bunten Glasfenster wie Sternenlicht. Selbst von außen konnte man das fühlen, denn noch standen die Mauern der Kathedrale, trotz all der schwarzen Löcher drin.

Dort auf dem Feld war eine Frau, die auch auf die Kathedrale blickte. Wir hielten neben ihr. Wir standen alle und schauten, denn das Licht war von der Art, wie man es nie in keiner Stadt findet. Das magische Licht, das nur in kleinen Dörfern scheint, wo es eine solche Kathedrale zum Leuchten bringen kann. Es läßt dich glauben, daß du an etwas glaubst, selbst wenn du es nicht tust oder nicht weißt, was es ist. Die alte Frau wandte sich uns zu und sagte, sie könne immer noch die Panzer die Straße heraufkommen und die Kirche umzingeln sehen. Sie trug einen schwarzen Wollschal um ihr graues Haupt, schwarze Wollstrümpfe und schwarze Schuhe, als wäre es erst diesen Morgen geschehen. Sie sagte, alle Bewohner des Dorfs hätten sich in der Kathedrale versammelt, sich untergehakt und gesungen, und die Soldaten hatten sie herausgezerrt. Sie sagte, sie hätte zu weinen angefangen, und ihre Kinder hätten sie gefragt, warum. Die Panzer kreisten die Kirche ein, und das Licht sei so wie eben jetzt gewesen, glühend. Sie sagte, eines der Dorfkinder habe geschrien und sei entkommen und auf die Kathedrale zugerannt, gerade als der Kommandant die Frauen beiseite stieß und seinen Arm senkte, und die Männer in den Panzern lehnten sich ruhig in der Wiege ihrer Sitze in den Panzern zurück und eröffneten das Feuer. Die Geschütze wurden von den Schreien der Frauen übertönt. Die Geschütze waren unhörbar, sagte die alte Frau. Dann nahm sie einen Laib Brot aus ihrem Korb und gab ihn uns.

Wir aßen das Brot und strampelten gegen den Wind und fuhren und fuhren, bis es wieder Abend war.

In einem Dorf fanden wir eine Arbeiterunterkunft. Im Vorraum stand ein Tisch mit zwei Eiseneimern drauf. Eine Frau trat aus einer Tür und fragte uns, was wir wollten. Sie hatte ein blaues Auge. In ihrer Unterlippe war eine Schnittwunde, deshalb sprach sie schüchtern mit einer Hand vor dem Mund. Wir sagten, wir wollten Zimmer für die Nacht. Sie sagte, es wären keine frei. Hinter ihr stand ein Mann, der rauchte, den Bauch breit gegen den Türgriff gequetscht. Wir waren tagelang durch den Dreck gefahren. Unsere Zähne klebten vor Dreck, und unsere Hälse waren vor Dreck geschwollen. Morast lief in unserem Blut wie Salz. Wir verlangten Zimmer. Bitte, sagte die Frau. Tanja sah den Mann in der Tür an und sagte, sie würde ein Telefon suchen und die Polizei rufen. Die Frau berührte unbewußt die Haut über ihrem Auge. Sie nahm Tanja zur Seite, während wir im Vorraum warteten. Wir hatten Durst. Wir schoben die toten Fliegen auf der Wasseroberfläche der Eimer beiseite.

Nachdem wir uns angemeldet hatten, führte uns die Frau einen Korridor entlang und sperrte vier Türen auf. Sie waren zersplittert wie in einem Haus, das man überfallen hatte.

Torie und ich teilten ein kleines Zimmer ohne Glühbirne. Seine Wände waren nach innen geneigt, und der Fußboden quoll nach oben. Es gab zwei Eisenbetten. Keine Matratzen. Die Bettücher waren nach den letzten Gästen nicht gewaschen worden. Ein Kissen hatte gelbe Flecken. Wir setzten uns auf die Betten, und die Sprungfedern kreischten, und Küchenschaben rannten zwischen unseren Füßen davon.

»Das Badezimmer«, sagte Torie lächelnd.

Sie wollte, daß ich es mir ansehe. Sie fand es komisch und lachte, also mußte ich auch lachen. Das Badezimmer befand sich in einer Ecke des Raums. Ich öffnete die Tür, und Gestank drang aus der Dunkelheit. Ich machte die Tür zu. Torie fand eine Kerze und zündete sie an. Ich machte die Tür wieder auf, trat mit einem Fuß hinein und klebte die Kerze auf dem Waschbecken fest.

»Glaube kaum, daß du hier herein willst«, sagte ich.

Das Klo war grün und braun verschmiert und gehäuft voll mit menschlichem Kot. Es war mehrfach übergeflossen, also hatten die Gäste oben auf den Deckel geschissen. In der Badewanne waren Scheißhaufen und Fingerabdrücke an den Wänden.

Aus einem der Hähne über dem Becken kam ein rostiger Wasserschwall. Ich wusch mir den Schmutz aus Mund und Ohren und Nase. Dann fühlte ich etwas am Bein und sprang hoch, stampfte, hörte es knirschen und schaute hinunter. Der Boden war schwarz und bewegte sich, dick voller Schaben, eine über der anderen. Ich trat heraus und schloß die Badezimmertür hinter mir.

»Ein ziemliches Erlebnis«, sagte ich und grinste.

»Das dachte ich mir«, sagte Torie.

Das Hotel hatte kein Restaurant. Die Frau hatte gesagt, unter dem Hotel gäbe es eine Bar. Wir verabredeten uns alle in der Bar, nach unserer Säuberung. Torie spritzte Wasser aus ihrer Wasserflasche auf ein Handtuch und wischte sich die Finger einzeln sauber. Dann rieb sie sich Gesicht und Hals ab und sagte »fertig oder nicht«, und wir gingen los.

Um zur Bar zu kommen, mußten wir am Müll auf der Rückseite des Hotels vorbei. Hinter dem Hotel öffnete sich ein Eingang im Boden. Aus dem Loch kam laute Musik. Wir stiegen hinunter, tasteten mit den Füßen nach den Stufen. Unten roch es nach Alkohol und Erbrochenem. Alle anderen waren bereits da.

Es war eine Disco. Ohrenbetäubende Musik und

schwarze Plastikstühle, schwarze Tische und schwarze Wände mit Spiegelscherben, drangeklebt wie Spuren eines Autounfalls. Es gab eine kleine Tanzfläche aus Zement. Die Decke war niedrig, Röhren wie Eingeweide hingen von da herunter. Es war zu laut, um sich zu verständigen.

Wir hatten ein nicht genau bestimmbares Essen und bestellten Champagner. Das war der einzige Alkohol, den es gab. Das Barmädchen brachte die Flaschen durch die zugige Untergrundluft. Sie war eine junge, dickliche und müde Frau, aber sie lächelte. Sie war das einzige Personal der Bar.

An anderen Tischen saßen ein paar Männer. Sie tranken, verschütteten ihre Drinks, hauten sich auf die Schultern, schrien das Barmädchen an, tranken und fielen vornüber. Sie hatten schwarze Gummigesichter. Sie trampelten herein und setzten sich, standen auf, stolperten hinaus und wurden durch ebensolche Männer ersetzt.

An einem Tisch neben uns saßen zwei Männer und eine Frau. Die Männer brüllten und gaben an. Die junge Frau lachte stets an der richtigen Stelle. Sie waren Freunde der Bardame. Sie brachte ihnen die Champagnerflaschen und nahm die leeren mit, ehe die Männer sie zerschmettern konnten.

Einmal setzte sich die Bardame kurz neben die junge Frau, dabei hielt sie die leeren Flaschen vorsichtig im Schoß. Sie redeten und lachten. Sie lachten ein stilles Lachen, anders als das, das sie für Männer reserviert hatten. Ich sah, wie die junge Frau der Bardame etwas in die Schürzentasche steckte. Die Bardame legte ihre Hand darüber. Dann muß die Frau etwas gespürt haben, denn sie hob den Blick und schaute mich an und wieder weg, wie man einen schlechten Fisch ins Wasser zurückwirft.

Ich trank eine Flasche warmen Champagner, und die Sowjets gingen weg und zu Bett. Irgendwie hatte einer der Männer am Tisch neben uns herausbekommen, daß wir Amerikaner waren. Er war der Freund der jungen Frau. Er kam zu unserem Tisch, stand direkt über mir, rammte mir den Finger mehrmals in die Brust und schrie: »*Amirikanski! Amirikanski!*« Tanja stand auf, er schaute auf ihre Brüste, vergaß mich eine Minute und griff nach ihr, sie trat zurück und schnauzte ihn an, seine Augen blitzten, und ihm fiel ein, daß ich noch dasaß, also beugte er sich über mich und bog seinen Arm hin und her und ließ die Muskeln spielen. Er ballte die Faust, bewegte den Arm mit angespannten Muskeln vor und zurück und schrie: »*Amerikanski! Amerikanski!*« von oben auf meinen Kopf nieder. Ich schaute auf und lächelte ihm ins Gesicht. Er schrie noch lauter. Ich drehte den Kopf und lächelte Tanja an. Sie zuckte zurück. Sie stand auf, zog den Freund auf die Tanzfläche, tanzte eine Nummer mit ihm und setzte ihn dann wieder an seinen Tisch. »Danke, Tanja«, sagte ich. Sie sah mich nicht an.

Es fiel mir schwer, die junge Frau nicht anzuschauen. Sie trug ihr kurzes, blondes Haar zurückgestrichen. Sie hatte einen weiten, grauen Pullover mit V-Ausschnitt und einen altmodischen grünen Faltenrock an, der ihre Knie frei ließ, und ihre Beine waren so lang wie die eines Rehs. Sie war hier mit diesen zwei Männern, und sie war es nicht. Sie lachte, wenn sie versuchten, sie zum Lachen zu bringen, und sie lachte nicht.

Es wurde spät, und die Bar schloß. Die Schwarzgummimänner an den anderen Tischen verschwanden. Tom erlaubte sich geschlossene Augen nur für einen Moment und schlief ein mit einem halben Glas Champagner in der Hand, ehe er mit einem Ruck zu sich kam und ging. Dann waren da nur die junge Frau, ihre Freundin von der Bar, die zwei Männer und Tanja, Torie und ich, die Dunkelheit und die ohrenzerfetzende Musik.

Derselbe junge Mann sah mich wieder an, stand auf, stieß seinen Stuhl rückwärts um, schrie »*Amerikanski!*« und ging auf mich los, stolperte aber über den Stuhl. Ich stand langsam auf, ich spürte meine Hände, die Muskeln im Rükken und hoffte von ganzem Herzen, er würde wieder auf die Beine kommen, aber das Barmädchen war schon zur Stelle. Sie gab ihm eine Flasche Champagner in die Hände, und er setzte sich hin. Die junge Frau sah mich an, wie ich da stand, und ich dachte, sie würde lächeln, aber ihr Gesicht blieb ausdruckslos. Ich setzte mich. Das Barmädchen ging wieder hinter die Bar und schaltete die Musik aus. Lautlosigkeit fiel wie ein Mantel über uns. Ich drehte mich auf meinem Stuhl um, um das Barmädchen anzuschauen. Sie nahm das Band aus ihrer Schürzentasche und legte es ein.

Es begann sehr langsam und ruhig. Einfache Noten. Ein Lied. Ein Lied, so gut wie Schweigen. Ein trauriges russisches Volkslied. Es rundete die Kanten der Glasstücke an den Wänden, wusch die Plastikstühle und füllte die Risse in den Tischen aus. Es kam langsam, wischte die Spinnweben von der Decke und schob die bruchkranken Rohre wieder ins Innere des Hotels zurück.

Ich schaute auf Torie. Ihre Augen waren feucht. Tanja wiegte sich hin und her.

Ich sah die junge Frau an. Sie stand bereits. Die zwei Männer waren vorgebeugt, die Köpfe baumelten vor der Brust wie bei Vögeln mit gebrochenen Hälsen. Die Frau trat vom Tisch auf die Tanzfläche und begann sich zu drehen. Sie drehte sich langsam, die Musik stieg und fiel, stieg wieder, sie erhob sich auch, ihr Rock flatterte um sie, und ihr Kopf neigte sich zurück, dann sank die Musik, und sie würde sich weiter drehen und schweben, wissend, daß die Musik wieder ansteigen würde. Ihr Freund kämpfte sich auf die Beine und griff nach ihr, aber vergeblich. Sie wußte, sie würde ihn heimtragen. Sie wußte, sie würde ihn für immer tragen und jetzt nicht mit ihm tanzen. Das Barmädchen setzte ihn zurück auf seinen Stuhl. Dann begann das Barmädchen zu tanzen. Sie tanzten zusammen. Sie tanzten den Tanz des Leidensmannes, nicht des Mannes. Der Mann, alle jungen Männer mit ihrem Penis und ihren Eiern, sie schieben, stoßen, verdammt, kämpfen, um entweder in einer Kneipe oder im Krieg zu sterben.

Nicht wie ein Leidensmann. Kein Leidensmann könnte so leicht tanzen, daß seine Füße kaum den Boden berühren, wüßte er, was Männer nie erfahren, und trotzdem tanzen. Zusammen schweben und sich drehen und kreisen, bis der Klang langsam schwieg. Ein Lied ohne Ton, nur die zwei, sich an den Händen haltend, die tanzen und tanzen und tanzen.

36

VOR DER DÄMMERUNG machten wir uns aus dem Staub, zurück in die Steppe. Wir vier strampelten zusammen, und die Sowjets radelten für sich, aber keiner von uns kam sehr schnell oder sehr zäh vorwärts. Wir konnten nicht verstehen, warum, bis es uns schließlich dämmerte, daß wir nicht einfach schwach waren, daß wir nachließen.

Nach Monaten mit Wasser, bloß einen Garten vom Außenklo getrennt, und Essen aus schmierigen *stalowajas* ohne fließendes Wasser und Wind, unteilbar wie Gott, und Dreck waren wir erledigt. Erst nach einem Monat Schlaf würden wir unsere Kräfte wiederfinden, und erst am Ziel würden wir einen Monat schlafen.

Am Ziel?

Wir waren ihm jetzt nahe genug, daß wir anfangen konnten, gefahrlos daran zu denken. Trotz des Windes machten wir pro Tag einhundertdreißig Kilometer. Jenseits dieses Ozeans von Morast lag das Uralgebirge, jenseits des Urals Moskau und dann eine schwarze Backsteinstraße hinunter nach Leningrad. Wenn wir nicht zwischen unseren Beinen auf die Sekunden schauten, wie sie träge durch den Schlamm schlichen, und die Minuten strichen, die Stunden vergaßen und den Tagen vergaben und alles zu Wochen bündelten, schien das Baltikum nicht mehr so weit weg.

»Weniger als ein Monat, vielleicht«, sagte Tanja. Wir lagen auf dem Rücken in einem Graben, von Dreck umwirbelt.

»Sechs Wochen?« sagte Torie.

»*Dwa mesjazja*«, sagte Natascha. Zwei Monate.

»*Njet!*« sagte Tanja.

»Es hängt von der Straße ab«, sagte ich.

Fjodor knurrte etwas.

»Was sagt er?«

»Er hat gesagt: ›Hängt vom Schnee ab‹«, sagte Tanja.

»Nach all der Scheiße und dem Dreck und Wind?« Tom konnte es kaum glauben. Er ergriff eine Handvoll Schmutz und warf sie in den Wind. »Schnee wäre ein verdammtes Vergnügen!«

Manchmal, wenn du angibst, tritt die Welt rasch hinter dir hervor und boxt dich saftig in die Nieren und läßt dich keuchend auf dem Boden liegen. Aber dann, wenn du wiederum angibst, aber ehrlich daran glaubst und weißt, was dir bevorsteht, bleibt dein Blut heiß, auch wenn die Knochen müde sind, und die Welt lacht für dich. Gerade wegen deiner Überheblichkeit.

Als wir aufstanden, hatte sich der Wind gedreht, und wir hatten einen donnernden Rückenwind.

Wir stiegen auf die Räder, und braune Äcker begannen, vorüberzuholpern wie Teilbilder in einem alten Cowboyfilm. Kilometer und Stunden und Minuten flogen unter uns weg. Wir rasten geradeaus und wagten nicht anzuhalten. Wir brauchten eine Rast, aber wagten nicht, anzuhalten. Wir brauchten eine Pinkelpause, aber wagten nicht anzuhalten, nicht einmal als wir hungrig waren. Anhalten wäre Gotteslästerung gewesen. Wie den Sex zu unterbrechen, um sich ein Butterbrot zu holen. Nichts ist sündhafter, als einen Rückenwind zu verschwenden.

Als die Nacht kam, waren wir 320 Kilometer gefahren. Wir standen mit unseren keuchenden Rädern auf den Stufen eines Hotels, das den rauchig-nebligen Fluß Irtysch überschaute. Wir waren in Omsk, der größten Stadt der Westsibirischen Ebene.

Später an jenem Abend fanden uns die Knitteranzüge betrunken beim wilden Tanz im Hotel-Restaurant. Sie erklärten uns, da wir die ersten amerikanischen Besucher in Omsk seien, habe man für den kommenden Tag eine Extratour arrangiert.

»NEIN!« schrie Tom von der Tanzfläche.

»Nein, danke«, sagte ich.

Wir hatten in Omsk zwei Ruhetage geplant, wir hatten vor, uns auszuruhen. Die Knitteranzüge waren sichtlich verletzt.

»Schlaf«, sagte ich und beugte meinen Kopf in die Hand.

Am Morgen schlugen sie an unsere Türen, bis wir herausmarschierten und ihren verdammten Reisebus bestiegen.

»Willkommen, meine Damen und Herren, das erste Denkmal, das wir sehen werden, ist achtzehneinhalb Meter hoch.«

Das war das erste, was sie zu uns sagte. Der Bus schoß wie eine Billardkugel durch den Verkehr, und wir waren verkatert, fast bis zum Erbrechen, und sie stand fest im Gang – eine beispielhafte sowjetische Reiseführerin: geschlechtslos, Stimme von einem anderen Planeten, schulmeisterlich mit schreiendem, alptraumähnlichem Make-up. Mehrere Knitteranzüge mit dunklen Sonnenbrillen saßen hinten im Bus. Es war eine Zweistundentour durch ganz Omsk, und nie bewegten sie die Köpfe oder sprachen ein Wort. Ich dachte, sie könnten Puppen sein, wie die Test-Dummies, mit denen man Autounfälle simuliert.

Das erste Denkmal war ein Denkmal für die Toten. Die Figuren waren kühn und plump und grob. Wären sie rot gewesen, hätten sie den Wandplakaten entsprungen sein können, an denen wir vorbeigekommen waren.

»Dieses Denkmal ist sieben und einen Viertelmeter hoch«, sagte sie zur Beschreibung des zweiten Monuments, das wie alle Denkmale auf der Welt für die Toten war, die umsonst gestorben waren.

»Meine Damen und Herren, dieses Denkmal ist sechzehn Meter hoch«, sagte mir Tom ins Ohr, als wir am Sokkel des dritten Monuments standen.

»Meine Damen und Herren, dieses Denkmal ist sechzehneinhalb Meter hoch.«

Dann rasten wir mit unserer Polizeieskorte durch die Stadt, ein gelber Wagen vorn, einer hinten, Sirenengeheul, Blaulicht schwirrend. Sie hielten an jeder Kreuzung den Verkehr an, in Minuten waren wir im Museum für das Gefängnis, wo Fjodor Dostojewski vier Jahre zugebracht hatte.

Wir gingen durch dunkle Säle und starrten auf verschwommene Fotografien. Schmutz und Drahtverhau und Dreck und ausgemergelte Männer mit hohlen Augenhöhlen.

Ich fragte die Führerin, ob sie dächte, daß gegenwärtig irgendwelche Dostojewskis irgendwo da draußen in Sibirien wären; sie sah mich an, und ich sah etwas in ihren Augen und an der Linie ihres Kinns, dachte aber, daß sie die Frage nicht wirklich verstanden hätte.

Wir besuchten ein letztes Denkmal für die Hunderttausenden, die in einem Krieg gefallen waren, von dem niemand außerhalb der Sowjetunion jemals gehört haben mochte, dann führte man uns zu einem Festessen.

Es fand in einem riesigen Saal statt, dem einstigen Innern einer Kathedrale. Unsere Reiseführerin war anscheinend nicht eingeladen. Sie schlüpfte aus der Tür, als ich ihren Arm berührte.

»Entschuldigen Sie. Könnten Sie mir bitte erklären, warum fast alle kommunistischen Parteiorganisationen ihr Hauptquartier in Kirchen haben?«

Alle anderen waren schon hineingegangen. Wir waren allein im Gang.

»Sie sind ein kluges Kind, nicht?« sagte sie mit plötzlich veränderter, plötzlich sanfter Stimme. Sie betrachtete mich einen Augenblick. Sorgfältig wischte sie das Make-up um ein Auge mit einem Papiertaschentuch ab.

»Sie sind schon eine Weile hier, ich weiß, und Sie haben Glück gehabt und gesehen, was vor Ihnen keiner gesehen hat. Aber Sie sind immer noch ein Reisender. Bloß ein Reisender. Denken Sie nicht, daß Sie schon alles wissen.«

Ihre Stimme klang klug und feminin. Sie faltete das Kleenex zusammen und begann, ihr anderes Auge zu reinigen.

»Ich hätte gedacht, daß Sie das jetzt schon wüßten.«

Ich wußte nicht, wovon sie sprach. Ihre Stimme, ihre Blicke und das neue, seltsame Beben ihres Körpers hatten mich angerührt. Ich hatte ganz vergessen, was ich sie gefragt hatte.

»Offenbar, weil der Kommunismus eine Religion ist, keine Regierungsform. Sie denken, Sie haben sich etwas gedacht, aber nein.« Sie wischte den roten Lippenstift ab.

»Und weil die Gebäude besser und eleganter sind, besser für unsere Geistlichkeit, unsere Bürokraten, wissen Sie.« Sie wandte sich zum Gehen.

Die schwer verschnörkelte Tür schlug zu, als sie ihre Finger dazwischenschob, gerade in dem Moment, als das Gewicht der Tür ihr die Hand hätte brechen können, und sie graziös fing. Ich stand immer noch da, vor den Kopf geschlagen. Sie schaute durch den Spalt.

»Ja«, sagte sie, »das glaube ich.«

Ich runzelte mein Gesicht. Sie schüttelte verzweifelt den Kopf.

»Das zu Ihrer Frage im Museum.«

37

DIE TISCHE FÜR DAS FESTESSEN waren mit weißem Leinen gedeckt. Alle anderthalb Meter gab es einen Strauß und Pepsi und Schokolade und Süßigkeiten und Knitteranzüge mit Frauen und Angehörige von etwas, was Volksfriedenskomitee hieß, und die Kirche, zwei russisch-orthodoxe Priester und eine Handvoll Omsker Persönlichkeiten und uns. Wir waren die Ehrengäste.

Eine stattliche Frau vom Volksfriedenskomitee stand auf einem Podium und begann eine längere Rede in nahtlosem Sowjetrussisch. Sie sagte, sie spräche über die Bevölkerung von Omsk. Sie zählte die Fabriken auf und die Arbeitskräfte und wieviel Dingsbums in jeder Fabrik gemacht würden und wieviel Rubel für dies und jenes ausgegeben und die Zahl der . . ., und irgendwie unterbrach ich sie mitten in ihrer Lobhudelei und fragte, ob es nicht wichtiger wäre, allen Menschen zu essen zu geben, aber sie kam nicht aus dem Takt und sagte, da seien mehr Lebensmittel als genug und daß es überall reichlich zu essen gebe und für alle zu haben sei und wie ich auf den absurden Gedanken käme, und fuhr fort mit ihrer Rede. Nach einer Weile setzte sie sich, und alle klatschten.

Dann stand der ältere Priester auf, mit grauem Bart bis zum Teller, mittlerweile voll Bonbonpapier. Er sagte, er würde uns keine Zahlen nennen, so wie sie, und kicherte und fuhr fort mit der Zahl der Kirchen, die restauriert würden und der Stärke der Gemeinde und wie viele junge Leute zur Kirche zurückkehrten und wie viele Seligkeiten sein Herz füllten. Als er sich setzte, stand der Priester neben ihm auf und verteilte Plattenalben mit russischer Chormusik und ihre Geschäftskarten.

Dann kam das Unterhaltungsprogramm. Eine Gruppe

Frauen in schillernden Trachten hüpften heraus, die Arme untergehakt und mit schrillem Gesang. Sie sangen so laut, daß man hätte meinen können, sie versuchten, sich durch die Kehle gleich ihrer Lungen zu entledigen. Man mußte auf ihre Münder schauen und wie weit sie sie aufsperrten. Aber wenn man in ihre Augen sah, die sangen nicht mit. Als es vorüber war, fragte die stattliche Frau, ob es uns gefallen habe, und alle im Saal schauten zu uns, als wären wir kleine Könige und Königinnen, und wir sagten: Sehr. Sie zögerte. Dann fragte sie, ob wir noch mehr Musik hören möchten, und wir sagten: Natürlich, und meinten das ziemlich aufrichtig.

Sie wollte gerade erklären, da unterbrachen sie vier Gentlemen, die durch eine Seitentür sprangen und durch den Saal auf unseren Tisch zukamen. Sie trugen Jeans. Einer trat vor.

»Einen guten Nachmittag«, sagte er. Er sprach mit einem deutlichen Liverpooler Akzent. »Wir sind ›Westsibirien‹.« Er sprach zu uns. Er wußte, keiner sonst im Saal konnte ihn verstehen. Er stellte die Band vor, langsam und mit gewolltem Schwung, und deutete auf jeden Mann.

»Sergej mit dem Banjo, Sascha mit seiner Gitarre. Noch ein Sergej mit seiner großen Gitarre und der noch größeren Harmonika. Und ich bin Andrew.

Dies hier nennen sie ›Bye Bye Love‹, aber ich und die Gruppe möchten es nennen ›If you were the last lassie on earth you could name your price‹.« Er nickte, winkte uns zu, konnte sich ein Grinsen nicht verkneifen und wandte sich seinen Freunden zu.

Einer nach dem anderen begannen sie zu summen, jeder fiel auf einer anderen Tonhöhe ein. Dann kamen die Gitarre und das Banjo dazu, und sie waren in Schwung, sangen mit Hingabe, zupften ihre Instrumente, klopften mit den Füßen und schmetterten ihr Lied hin, wie Buben, die um ein Lagerfeuer singen. Sie endeten auf einem feinen, hohen Ton, alle zusammen, und sahen sich dabei an.

Wir klatschten und brüllten, und alle anderen Gäste saßen still wie Sardinen, mit Augen, ebenso ausdruckslos, und Mündern, ebenso geschlossen.

Die Männer machten kaum eine Pause, dann sangen sie ein Volkslied und dann ein Kirchenlied, und bis dahin sangen wir bereits mit, also versuchte die stattliche Frau, es zu stoppen, sie beugte sich verlegen zurück und stieß dabei Bonbonpapierchen von der Festtafel.

»Das war's also, glaube ich«, sagte Andrew, »aber wir würden gern noch ein letztes für euch spielen. Ihr kennt es, ich weiß das, es heißt ›I saw the light‹.«

Er legte den Kopf zurück, und seine Tenorstimme schwang sich so hoch, als müsse er sich auf die Zehenspitzen stellen, was er auch tat, seine Stimme stieg und stieg, und alle stimmten ein und sangen mit ihren Instrumenten, das Lied erreichte uns, und wir hatten, seit wir vor einem Jahrhundert das Land betreten hatten, niemand ein Lied singen gehört, nur weil er so gern sang.

Er lag hinten in der Hütte und sang vor sich hin. Er wußte bereits, daß Singen den Hunger vertreiben würde, also sang er für sich und erfand dabei den Text. Er hielt die Augen geschlossen, um die Finger über die Saiten huschen sehen zu können. Sein ganzer Körper bestand aus Ohren, wie es bei einem jungen Burschen leicht sein kann. Er hörte seine Onkel singen, die helle Stimme und die dunkle. Er lag still auf den Brettern und sang leise, seine Stimme war hoch und süß und verschwand, bis er sie nicht mehr hören konnte, nur im Innern fühlen, und dann war er eingeschlafen.

Am Morgen, als die Erde noch vereist war, der Dreck bis zum Himmel reichte und es immer noch nichts zu essen gab, brachen sie auf. Alle drei auf dem riesigen Pferd.

Sie verließen das Dorf. Der Morgen drang ihnen in Münder und Nasen wie der Geruch nach Schnee, ehe er fällt. Sie sprachen nicht. Das einzige Geräusch war der

Klang von Hufen, schwer wie Ambosse auf der gefrorenen Erde. Blätter, hart wie Fossilien im Morast.

Sie ritten zum Friedhof. Der Junge glitt herunter und rannte durch das eisige Gras zwischen den rostigen Kreuzen und Steinstümpfen herum. Plötzlich hielt er inne, fast fiel er nach vorn. Er stand still und schaute hinunter und wußte nicht, was er empfand. Seine Blicke gingen über die Namen, die in den grauen Stein gemeißelt waren. Er konnte nicht lesen, aber das machte nichts. Dann rannte er zurück. Seine Onkel zogen ihn vor sich aufs Pferd, er nahm die Zügel, und sie ritten für immer vom Dorf weg.

Als sie das letzte Lied beendet hatten, das sie wie von selbst gegen die Decke des Saals schweben ließen, fingen sie an, rauszugehen. Wir sprangen auf und brüllten.

Alle vier drehten sich auf einmal um und kamen zurück an unseren Tisch. Sie schwitzten und waren rot, weil sie ihre persönliche Seligkeit öffentlich gezeigt hatten. Die Frau auf dem Podium schrie sie an, wir einigten uns schnell, uns außerhalb des Saals zu treffen, sobald das Bankett vorüber war.

Sie ritten durch die Felder nach Norden. Sie lagerten in den Wäldern. Sie machten Feuer, und manchmal, wenn sie nicht zu müde waren, sangen sie.

Sie umgingen die Städte – dort gab es noch weniger zu essen. Sie blieben auf den gewundenen Wegen durchs Land. Von einem Hof zum nächsten. Manchmal schliefen sie auf ihrem riesigen, grauen Ackergaul ein, und er bewegte sich weiter.

Sie kamen nach Bjelorußland, wo sie immer noch das meiste verstanden. Sie traten nach Litauen über, wo sogar die Onkel die Worte nicht mehr verstanden. Aber Arbeit ist eine große Sprache. Sie hatten das größte Pferd, das jemals jemand gesehen hatte, und sie arbeiteten schwer, also hatten sie immer etwas zu essen.

Eines Tages, als es peitschend naß und kalt war, obwohl

das keiner von ihnen noch bemerkte, so waren sie an das Leben im Freien gewöhnt, ritten sie in Königsberg ein.

Eine weitere Rede begann. Die Pflichtrede über unseren Mut und wie wir für den Rest unseres Lebens wüßten, wir seien die ersten auf der Welt gewesen, die mit dem Fahrrad von einem Ende der Sowjetunion zum anderen fuhren.

Dann sagte die Frau auf dem Podium, als Sportler würden wir den nächsten Punkt des Programms schätzen, ein Sportstadion, wo wir erfahren würden, welche Anzahl Sitze es hatte und die Zahl der Veranstaltungen und die Zahl der . . .

Wir gaben unsere Zustimmung nur, um das Essen zu einem Ende zu bringen. Das hatten wir schon oft geübt. Als wir in die Halle hinaustraten, wartete dort »Westsibirien« auf uns. Wir revidierten unsere Zusage sofort und weigerten uns, zu gehen, und das Volksfriedenskomitee war gekränkt. Die Sowjets gingen mit den Sowjets, und wir luden die Band nach oben in mein Hotelzimmer ein.

Sie hatten schon immer geplant, ihn mitzunehmen. Aber ein Mann mit Hinkebein sagte ihnen, das dürften sie nicht. Er verkaufte Obst auf dem Kai und gab ihnen drei Äpfel umsonst.

»Euer großes Pferd wird im Kochtopf enden, wenn das Wetter unfreundlich und der Weg weit wird. Und so wird es sein.«

An dem Nachmittag, ehe sie ausliefen, ritt der Junge ihn zurück. Er ritt zwei Tage durch zu einem Bauern. Es dämmerte bereits, und der Bauer arbeitete immer noch schwer auf seinem Feld. Ihr Pferd hatte drei Tage lang Steine von diesem Feld gezogen. Der Mann hatte gefragt, ob er das Pferd führen könnte, und er konnte und war sanft gewesen.

Auf dem Ritt zurück hatte der Junge bereits ernsthaft mit seinem Pferd gesprochen. Er sagte »Auf Wiedersehen« und rannte weg, sobald seine Füße den Boden berührten.

Die drei dampften zusammen in den Eingeweiden eines alten Schiffs nach Argentinien, und alle drei überlebten es, im Gegensatz zu manchen anderen. Und der Junge träumte von seinem Riesenpferd, wie lebendig es war und Steine vom heimatlichen Boden schleppte, und er weinte und sang für sich in der Dunkelheit.

Als sie landeten, gingen sie zusammen den Steg hinunter, rein in den gelben Dreck und die entsetzliche Hitze, und ein schwitzender, fetter Mann wieherte: »Kannst du das Pferd reiten?«, und Fjodor Masihewitsch verstand kein Wort und ging hin und stieg einfach auf, und das Pferd rührte keinen Muskel. So wurden Fjodor und seine Onkel Cowboys, Gauchos.

Sie lernten, mit der Hitze wie mit der Kälte fertig zu werden. Sie lernten eine weitere Sprache. Sie starben fast an unbekannten Krankheiten und Stichen von fremden Insekten. Sie schichteten Lagerfeuer auf den Hochebenen auf, unter fremden Sternen, und wenn sie nicht zu müde waren, sangen sie.

Als gewöhnliche Sowjetbürger durften sie unser Hotel nachts nicht betreten. Aber wir schmuggelten sie hinein und stürzten erfolgreich an der Stockwerksdame vorbei, quetschten uns alle in mein Zimmer und schlugen die Tür zu. Sie packten ihre Instrumente aus und setzten sich zusammen aufs Bett.

»Du weißt, nichts auf der Welt ist so besonders, wie für Leute zu spielen, die Bescheid wissen«, sagte Andrew.

Nachdem er das gesagt hatte, konnte er uns nicht in die Augen schauen, und so beugte er sich eben über seine Gitarre und fing zu spielen an.

Alle drei arbeiteten stets zusammen. Sie lebten im Freien. Sie lebten mit Pferden und Vieh und Staub und Schnee und bewegten sich überall in einem Land, das sie nicht lernen konnten zu lieben, weil sie im Innern bereits eine andere

Geographie trugen. Sie waren Gauchos, bis ihr Heimweh schließlich eines Nachts über sie hereinbrach, als sie eine russische Ballade sangen. Auf den drei guten Pferden schossen sie sich frei und stahlen andere von Leuten, die sie betrogen hatten, und galoppierten Tag und Nacht den ganzen Weg zurück zum Hafen mit dem gelben Schmutz und der Hitze, die sie jetzt nicht bemerkten.

Aber Entfernung läßt neues Leben entstehen, und Quebec brauchte keine Cowboys, und nur weil er Spanisch sprach, fand er Arbeit als Matrose.

Er segelte rund um die Welt. Viele Male. Die Meerenge selbst lehrte ihn, was für ein Mann Magellan gewesen sein mußte. Er begriff Cortez und Kolumbus. All das lernte er und hatte sein Abenteuer, und wenn die Ladung gut war, schickte er Spenden ans Sowjetische Rote Kreuz.

Dann, eines Nachmittags in Liverpool, heiratete er ein sommersprossiges, blondhaariges Weib namens Matilda. Er hatte sich in ihr Lachen verliebt, weil es jung war und hell, und er hatte gut gemacht, was man von jungen Männern erwartet, war bei dem ganzen Getue und Gemache vor der Zeit alt geworden, und ein helles Lachen war es wert, den ganzen Nebel über der wogenden, blauen See aufzugeben für Nebel über den wogenden, grünen Hügeln.

»Westsibirien« sang uns die einsamsten Lieder, die je geschrieben wurden. Sie sangen von einer Geographie, die sie nie gesehen hatten, sie war schon in ihrem Innern.

Wir hatten so viele Flaschen Champagner und Bier und Wodka gekauft, wie wir konnten. Die Burschen konnten trinken. Und sie spielten besser, wenn sie tranken. An die Wand gelehnt, sangen sie, mit geschlossenen Augen, mit geschmeidiger Zunge und Fingern, die sich von allein bewegten.

Sie waren glücklich, weil sie glücklich waren. Sie hatten zwei gute Söhne, Andrej und Kisow. Sie bekamen russische Namen, denn Fjodor hatte in all der Zeit Rußland nicht vergessen. Nicht einen Tag. Er schickte Briefe an sein altes Dorf, auch wenn sie nie beantwortet wurden. Während des Großen Völkischen Krieges überwies er Spenden an die Rote Armee. Er erinnerte sich noch, wie er sein Riesenpferd ritt und sein Vater übers Feld ging. Er erinnerte sich an den Morast zwischen den geduckten Holzhütten. Er wußte noch, daß der Himmel größer und die Erde dunkler und der Schnee tiefer und der Regen sauberer war, so, wie alle alten Männer sich der Geographie ihrer Kindheit erinnern.

Also mußte er eines Morgens aufbrechen. Matilda war dagegen. Ebenso sein älterer Sohn Andrej. »Du bist Engländer«, sagte Fjodor, »ich bin Russe.« Andrejs Frau war schwanger, er hatte einen annehmbaren Job und wollte nicht weggehen. Aber Kisow war noch jung. Er wollte gehen, auf einen Besuch, und sobald er genug hätte, würde er weggehen und rund um die Welt reisen wie sein Vater, und wenn er so weit wäre, würde er in einem fernen Hafen eine schöne Frau finden und selbst zwei Söhne haben.

Also packten der alte Fjodor und sein jüngster Sohn Kisow ihre Lederkoffer, zogen die Anzüge aus Tuch an, die sie sonst nur für die Kirche trugen, und als sie die Treppe herunterkamen, stand da Matilda in der Tür im selben geblümten Kleid, das sie trug, als sie für Fjodor gelacht hatte, ohne noch seinen Familiennamen zu kennen. Sie trug eine Haube, ihr gepackter Koffer stand neben ihr auf dem Boden.

Fjodor bestand darauf, daß sie ein Schiff nahmen. Fjodor dachte, es ginge nach Rußland zurück. Draußen auf Deck sang er Lieder für Matilda. Seine Augen wurden feucht. Er erzählte hundert Geschichten, die nur für ihn wahr waren.

»Man wird mit einem Stein von zu Hause tief im Innern geboren«, sagte er. »Dieser Stein ist magnetisch. Und wenn die Zeit kommt, wird dein Land dich zurückziehen.«

Sie sangen, und wir sangen mit. Der Klang der Musik drang in unser Inneres. Die Gitarren und das Banjo und die Harmonika.

Einmal kam die Stockwerksdame und trommelte an unsere Tür, aber wir machten nicht auf, wir erwarteten, daß die Knitteranzüge mit der Polizei kommen würden, denn in der Stadt Omsk ist es verboten, in einem Hotelzimmer leise mit Freunden zu singen. Aber sie kamen nicht. Dann ging das Licht in unserem Zimmer aus, wir wußten, daß man uns abgeschaltet hatte, ich hörte Andrew lachen, und wir sangen einfach weiter.

Es war 1960, als sie ankamen. Die Zollbeamten verhörten sie wieder und wieder. Warum waren sie in die Sowjetunion gekommen? Warum waren sie in die Sowjetunion gekommen?

Matilda hatte Angst. Kisow schwieg. Fjodor war stolz. Er sprach Russisch und erklärte ihnen genau, warum. Er sagte ihnen, was er Matilda auf dem Schiff gesagt hatte. Aber sie sprachen kein Russisch. Schließlich wurde er zornig und brüllte.

»Schaut euch die Pässe an und die Visa.«

»Was für Pässe? Was für Visa?« sagten sie.

Es war kurz vor der Dämmerung, und unsere Augen waren die einzigen hellen Flecken im Zimmer.

»Ehe wir gehen«, sagte Andrew, »würde ich gern ein Lied für euch singen, das ich geschrieben habe. Es ist über meine Familie.«

Sie durften nie mehr abreisen. Fjodor Masihewitsch, seine Frau Matilda und sein Sohn Kisow wurden von der Regierung in Westsibirien angesiedelt, in einem Dorf, fünftausend Kilometer von Fjodors Jugendheimat.

Kisow sprach kein Russisch. Er war ein verträumter englischer Junge. Fjodor war wieder zur Arbeit gezwungen, und als er zu alt wurde, begann Kisow, für ihn zu arbeiten. Kisow war helle. Bis dahin hatte er die Sprache gut gelernt. Er hatte das System begriffen und einen Großteil des Hasses durchgemacht. Damals dachte er noch, er werde wieder herauskommen. Er arbeitete auf dem Feld und in der Fabrik und hatte Nebenjobs, so legte er Geld beiseite, und die Jahre vergingen.

Oft sang er für sich allein, er wußte, das half. Er sang die englischen Lieder, die sein Vater ihm vorgesungen hatte, und die alten, russischen Lieder von seinem Vater, und eines Tages begegnete er auf dem Markt einer Frau, und die hörte seine Stimme. Sie sah aus wie seine Mutter, dachte er. Sie lachte, wenn sonst keiner lachte. Sie lehrte ihn heimlich die russischen Volkslieder, die man auf dem Markt nicht singen konnte. Er verliebte sich und heiratete sie.

Und sie waren glücklich, weil sie glücklich waren. Sie hatten zwei Kinder. Sie sangen ihnen vor, als sie größer waren. Eine hieß Olga, der andere Andrew.

38

Wir verliessen Omsk auf Asphalt. Wir dachten nicht weiter darüber nach.

Ein Knitteranzug beim Festessen hatte gesagt, nach Omsk gäbe es nur Asphalt. Die ganze Strecke bis nach Leningrad. Er hatte das im selben Tonfall gesagt, wie die Frau beim Festessen erklärt hatte, es gäbe Essen für alle. Wir hatten noch unseren eigenen Glauben an die Entzauberung aller Dinge.

Wir fuhren in zwei getrennten Mannschaften aus Omsk hinaus. Die vier von uns im Paßgang, eng und schnell und beieinander. Der Asphalt war so glatt, daß man das Fahren vergessen konnte. Ich dachte an all die Festessen, bei denen wir zu Gast gewesen waren. Ich dachte an das in Krasnojarsk.

Ich hatte einem Knitteranzug Komplimente über die vorzüglichen sowjetischen Straßen gemacht. Ich hatte dick aufgetragen. Der Knitteranzug hatte mit den Kinnladen gekaut und aufrichtig gesagt: Natürlich ist alles gepflastert, wie albern, was für ein Land ist dies, was glauben Sie? Sascha saß neben mir. Ich fragte ihn: Wer sind diese Leute in der Kommunistischen Partei? Er mochte nicht antworten. Sascha, sagte ich, was kostet es, einer dieser Leute zu werden? Er lächelte hilflos. Wir saßen mit einer Menge von ihnen an einem Tisch. Er wandte sich zur Seite, und ich wandte mich zur Seite, und er sprach sanft in seinem russischen Britisch.

»Also, dazu muß ich zuerst sagen, daß sie zehnmal so hoch bezahlt sind wie wir. Sie haben gute Wohnungen. Sie haben gutes Essen und Kleidung aus dem Westen.«

»Du weißt doch Bescheid, du könntest einen neuen Anzug gebrauchen, warum das Spiel nicht mitspielen?«

Sascha fuhr zusammen. »Es ist kein Spiel, Mark. Vergiß das nie. Du bist hergekommen und wirst Abschied nehmen und heimgehen und deine Geschichten schreiben. Für dich werden es immer Geschichten sein. Ich muß hierbleiben. Ich muß hier leben.«

Sein Gesicht beruhigte sich wieder. »Schau mal. Sie werden ein Auto kriegen, wenn sie noch jung sind, damit sie die Busse nicht benützen müssen. Sie werden viele Freunde haben. Sie werden alle dieselben Freunde haben. Sie werden Bier und Fleisch und Seife bekommen, wenn es nirgends Bier oder Fleisch oder Seife gibt.«

»Aber . . .« Er unterbrach mich.

»Ihre Großmutter wird nicht, bis sie stirbt, in ihrem Garten arbeiten müssen. Ihre Kinder werden auf Eliteschulen gehen. Ihre Frauen und Töchter werden französisches Make-up tragen.« Er hielt inne. Er erwartete, daß ich etwas sagen würde, aber ich sagte nichts.

»Sehr gut also. Nun also. Es gibt drei Wege, die in diese Gesellschaft führen.« Sascha machte absichtlich einen Scherz.

»Du brauchst Mädchen, brauchst Geld oder *sdelat atsos.*«

Ich sah ihn an.

»Du bist naiv.« Er stützte die Ellbogen auf die Knie und ließ sein Gesicht in die Handflächen sinken.

»Das mußt du tun, um hineinzukommen. Dann mußt du so und so ähnlich weitermachen, für den Rest deines Lebens.«

Ich verstand immer noch nicht. Ich schüttelte den Kopf.

»Mädchen«, fing er an, »kleine Mädchen, große Mädchen, kleine Jungen, junge Buben. Mädchen. Huren und Prostituierte. Bring sie zu deinem Parteifunktionär.

Nummer zwei: Geld. Nicht Rubel. Amerikanische Dollars oder Deutsche Mark. Du tust, was du tun mußt, wie auch immer, und gibst für das, was du willst, dieses Geld deinem Parteifunktionär, und er wird beeindruckt sein und glauben, daß du jemand bist. Vielleicht kannst du zur Wahl aufgestellt werden. Manchmal, heutzutage, werden Leute meines Alters in Familien mit Geld geboren. Manchmal erinnern sich diese Leute noch an das, was ihre Eltern getan haben, um an das Geld zu kommen.

Und Nummer drei, *sdjeljat atsos.*« Er sah mich an und lächelte und runzelte dann die Stirn. »Es tut mir leid. Ich weiß nicht, wie man das übersetzt.«

Sascha nahm einen Stift aus einer Tasche und beugte sich eifrig über den Speisetisch. Er zeichnete ein kleines Bild auf seine Serviette.

»Es tut mir leid«, sagte er, »das ist schlecht gezeichnet, aber siehst du, es hat so seine Bedeutung.« Ich schaute die Zeichnung an.

»Blowjob.«

»*Atsos?* Blowjob?« Sascha wiederholte das Wort und fing leise zu lachen an.

»Blowjob, Mark, ich mag eure Sprache. Wirklich. Blowjob. Das ist eine sehr hübsche Metapher.«

Aber jetzt war es wirklich Asphalt, Streifen nach Streifen, Ende an Ende gelegt und verschmolzen wie lange Streifen schwarzes Lakritz.

Der Wind blies uns immer noch entgegen, weil die Erde sich in derselben Richtung drehte, aber man empfand es nicht so. Es war, als hätte sich die ganze Welt verändert – so fühlt man, wenn man nach einem monatelangen Winter eines Tages aufwacht, und die Sonne ist schon da und warm, und man bekommt ein Gefühl freudiger Erregung in der Brust, so, als ob etwas Bemerkenswertes und Gutes bevorstünde. Fünftausend Kilometer weit war ein See von grauem Morast um uns gewesen. Wir fuhren einhundertfünfzig Kilometer, einhundertsechsundfünfzig Kilometer, einhundertsechzig Kilometer, einhundertfünfundvierzig Kilometer wie nichts. Es war Herbst in Sibirien, und es regnete unaufhörlich und kalt, der Regen machte die Finger steif. Wenn wir uns den Rotz aus dem Gesicht wischten, war es, als benützten wir ein Stück Holz, aber wir schafften weiter unsere Tagesstrecken.

Eines Tages, als es so kalt war, daß es graupelte, mußten wir anhalten. Wir gingen in einem Dorf auf den Markt und kauften handgewebte, wollene Hüte und Fäustlinge und Socken. Babuschkas machten sie und verkauften sie uns, schnatterten, wie warm sie sein würden und wie dünn und erfroren wir aussähen.

Um die Mittagszeit machten wir allmählich Feuer. Wir hockten um die schwachen Flammen und tranken heißes Wasser, bis unsere Füße und Finger wieder da waren und wir weiterfahren konnten. In den Dörfern gingen wir in die *stalowajas,* selbst wenn es dort unerträglich roch, nur um dem Regen zu entfliehen.

Am 24. September erreichten wie Tscheljabinsk. Wir hatten die Westsibirische Ebene durchquert. Wir befanden uns immer noch auf Asphalt. Es goß.

Unser Hotel war ohne Heizung, also gingen wir zum Abendessen in ein Luxusrestaurant, wo sie funktionierte. Nur wir vier, die Sowjets gingen ins Bett.

Tanja bestach den Maître de, damit er uns hereinließ, dann den Kellner, um bedient zu werden, und noch einmal für eine Extraflasche Champagner. Die Kapelle spielte siebenmal nacheinander dasselbe Lied, und als Dekoration marschierten androgyne, mythische Arbeiter über die Tapete, aber das Essen war ganz gut, der Champagner floß, wir lockerten uns und tanzten.

Irgendwann während des Abends begann ein Herr vom Nachbartisch ein Gespräch mit Tanja. Er hieß Sergej. Wir wurden auf einen Drink an seinen Tisch gebeten. Ein Toast.

Sie waren vier, zwei Männer und zwei Frauen, und wir waren vier und mitten in ausgelassenen Gesprächen und Trinksprüchen, als das Restaurant schloß. Es war halb elf.

Wir zwängten uns alle acht in Sergejs Auto und schossen durch die dunkle Stadt zu einer Zweizimmerwohnung.

Die Wohnung gehörte einem ihrer Freunde namens Sascha. Er und seine Frau und ihr Kind Serjoscha schliefen. Als wir kamen, schoben sie schnell die Ausziehcouch zusammen. Serjoscha war auf einer Decke auf dem Boden eingeschlafen, rund um ihn Teile einer Matrioschka, die verschiedenen Köpfe und Körper ganz durcheinander. Sie hoben ihn vorsichtig auf, mit Decke und allem, und legten ihn in der Küche wieder zum Schlafen hin. Sie stellten zwei Klapptische auf und boten ihren besten Wein und Käse an.

Als wir nach Tscheljabinsk hineingefahren waren, hatten Tom und ich die ganze Stadt nach Käse abgesucht. In jedem Laden sagte man uns, in Tscheljabinsk gäbe es keinen Käse. Ich bat Tanja, Sascha zu fragen, wie er zu Wein und Käse gekommen war.

»Natürlich gibt es Käse«, sagte Sascha. »Sie haben Käse.« Er streckte seine großen Hände aus. Seine Brust war einen halben Meter stark. Er war Kajakfahrer der Weltklasse gewesen. Er sprach von den Knitteranzügen.

»Wie haben Sie Käse bekommen?« fragte ich.

»In unserem Land gibt es genug zu essen«, sagte Sascha und lachte. Mir war nicht klar, ob das ein Witz sein sollte oder nicht.

Ich dachte, vielleicht wären Sascha und Sergej getarnte Knitteranzüge, aber Tanja kicherte nur und sagte, ich kenne mich mit Charakteren schlecht aus, wir toasteten wieder auf dies oder jenes, und ich vergaß meine Frage.

Tanja redete und redete, und Tom, Torie und ich tranken, lachten und verstanden weniger und weniger, aber es war ein herrlicher Abend. Ich kann mich nicht erinnern, wie wir ins Hotel zurückgekommen sind.

Am nächsten Tag, als wir die Stadt in Richtung Ural verließen, waren Sergej, Sascha und all die anderen da, um Abschied zu nehmen.

Der Morgen war rauh und regnerisch, ich war nüchtern

und fuhr allein. Leuchtend oranges Birkenlaub hing über der Straße, und kleine, helle Blätter schwebten auf das nasse Pflaster hinunter. Nach einer Weile kam mir ein Gedanke, und ich fiel neben Tanja zurück.

»Sascha hat mir nie gesagt, wie er zu dem Käse gekommen ist.«

»Hast du verstanden, wovon wir gesprochen haben?« fragte Tanja.

»Einiges«, sagte ich.

»Weißt du, du mußt genau auf die Worte hören. Manche Worte haben mehr als eine Bedeutung.«

»Ich hab's versucht.«

»Das stimmt nicht.«

»Ich habe getrunken.«

»Du hast großen Spaß gehabt.«

»Hab' ich.«

»Sascha ist Gymnastiklehrer«, sagte Tanja. Wir planschten nebeneinander her, zwei gewölbte Peitschen grauen Wassers hinter uns, beide in Wolle gewickelt.

»Aber keiner ist, was sie hier sind«, sagte Tanja.

»Gilt das also auch für dich?«

»Ja.«

»Saschas Freund, der Hübsche, der, der uns zuerst an seinen Tisch eingeladen hat . . .« Sie zögerte. Sie lächelte.

»Ja.«

»Er hat ein Geschäft. Verstehst du, es gibt in diesem Land zwei Wirtschaften. Wie du gesehen hast, hat jeder einen Job bei der Regierung. Als Arbeiter. Als Kellnerinnen oder Bauern, was immer. Das ist ihr Regierungsjob, und darin arbeiten sie nicht, sie bringen es hinter sich. Dann hat jeder noch seinen anderen Job. Nachts oder an Wochenenden. Meist beides. Dieser andere Job ist ihre ehrliche Arbeit. Die Arbeit, die ihnen etwas bedeutet. Sie tun diese Arbeit für sich selbst und für ihre Familien.«

Ich nickte. Ich wußte das schon.

»Sascha ist ein Sportlehrer. Aber Sportlehrer verdienen

hundertzwanzig Rubel im Monat. Nicht genug für Käse. Also arbeitet Sascha für Sergej, wenn er kann.«

Sie atmete schwer, wir planschten, und ich befürchtete, sie würde mit mir zusammenstoßen, aber sie wollte zu Ende kommen.

»Sergej hat dieses Geschäft betrieben, und jetzt betreibt er es wieder.« Sie hielt mich in Spannung.

»Was ist passiert?«

»Er kam ins Gefängnis. Er und vier seiner Freunde. Sie wurden eingesperrt, weil sie dieses Geschäft angefangen hatten.«

»Ein schlechtes Geschäft.«

»Ja, ja«, lachte sie. »Aber nein. Sie wurden ins Gefängnis gebracht, weil sie ›ein Geschäft gegründet‹ hatten. Ihr eigenes Geschäft. Fünf Jahr verbrachten sie im Gefängnis. Vor zwei Jahren wurden sie freigelassen und fingen dasselbe Geschäft wieder an.«

Der Regen hatte aufgehört, und das Pflaster war so schön wie schwarzes Glas. Wir waren in den Vorbergen des Ural.

»Erinnerst du dich an die russischen Lieder, die Andrew gesungen hat? Die rauhen, tanzartigen.«

»Gewiß.«

»Das waren Knastlieder. In unseren Gefängnissen gibt es Mörder und Vergewaltiger. Aber bis zu den letzten paar Jahren waren viele andere Menschen im Gefängnis.«

»Was waren sie?«

»Sie waren Kapitalisten.«

»Du meinst Unternehmer.«

»Den Ausdruck kenne ich nicht. Man nannte sie Kapitalisten. Das waren Leute, die Geld für sich allein machen wollten.«

»Sergej gehörte dazu?« fragte ich.

»Ja.«

»Was für eine Art Geschäft betreibt er?«

»Mark«, sie lachte fröhlich, »das wird dir gefallen. Er hat eine Asphalt-Straßenbau-Gesellschaft.«

39

DEN URAL HINAUF. Weg von der schändlichen Ebene, hinauf durch orange Tunnel, als seien wir von der Schwerkraft entlassen.

Die Schönheit, in der das Land anstieg und sich wellte, ließ uns staunen. Die Tiefgründigkeit der Landschaft. Nach jeder Kurve eine neue Gabe, Schwaden von intensivem Gelb, in den fernen Wäldern hochrote Tupfen wie brennende Liebe und hoch oben Hänge, schon kahl, in Erwartung der Last des kommenden Winters. Es schien, als müßten wir überhaupt nicht treten und würden trotzdem an Höhe gewinnen. Mit jedem Kilometer höher und tiefer hinein wurde die Luft knapper, kälter. Nebel tanzte in den dunklen Bäumen, und rote Blätter lagen wie Teile eines Puzzles auf der Straße.

Dann, nach einer großen, langsamen Kurve, die sich um die Flanke eines Bergs zog wie eine Ader, schneite es. Kaum wahrnehmbar, Stücke von Weiß in die Bäume gestreut und auf die Straße hüpfend. Ich warf meinen Kopf hoch und streckte meine Zunge heraus, um eins zu fangen, aber sie waren zu leicht und verspielt. Ich hatte mir Schnee gewünscht. Schnee ist wärmer als Regen – er dringt nicht bis in die Knochen. Schnee hüpft und flattert einem über Rücken und Schultern, als wäre man ein kugelfester Mann. Aber nach einem Kilometer hörte er auf. War nur ein Scherz gewesen. Der Boden war ohnehin zu warm, die kleinen Burschen schmolzen, schon Augenblicke nachdem sie ihn berührt hatten.

Der Ural ist eine lange, aber schmale Bergkette, wir erreichten den Paß vor dem Mittagessen. Seitlich war ein großer Felssockel und sonst nichts. Die Pfützen im Kies waren mit Eis überzogen.

»Alles in Ordnung?« schrie Torie.

»Geschafft!« schrie Tom.

Tanja quiekte und rollte die Augen.

In der Spitze des Sockels steckte eine Aluminiumstange. An der Spitze der Stange, hoch im Schnee, der jetzt den Himmel einnahm, war ein Hinweis.

Wir konnten unseren Atem sehen, unsere Ohren waren taub, und die Nasen liefen uns aus dem Gesicht. Wir joggten auf der Stelle, stampften mit unseren wollenen Füßen und schlugen in unsere Fäustlingshände.

Als die Sowjets kamen, kletterten wir alle zusammen auf den Sockel, stießen die Arme in die eisige Luft und schrien, daß die ganze Welt es hören sollte. Ein Lastwagenfahrer machte ein Foto.

Dann krabbelten wir wieder herunter, zogen unsere Hüllen enger um uns und fuhren weiter. Ich schaute zurück, gerade als wir auf die andere Seite kreuzten. Das Zeichen oben auf der Stange ragte starr in den schiefergrauen Himmel.

Auf dieser Tafel steht nur ein Wort:

SIBIR

Jetzt waren wir in Europa. Wir waren mit dem Rad durch Sibirien gefahren.

Zwei Tage später teilten wir uns auf.

Es war ein eiskalter Abend, schwarzer Regen rauschte. Seit dem Mittag tags zuvor hatte es schwarzen Regen geschüttet. Unsere Kleidung war an der Haut festgefroren, Kinn und Lippen so steif, daß wir nuschelten, wenn wir zu sprechen versuchten.

»*Togliatti!*« schrie Fjodor frech.

»*Njet*«, sagte Tom ruhig. Er lächelte nicht.

»*Togliatti!*« schrie Fjodor wieder.

Wir befanden uns mitten auf der Fernstraße im Regen. Unsere Räder lagen im Dreck im Straßengraben. Wir wollten ein Lager aufschlagen. Auf der Suche nach einer Stelle für die Zelte war ich die Felder zu beiden Seiten der Straße auf- und abgepatscht. Es gab keine. Der feste Boden lag unter fußtiefem Schneematsch.

Tom und Fjodor standen sich gegenüber.

»Fjodor«, Tom sprach Russisch, die Haut seiner Backen war gespannt, die Augen gesenkt, »schau dir Tanja an. Schau Pawel an. Schau mich an. Wir frieren und sind müde. Wir zittern, du zitterst auch.«

»Njet. Togliatti.«

Togliatti war eine Stadt an der Wolga. Sie lag rund hundert Kilometer entfernt.

»Wir sollten ein Dorf suchen.«

»Njet!« Fjodor schrie sich heiser. Er ballte die Fäuste, bebte, und der schwarze Regen quälte ihn. Ich verstand. Fjodor wollte leiden. Das konnte er von uns allen am besten.

»Wir sollten ein Dorf suchen.« Toms Stimme klang wie die von einem alten Mann, bedächtig und sehr müde, aber sehr bestimmt. »In einer halben Stunde ist es dunkel.«

Wir waren einhundertdreiunddreißig Kilometer gefahren, und jeder Kilometer bedeutete quälende Kälte. Die Art von Kälte, daß du, wenn du vom Rad steigst, komisch daherkommst, o-beinig mit ausgestreckten Armen, weil dir die Finger und Zehen so weh tun, daß du befürchtest, sie könnten abbrechen.

»Njet!« Fjodor blies sich Tom gegenüber auf.

Tom trat nicht zurück. Er ließ die Arme hängen, Wasser tropfte ihm von der Nase und von den Enden der Fäustlinge.

»Ja muschtschina«, sagte Fjodor. Ich bin ein Mann. »Ich fahre nach Togliatti.« Er spie es Tom ins Gesicht. Ich trat neben Tom.

»Ja, Fjodor. Du bist ein Mann«, sagte Tom.

»Konetschno, da!« heulte Fjodor.

»Du kannst nach Togliatti fahren. Wir aber nicht.«

»*Nu wy schenschtschiny.*« Ihr Weiber.

Fjodor stieg auf und raste die Straße hinunter. Pawel und Natascha sahen beide erschrocken drein, dann nahmen sie ihre Räder und hasteten hinter ihm her.

Das war das Ende der Fahrradtour durch Rußland mit Fjodor Konjukow und Pawel Konjuchow und Natascha Trawijnskaja.

Tom ließ den Kopf sinken. Er hatte sich so sehr gewünscht, daß es funktionieren würde.

»He, Thomas«, sagte ich. »Die wären wir los. O. k.!«

Ich brachte ihn zum Grinsen.

Es regnete stark, und sie waren sofort außer Sicht. Wir fuhren bis zur ersten unbefestigten Straße und bogen ab.

Wir fuhren durch aufgeweichte Felder bis zu einem Dorf. Am Rand des Dorfs stand eine rundliche Babuschka mit einem Stock. Der Stock überragte sie. Sie jätete ihren Garten. Sie hob den Kopf und sah uns auf sich zukommen. Der Morast war glitschig und tief, und die Traktorspuren warfen uns von einer Seite auf die andere. Als wir ihr nahe waren, deutete sie mit dem Stock auf die Holzhäuser hinunter.

»Geht zum Club«, rief sie. »Es ist kalt. Geht zum Club.«

Im Dorf liefen Regenschauer die Blechdächer hinunter, und wir konnten vor Schlamm nicht fahren. Wir schoben unsere Räder. Eine Frau kam uns entgegen. Sie hatte grüne Gummistiefel an und trug einen Eimer mit Deckel.

»Folgen Sie mir«, sagte sie.

Es war die Lehrerin. Sie sagte, sie hätte uns durchs Fenster kommen sehen. Sie führte uns zum Club.

»Ich werde die Heizung anmachen lassen«, sagte sie und schloß das Vorhängeschloß auf. »Bringt nur alles herein.«

Wir protestierten, wir seien zu schmutzig, und sie zog ihr Kopftuch gerade und schob die Lippen vor.

»Das sieht man.« Sie ging zu einem unserer Räder, hob es mit einer Hand auf und trug es selbst die hölzerne Treppe hinauf. Sie machte das Licht an, lehnte das Rad gegen die Balkenwand und setzte den Eimer auf den Tisch.

»Trinken Sie«, sagte sie. »Es ist warm. Frische Milch.« Und sie ging.

Wir tranken die Milch und versuchten, uns aus unseren durchtränkten Kleidern zu lösen, aber unsere Finger taten es nicht.

Das Clubhaus war innen grün gestrichen, hatte Balkenwände und einen Dielenboden und eine Decke aus Karton. Am einen Ende war ein Tisch, am anderen eine winzige Bühne. Die Bühne war so klein, daß ich mir kaum vorstellen konnte, sie könne den Atem, die Widersprüche und die Hoffnung selbst des simpelsten Stücks fassen. An den Wänden waren alte, rote Plakate mit mächtigen Schlagworten. Es war wie ein Clubhaus oder eine Hütte in einem Pfadfinderlager vor Generationen, die Art von kinetisch-pubertärem Platz, wo man Patriotismus und Ehre und Schicksal lernte.

An einer Wand war ein großes Bild, auf dem sich zwei Männer gegenübersaßen. Das Bild hatte einen Riß. Es stellte Ihn und einen anderen Kerl dar. Sie trugen Maßanzüge, und die Kulisse war ganz unverschmutzt und gepflegt, und sie tranken Kaffee aus zartem Porzellan.

An den anderen Wänden hingen Fotografien von alten Parteiführern. Sie waren verstaubt, mit diesen komischen Gesichtern und langen Bärten und zur Seite gewandten Blicken, die die Leute auf alten Fotos immer haben.

Die Heizkörper begannen zu zischen. Wir fanden einen für jeden von uns, preßten uns dagegen und warteten darauf, daß die Wärme aus Krüppeln normale Menschen machen würde. Als wir die Finger bewegen konnten, zogen wir uns aus und legten langsam unsere nassen Hemden und Hosen und die Unterwäsche auf die Heizkörper und standen da in Pullovern und Wollsocken und Wollhüten und hörten die Feuchtigkeit zischen.

Wir redeten nicht viel, es war zu herrlich, um etwas zu sagen.

In der Ecke fanden wir einen Scheuerlappen und versuchten, die Dreckpfützen unter unseren Fahrrädern aufzuwischen. Wir kamen zu uns. Wir hüpften herum, wir sprangen und tanzten. Wir alberten und knufften und umarmten uns, wie man das in einem Clubhaus macht, wenn einem sehr kalt ist, schlaff und kalt, kälter als gefroren, und wenn du alles darum geben würdest, absolut alles auf der Welt, nur um wieder warm zu werden, und plötzlich bist du es.

Es klopfte an der Hüttentür. Tanja rannte auf Socken hinüber, um aufzumachen, und herein traten ein Mann und eine Frau. Sie machten nur einen Schritt vorwärts. Der Mann war groß, er trug Anzug und Krawatte, Melone und Trenchcoat. Er nahm den Hut ab und hielt ihn in den Händen. Die Frau trug einen glatten Rock und auch einen Regenmantel. Beide trugen Gummistiefel.

»Willkommen in unserem Dorf«, sagte der Mann.

»Sie sind sehr willkommen«, sagte die Frau.

Der Mann war der Bürgermeister des Dorfs. Dieses Dorf gehörte zur Milchwirtschaft. Er war Mitglied der Kommunistischen Partei. Er trug die Nadel auf seinem Rockaufschlag mit Stolz. Sie war seine Frau.

»Aber was haben Sie zum Abendbrot?« sagte die Frau. Sie hatte die Milch und den halben Laib Brot auf dem Tisch entdeckt.

»Und wo werden Sie schlafen?« sagte der Bürgermeister.

Tanja versuchte, ihnen vorzulügen, wir hätten jede Menge Lebensmittel, und rollte ihren nassen Schlafsack auf, um zu zeigen, daß wir einen Schlafplatz hätten. Sie runzelten die Stirn, schüttelten uns die Hände und gingen.

Etwa abends um acht, als wir uns gerade hinlegen wollten, kamen sie zurück. Wieder klopften sie, warteten, bis wir die Tür aufmachten, und traten höflich ein, als wäre ihr Dorfclubhaus unser neues Zuhause.

»Guten Abend nochmals«, sagte der Bürgermeister, den Hut in der Hand.

Die Frau des Bürgermeisters hatte ein gekochtes Huhn in

einem Topf, setzte es mit Topflappen auf den Tisch, drehte sich um und ging wieder hinaus. Der Bürgermeister ging hinterher. Dann kam die Lehrerin, die uns hierhergeführt hatte, herein und trug eine große Schüssel mit dampfenden Kartoffeln. Hinter ihr erschien der Bürgermeister mit einem großen Bündel Matratzen. Er konnte sie kaum durch die Türe kriegen. Gleich hinter ihm kam seine Frau mit zwei in Tücher geschlagenen Laiben heißes Brot. Der Bürgermeister ließ die Matratzen auf die Bühne fallen und ging wieder hinaus. Dann kam die Lehrerin mit einem Glas selbsteingelegter Essiggurken und die Frau Bürgermeister mit drei Litern Milch und der Herr Bürgermeister mit einer Ladung Steppdecken und Federkissen und die Lehrerin mit zwei Wassermelonen, und die Frau des Bürgermeisters deckte den Tisch mit Tellern und Silberbesteck und verschiedenen Krügen mit Marmelade und Honig und Butter. Wir versuchten, zu protestieren, und dann, zu helfen, aber damit kamen wir nicht an. Als alles hergerichtet war, sprach der Bürgermeister.

»Alle haben gefragt, weshalb Sie nicht kommen und die Nacht bei ihnen verbringen.« Anscheinend war er durch den Morast von Haus zu Haus gefahren und hatte die Matratzen und Federkissen eingesammelt.

»Sie könnten in jedem Haus in diesem Dorf übernachten, aber Sie bleiben lieber im alten Club.« Er schaute an den Wänden mit den Fotos und Fahnen herum.

»Der Club wird jetzt nie mehr benützt«, sagte seine Frau. »Sie sind seit sehr langer Zeit die ersten hier.«

»Wir sind zu naß und schmutzig für jemands Gastfreundschaft«, sagte Tanja.

Der Bürgermeister schüttelte den Kopf, den Hut wieder in den Händen.

»Phhh. *Balota.*« Er grinste. »*Balota* ist überall. Das bedeutet nichts. Sie könnten in meinem Bett schlafen.«

Die Lehrerin war verschwunden. Der Bürgermeister legte den Arm um seine Frau. Sie standen zusammen in der Türöffnung. Da war nun ein Festessen auf dem Tisch und Matratzen und Decken und Kissen auf der Bühne, die Hitze kam so heiß, daß wir unsere Kleider von den Heizkörpern nehmen mußten, und die Sowjets waren irgendwo draußen und froren grauenhaft in ihrer Sturheit.

»Spassibo, spassibo«, immer wieder, war alles, was wir sagen konnten. Sie lächelten und gingen hinaus.

Nachdem wir gegessen hatten, warm waren, betäubt von Wärme und Essen und trunken vor Müdigkeit, machten wir die Lampen aus und krochen zusammen auf die Bühne. Schwere Steppdecken waren über uns und große Federkissen um uns, und Regen und Morast waren woanders, und wir ließen uns treiben, und keiner sprach, außer Tanja.

Ihre Stimme war verträumt und sanft, als schliefe sie bereits.

»So könnte es jede Nacht sein.«

40

UND SO GESCHAH ES. Nur wir vier, zusammen. Es war regnerischer russischer Herbst mit eisig-finsteren Nächten, der Boden hob sich, und wir drängten nach Westen und schlugen kein Lager mehr auf.

Wir konnten durch kein Dorf fahren, ohne daß man uns hereingebeten hätte. Eine Nacht in einem Schulhaus, alle um den Kohleofen gedrängt. Eine Nacht bei Bergleuten auf dem Boden ihres Wohnzimmers. Eine Nacht bei einer Ärztin, die sagte, sie verdiene 120 Rubel im Monat, und eine Nacht bei einer Busfahrerin, die sagte, sie bekäme 300, und eine Nacht bei Bauern, und eines Morgens fuhren wir nach Moskau hinein.

Zum letzten Mal waren wir vor 131 Tagen in der sowjetischen Hauptstadt gewesen. Torie und ich radelten langsam um die Basilius-Kathedrale. Wir fuhren um den Kreml herum. Die Presse und die Knitteranzüge und die Polizei und sogar Carls Filmcrew – alle waren da und stellten Fragen, aber wir konnten nicht sprechen, konnten nicht antworten. Es gab nichts mehr zu sagen. Wir flohen in Rußlands Heiligtum.

Vorwärts und fahren. Eine Nacht mit dem Gewerkschaftsführer eines Sägewerks unterwegs, mit der Frau gesprochen, die an den Hobelmaschinen arbeitet, und eine Nacht im Physiklabor einer Oberschule und eine Nacht mit einem Wirtschaftsprüfer und immer, immer noch vorwärts und fahren, und dann ist Schluß.

Aber nein das Ende fliegt dir wie ein Kolibri – zzzz zzzz – ins Gesicht und Angst groß wie ein Glassplitter kommt heraus und es schmerzt weil es ein Teil von dir geworden ist und du möchtest nicht daß Schluß ist du möchtest weitermachen und weiter wie ein Stern in der Stockfinsternis aber genauso schmerzlich wünschst du dir die ganze verdammte unkontrollierbare Größe und Weite möge ein Ende haben deine berstenden schwachen Lungen geben nichts mehr her du möchtest einfach Schluß Schluß Ende!

Und wir fuhren immer noch. Eine Nacht mit einem Direktor und einer Kellnerin, und nie wieder aßen wir in einer *stalowaja,* sondern mit Russen an ihren Tischen, und schliefen nur noch in russischen Betten und kippten und taumelten und fuhren und *fahren immerzu bloß um hierherzukommen und kreuzen die ganze unbesiegbare See bis zur scheinenden See um zu sagen was sie ist sagen zu müssen sie ist ganz ganz klein.*

Es hatte den ganzen Tag geregnet, und es regnete immer noch, als wir in ein Dorf hineinfuhren und drei alte Frauen entdeckten. Sie saßen auf einer Bank unter der Dachkante einer Hütte. Sie saßen nebeneinander und schwatzten, sie hätten Schwestern sein können, alle in Wolle.

Es war Herbst und würde sich diese Nacht zum Winter wenden, und sie saßen warm und trocken auf ihrer Bank und betrachteten das Stürmen, als handle es sich um eine Erzählung.

Wir fuhren hin, und sie schauten uns an. Sie waren nicht überrascht, denn sie waren alle Babuschkas und hatten alles gesehen, was es zu sehen gab.

Der Regen rann an uns herunter, und es war dunkel. Die Frauen winkten uns herüber, und eine stand auf. Sie hatte die Hände auf den Hüften.

»Tschto wy djelajetje pod doschdjem, kogda moj dom tjoply?«

Was macht ihr im Regen, wenn mein Haus warm ist?

Sie deutete über die Straße auf ihre Hütte. Sie schüttelte den Kopf, als wäre sie böse mit uns. Als hätte sie den ganzen Abend auf der Bank gesessen und auf uns gewartet, und wir hätten uns verspätet. Als hätten wir am Anfang von Nachodka oder vor einem Jahr aus Wyoming einen Brief geschickt, oder unsere Eltern oder Großeltern hätten ihn vielleicht geschickt mit der Verabredung, wir würden diesen Abend um diese Zeit hiersein, und wäre alles mit rechten Dingen zugegangen, hätte der Brief nie ankommen dürfen, aber er kam.

»Nu? Wy tolko stanjete cholodnye.«

Was ist? Euch wird nur kälter.

Sie trat vor, und Wind und Regen trafen sie. Sie führte uns zu ihrem Haus.

In der Mitte der Hütte stand ein großer, kaputter, weißer Herd. Sie schob Holz hinein, und er gab Wärme von sich. Sie griff nach einem Joch. Sie ging hinaus, um Wasser vom Brunnen zu holen. Sie ließ sich nicht von uns helfen.

Wir saßen und lauschten dem Sturm. Sie brachte die Eimer herein und schüttelte das Wasser von ihrem Tuch. Sie ließ uns nahe am Ofen sitzen, während sie Kaffee machte. Es war ein besonderer Anlaß, und sie verbrauchte die Hälfte der Dose, die sie in ihrem Regal versteckt hielt. Dann gab sie uns brennendheiße Suppe.

Als wir fertig waren, nahm sie uns die Schüsseln weg, ein Kätzchen unter dem Arm. Sie sagte, sie hätte vier Betten und daß sie vier Söhne gehabt hätte und alle wären tot.

Sie zündete eine Kerze an und führte uns in das Hinterzimmer hinter dem Herd. An der Wand war ein Christusbild.

Auf einem Wandbrett stand eine alte, rundliche Matrioschka-Puppe. Alle inneren Puppen waren herausgenommen und sorgfältig zusammen aufgestellt. Sie alle waren ganz verschieden bemalt. Es waren vier.

Sie brachte uns zu Bett, und ich konnte nicht einschlafen. Ich lag im Bett unter Steppdecken und warm im Dunkeln und fragte mich, was geschehen würde, *Freude in mir wie ein strampelndes Baby weil wir diese Reise nun zu Ende bringen aber sie nie beenden nie nie nie und ich konnte nicht einschlafen ich konnte nie mehr einschlafen und schlief ein.*

Ich wachte auf von einem schabenden Geräusch. Ich sah auf meine Uhr, es war vier Uhr morgens. Durch einen Spalt in der Wand, den Herd entlang, sah ich die Babuschka. Sie saß mit einem Messer auf einem Schemel, einen Eimer zwischen den Knien. Sie schälte Kartoffeln.

Sie hatte uns gesagt, sie würde uns zum Frühstück Kartoffelsuppe kochen. Ich sah zu, wie sie im Dunkeln Kartoffeln schälte, und hörte das Schaben in der warmen Stunde zwischen Nacht und Morgen.

Dann begann sie, zu singen. Für eine Frau war sie groß geraten, aber sie sang sanft, sehr sanft –

41

Am 25. Oktober 1989 hielten Tom Freisem, Torie Scott, Tanja Kirowa und ich auf dem Fahrrad unseren Einzug in Leningrad. Wir fuhren zum Winterpalast. Durch den Bogen mit einer Flasche Champagner.

Wir fuhren langsam, unter einem tiefhängenden Himmel. Wir radelten über das Kopfsteinpflaster in die Mitte des Platzes und sahen zum Palast auf. Inzwischen wußten wir, daß wir nicht empfinden würden, was wir erwartet hatten.

Wir standen da, rittlings auf unseren Rädern, und irgendwo tief, tief im Innern hätten wir am liebsten unseren Stolz und Triumph wie verrückt herausgeschrien, aber wir taten es nicht. Wir hatten Lust, zu weinen und unsere Fäuste in der Luft zu schütteln und uns dann davonzumachen, aber auch das taten wir nicht. Wir waren müde. Wir waren wie betäubt. Wir umarmten einander und kippten die Champagnerflasche über unsere Köpfe und begannen zu frieren, denn es fing an, zu schneien.

Dann gingen wir in ein Hotel und schliefen zwei Tage.

Einmal stand ich auf. Ich erinnere mich daran, denn ich träumte irgendwas, und es war sehr wichtig, aber alles wiederholte sich und blieb mir unklar. Weder schlief ich, noch war ich wach. Ich stand auf und kramte in der Ausrüstung, die überall im Zimmer verstreut war. Schließlich fand ich mein Tagebuch. Als ich es aufhob, fiel ein Brief heraus auf den Boden.

Ich setzte mich hin. Es war ein Brief von Sue. Der erste Brief.

Ich konnte sie fühlen, als ich da im Dunkeln auf dem Boden saß und ihren Brief in Händen hielt. Ich machte ihn auf und fing an zu lesen, und mir wurde schwindlig. Ich fiel und schwebte und fiel. Endlich sah ich sie auf mich zukommen und ließ los. Ließ los und schlängelte mich allmählich stromauf, rudernd und fallend und schwimmend, ganz leicht.

Als ich aufwachte, hämmerte Torie gegen die Tür.

»Mark, Mark. Bist du fertig für das letzte Stück?«

Wir fuhren zusammen zur Baltischen See hinaus und tauchten unsere Räder ins Meer. Dann standen wir zu einem Häufchen zusammengedrängt, Tom und Torie und Tanja und ich, die Arme umeinandergeschlungen, das kalte, blaue Wasser wusch zwischen unseren Beinen durch, und wir waren schon wieder zu Hause.

Wir hörten, die Sowjets seien eines Nachts angekommen, aber wir sahen sie niemals wieder.

Ehe wir Leningrad verließen, als uns klargeworden war, was wir geleistet hatten, gaben wir eine Party. Wir luden all unsere Freunde ein: Sascha aus Krasnojarsk und Sergej und Sascha aus Tscheljabinsk und Andrew aus Omsk und die ganze ›Westsibirien‹-Band und Saulius aus Litauen und viele, viele mehr.

Und alle kamen. Das Flugbillett kostete jeden einen Monatslohn, und alles das bloß für eine Nacht, und sie waren vollzählig da.

Und was für eine Party. Singen und trinken und tanzen ohne Pause bis zum Morgen. Wir sangen fleißig und tranken fleißig und tanzten fleißig, als sei es unsere letzte Nacht auf Erden. Was es auch war.

Irgendwann zu Anfang, es schneite gegen die schwarzen Fenster, und wir summten alle ein Volkslied, so leise wir konnten, bat ich Saulius in mein Zimmer.

Wir gingen den Gang hinunter, ohne miteinander zu sprechen. Als wir zu meiner Tür kamen, bat ich ihn, auf dem Gang zu warten. Ich ging hinein und schob dann Swabodny heraus.

»Das ist für dich.«

Saulius war wie erstarrt.

»Das ist ein zu großes Geschenk.« Seine Stimme war fast unhörbar. Seine Hände zitterten.

»Es ist ein ganz, ganz kleines Geschenk.«

UNITED KINGDOM
ARCTIC OCEAN
NORWEGIAN SEA
NORTH SEA
NORWAY
DENMARK
SWEDEN
BARENTS SEA
GER.
BALTIC SEA
FINLAND
KARA SEA
POLAND
Leningrad
UNION
Minsk
Kalinin
Moscow
ROMANIA
Kiyev
WEST SIBERIAN PLAIN
Ryazan
Gor'kiy
Kirov
OF
URAL MOUNTAINS
OB RIVER
Penza
SOVIET
Kirybyshev
Sverdlovsk
Chelyabinsk
BLACK SEA
VOLGA RIVER
Tomsk
Omsk
Orsk
Novosibirsk
TURKEY
Tbilisi
CASPIAN SEA
Karaganda
ARAL SEA
IRAQ
Teheran
Ashkhabad
Tashkent
Alma Ata
KUWAIT
IRAN
SAUDI ARABIA
PERSIAN GULF
AFGHANISTAN
PAKISTAN
INDIA

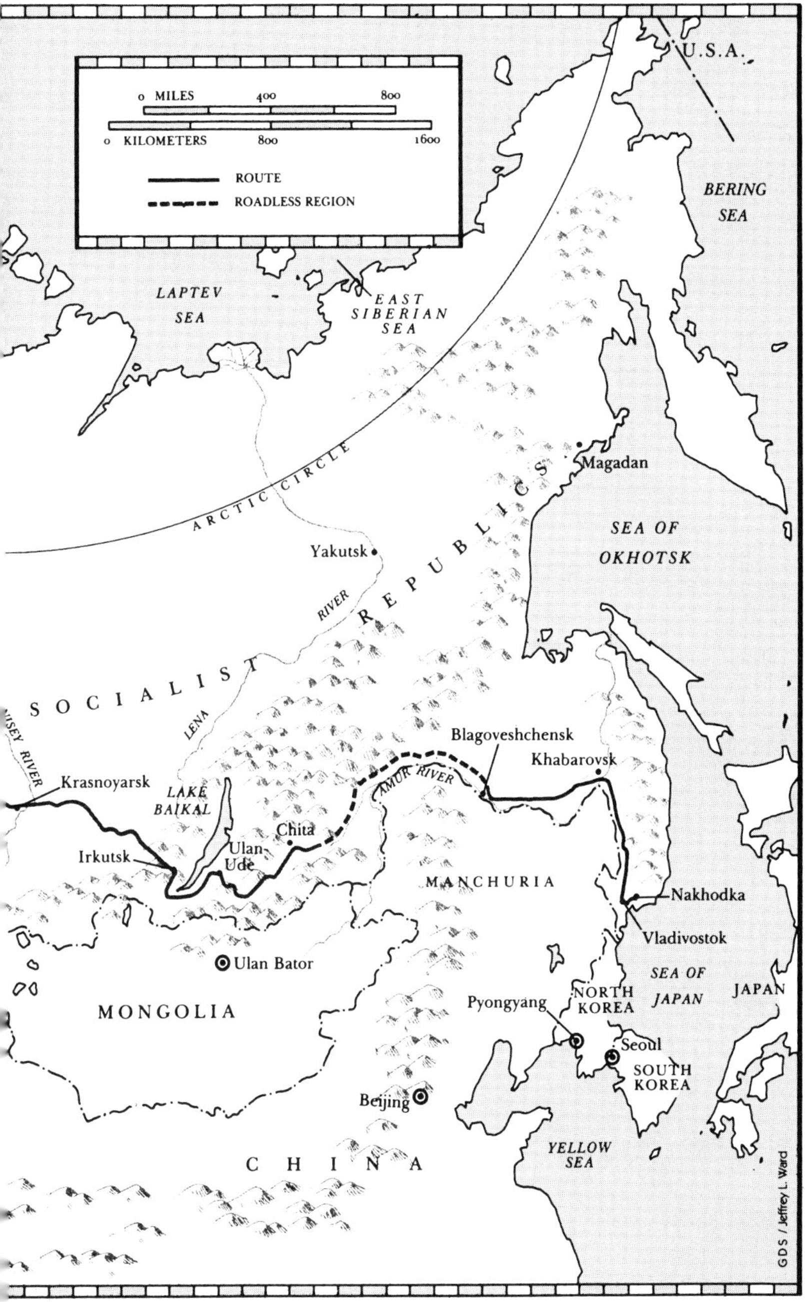
0 MILES 400 800
0 KILOMETERS 800 1600
ROUTE
ROADLESS REGION
U.S.A.
BERING SEA
LAPTEV SEA
EAST SIBERIAN SEA
ARCTIC CIRCLE
Magadan
SEA OF OKHOTSK
Yakutsk
SOCIALIST REPUBLICS
LENA RIVER
RIVER
Krasnoyarsk
LAKE BAIKAL
Irkutsk
Ulan Ude
Chita
AMUR RIVER
Blagoveshchensk
Khabarovsk
MANCHURIA
Nakhodka
Vladivostok
SEA OF JAPAN
JAPAN
Ulan Bator
MONGOLIA
Pyongyang
NORTH KOREA
Seoul
SOUTH KOREA
Beijing
YELLOW SEA
CHINA
GDS / Jeffrey L. Ward

Außerdem liegen vor:
Joe Simpson, Sturz ins Leere (1247)
Bettina Selby, Ah Agala! (1257)
Lucy Irvine, Eva und Mister Robinson (1274)
Arved Fuchs, Im Faltboot um Kap Hoorn (1327)
Herbert Rittlinger, Ich hatte Angst (1340)
Reinhold Messner, Die Freiheit, aufzubrechen,
wohin ich will (1362)
Jean-Yves Domalain, Panjamon (1383)
Wilfried Thesiger, Die Brunnen der Wüste (1407)
Jeana Yeager/Dick Rutan, Voyager (1435)
Peter Fleming, Brasilianisches Abenteuer (1436)
Mario Richner, Urwald, Gold und Indios (1474)
Olivier de Kersauson, Die Fahrt über den Ozean (1484)
Tété-Michel Kpomassie, Ein Afrikaner in Grönland (1523)
Leosch Schimanek/Cestmir Sebesta, Durch die Wildnis
zum Eismeer (1578)
Rollo Gebhard, Seefieber (1647)
Harry E. Rieseberg, Ich tauche nach Schätzen (1688)
Gernot Spielvogel-Herrmann, 2000 Meilen Freiheit (1697)
Michael Asher, Zu zweit gegen die Sahara (1710)
Reinhold Messner, Antarktis (1711)
Bettina Selby, Timbuktu! (1724)
Rüdiger Nehberg, Abenteuer am Blauen Nil (1796)
Steven Callahan, Im Atlantik verschollen (1798)
Rüdiger Nehberg, Überleben in der Wüste Danakil (1809)
Gérard d'Aboville, Allein im Ruderboot über den Pazifik (1905)
Ron Hall/Nicholas Tomalin, Die sonderbare Reise
des Donald Crawhurst (1925)
Rüdiger Nehberg, Über den Atlantik
und durch den Dschungel (1965)
Yossi Ghinsberg, Amazonas (1992)
Peter Lourie, Schweiß der Sonne, Tränen des Mondes (2053)
Owen Beattie/John Geiger, Der eisige Schlaf (2113)

»Das aufsehenerregendste Buch aus Schwarzafrika.«

Times Literary Supplement

SP 1523

Als Sechzehnjährigem fällt Kpomassie, in einer traditionellen afrikanischen Großfamilie aufgewachsen, ein Buch über die Eskimos in die Hände. Von nun an hat er den Traum, »sein« Volk zu finden, einen Traum, zu dessen Verwirklichung er acht Jahre braucht. In Grönland erlebt er eine ihm völlig fremde Welt und findet doch immer wieder Übereinstimmungen mit seiner eigenen Kultur. Mit verschmitztem Witz schildert Kpomassie das Leben in der weißen Wüste und legt damit auf einzigartige Weise Zeugnis davon ab, wie ein Fremder die Fremde sieht.

PIPER